meu país é um corpo que dói

CLAUDETE DAFLON

Relicário

Para Alexandre, com amor.

Dados Internacionais de Catalogação na Publicação (CIP) de acordo com ISBD

D124m

Daflon, Claudete

Meu país é um corpo que dói / Claudete Daflon. - Belo Horizonte : Relicário, 2022.

292 p. : il. ; 14,5cm x 21cm.
Inclui bibliografia.

ISBN: 978-65-89889-27-4

1. Ensaio. 2. Crítica. 3. Estudos decoloniais. 4. Pensamento crítico latino-americano. 5. Poéticas e políticas do humano e da natureza. I. Título.

2021-4642 CDD 869.94
CDU 82-4(81)

COORDENAÇÃO EDITORIAL Maíra Nassif Passos
ASSISTENTE EDITORIAL Thiago Landi
PROJETO GRÁFICO E DIAGRAMAÇÃO Ana C. Bahia
IMAGEM DE CAPA E ABERTURA DOS CAPÍTULOS *As filhas de Eva* (2014), Rosana Paulino. Obra da série *Adão e Eva no paraíso brasileiro*. Técnica mista s/ papel azul. 49,5 x 34,5 cm.
REVISÃO Lucas Morais
REVISÃO DE PROVAS Thiago Landi

RELICÁRIO EDIÇÕES
Rua Machado, 155, casa 1, Colégio Batista | Belo Horizonte, MG, 31110-080
contato@relicarioedicoes.com | www.relicarioedicoes.com
@relicarioedicoes /relicario.edicoes

Agradecer

A Vera Follain, tudo que me ensinou.
A Rosana Paulino, a generosidade da partilha.
A Clarice Goulart, as trocas.
A Fernanda Garbero, Jorge Bastos e Maria Spanó, a leitura amiga.
A Regina Pontes, o percurso.
A Claudia Lage, a confiança.
Ao Programa de Pós-Graduação em Estudos de Literatura da UFF e à CAPES, a oportunidade.
Às amigas e aos amigos que sempre estiveram do meu lado, o afeto.
Às alunas e aos alunos de todos os dias, a razão de continuar.
A Maíra Nassif, a aposta neste projeto.
Por fim, minha eterna gratidão a Renato Cordeiro Gomes.

Uma civilização que opta por fechar os olhos para seus problemas mais cruciais é uma civilização doente.

Aimé Césaire

El Anglo con cara de inocente nos arrancó la lengua.
Wild tongues can't be tamed, they can only be cut out.
Gloria Anzaldúa

[apresentação]

Ver com olhos livres:
aprendendo a desaprender

Vera Lúcia Follain de Figueiredo

Na primeira metade do século XX, diante de uma Europa que oferecia mais patologias do que modelos, artistas e teóricos da América Latina tomaram para si a tarefa de rever criticamente as versões instituídas da história e da cultura do subcontinente. Buscavam afastar-se dos aparatos ocidentais de apreensão do mundo, dissolvendo dicotomias e hierarquizações que não se coadunavam com a nossa realidade, isto é, tratava-se de descolonizar a imaginação e o pensamento latino-americanos. Nesse movimento, as diferenças, consideradas como atraso na ótica evolucionista, podiam ser vistas como uma forma de resistência aos padrões impostos pelo colonizador, como uma alternativa aos caminhos seguidos pela modernidade europeia. Abalados os códigos incorporadores, universalizantes e totalizantes criados pela cultura ocidental hegemônica, abria-se espaço para a elaboração de novas representações que se contrapunham à retórica dominante.

No Brasil, já na década de 1920, Oswald de Andrade fazia uma releitura da história do país a partir da relativização do paradigma da razão moderna, opondo-se, com o *Manifesto Antropófago*, à visão evolutiva e linear da história adotada pelo Ocidente, à ideia de um desenvolvimento por etapas sucessivas, que não dava conta da nossa multitemporalidade. Nos anos 1950, ao retomar o projeto antropofágico, Oswald desenvolve a tese sobre o matriarcado em

Pindorama, associando a violência do colonizador à propriedade da terra e à dominação da mulher, no que antecipa tratamentos contemporâneos do tema da colonialidade.

Por um outro viés, o cubano Lezama Lima propunha, no livro *A expressão americana*, publicado pela primeira vez em 1957, uma leitura do devir americano distante da noção de evolução, livre do historicismo, assumindo uma posição epistemológica anti-hegeliana: com a noção de eras imaginárias, pretendia superar o causalismo. A rejeição das dicotomias e hierarquizações estabelecidas foi também a base da ficção do chamado Realismo Maravilhoso, com sua dissolução das oposições rígidas entre real/irreal, racional/irracional, mito e história e subversão dos binarismos que constituíam os pilares da racionalidade moderna. Alejo Carpentier, Gabriel García Márquez, Julio Cortázar, entre outros, foram, a seu modo, no campo da arte narrativa, artífices da desconstrução da metafísica ocidental muito antes de a filosofia europeia assumi-la como bandeira. Na literatura brasileira do decênio de 1960, Nando, o protagonista do romance *Quarup*, de Antônio Callado, prepara-se para a luta contra a ditadura instalada no Brasil por meio de um sofrido processo de desaprendizagem da cultura letrada que pautara sua formação católica.

Quando, portanto, na esteira dos *Cultural Studies* norte-americanos, se assinala, hoje, na América Latina, a necessidade de descolonização do conhecimento, se está retomando, ainda que em diferença, essa vertente do pensamento crítico. Contudo, amplia-se o seu espectro e enfatizam-se alguns pontos não destacados anteriormente, como, por exemplo, a relação entre racismo e colonialidade ou entre visão antropocêntrica e práticas predatórias da natureza.

Meu país é um corpo que dói insere-se nessa tradição crítica latino-americana pela vertente dos chamados estudos decoloniais, que, em meio às profundas crises que marcaram as duas primeiras décadas do século XXI, têm se expandido a partir da releitura da obra do sociólogo peruano Aníbal Quijano. Teóricos como Walter Mignolo e Zulma Palermo vêm tomando posição em prol do que chamam “des-prendimento”, um projeto de abandono de formas de conhecer comprometidas com a matriz colonial do poder e que parte da indissociabilidade do par modernidade/colonialidade, como assinalada por Quijano.

Claudete Daflon abraça esse projeto não como uma opção puramente teórica, mas como um modo de fazer, assumindo a escrita como gesto político. Se a produção textual das universidades em nosso país (mas não só), em grande parte, tem se perdido na compulsão quantitativa que os critérios institucionais de avaliação estimulam, dobrando-se sobre si mesma, afastando-se de uma relação transitiva com a realidade que a cerca, o livro que o leitor tem em mãos busca anular essa distância. É como ato de intervenção que a autora deseja inscrever sua prática de leitura/escritura, o que determina a opção pela primeira pessoa, a coragem de fazer convergir subjetividade e reflexão, desviando-se dos protocolos da escrita acadêmica: "Escrever-dizer-falar o *sintoma corporal doloroso* é uma necessidade íntima tanto quanto um modo de posicionar-se no mundo, uma forma de responsabilização", diz Claudete (p. 32). *Meu país é um corpo que dói* é, assim, um manifesto contra a indiferença, uma chamada para a tomada de consciência da responsabilidade de quem escreve, da necessidade de se romperem as amarras das retóricas vazias: "Escrevendo me responsabilizo, porque torno público e faço da escrita uma 'contraposição propositiva', ou seja, tentativa de contribuição para mudanças de rumos" (p. 32).

Optando por uma visada transdisciplinar, Daflon coloca em diálogo não só pensadores latino-americanos, como Aníbal Quijano, Walter Mignolo, Rita Segato, Roger Bartra, Adolfo Albán Achinte, mas, também, Hannah Arendt, Frantz Fanon, Édouard Glissant, Boaventura de Sousa Santos, Philippe Descola, Davi Kopenawa, entre outros, cujas ideias são convocadas com o objetivo de refletir sobre temas como a uberização do trabalho, a destruição da natureza, o racismo e a discriminação da mulher. Para colocar em pauta tais questões, a autora desliza com maestria por campos artísticos diversos, como a literatura, o cinema, as artes plásticas, focalizando de modo prioritário, mas não exclusivamente, a produção latino-americana. Ao discutir, por exemplo, a precarização do trabalho no capitalismo globalizado, aborda as obras *Eu, Daniel Blake* (2016) e *Você não estava aqui* (2019), do britânico Ken Loach, para, em seguida, chegar às denúncias sobre a atividade mineradora em terras indígenas, feitas em discurso na ONU por Davi Kopenawa, ativista e xamã Yanomami: a ponte que utiliza para ligar esses dois pontos é o desprezo pela vida, a crueldade implicada na ausência de compromissos com o outro, que está presente tanto na exploração do trabalho quanto nas agressões ao meio ambiente.

O atravessamento das questões de gênero, raça e classe é discutido à luz da teoria decolonial, partindo de textos da escritora chilena Diamela Eltit. Do mesmo modo, a autora lança luz sobre o patriarcado como estrutura de poder que implica a desqualificação do outro, trazendo, para o centro do debate, o filme *Aquarius* (Brasil, 2016), de Kleber Mendonça Filho: diretor cuja obra mais recente, *Bacurau* (Brasil, 2019), será lida na perspectiva da negação da humanidade que sustenta a matriz colonial do saber. Claudete problematiza, ainda, as categorias fundadas na hierarquia natureza/cultura e as práticas cruéis de dominação e destruição decorrentes dessa estratificação, que, tendo como referência os que são considerados "efetivamente humanos", estigmatiza como inferiores todos os seres considerados sub-humanos ou não humanos.

Com essa visão abrangente das relações de poder, a autora se desloca por diferentes campos da produção cultural, realizando, por exemplo, uma análise aguda da obra da artista visual Rosana Paulino, através da qual relaciona expansão colonial e desenvolvimento científico. Também apresenta belíssimas leituras da poesia de Edimilson de Almeida Pereira e de Derek Walcott, convocando outros olhares sobre o tempo e o espaço. Fina leitora de imagens, Daflon traz para a reflexão, como contraponto à política de dominação que atravessa a visualidade, os documentários de Patricio Guzmán – diretor com quem ela parece ter aprendido o uso crítico e poético das interconexões.

A exemplo da obra da ativista-romancista-crítica Diamela Eltit, Claudete Daflon, com sua escrita de corpo inteiro, plena de emoção, faz deste livro um fértil exercício de desobediência epistêmica, contribuindo, assim, para a descolonização do pensamento produzido nas universidades latino-americanas.

Não
sou um
corpo
sem
órgãos

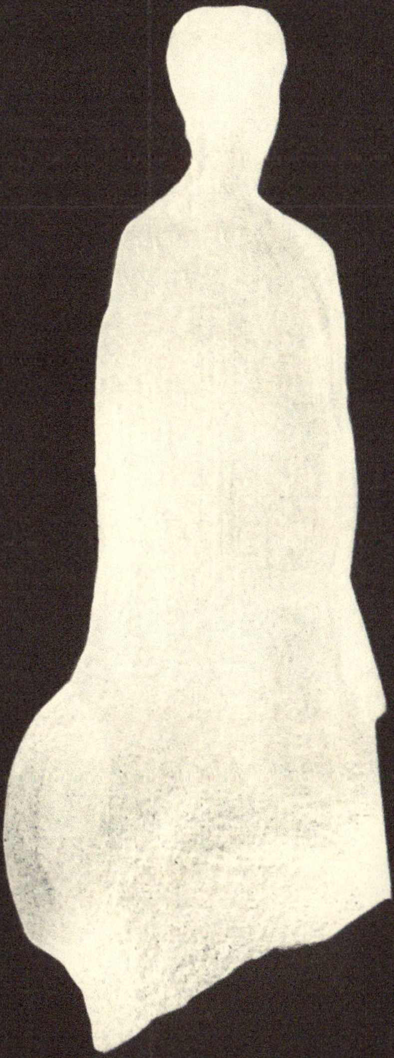

2018 não foi um ano qualquer na história do Brasil e na minha história. Foi quando compreendi que meu país é um corpo que dói.

A urgência em lidar com a minha dor pessoal e social me levou a escrever. Creio, porém, que não há nada de particularmente especial nisso. Muitos e muitas vêm se empenhando nesse sentido, com motivações provavelmente similares às que me movem. Me vejo, por exemplo, no que diz Gloria Anzaldúa (1987, p. 73): "That's what writing is for me, an endless cycle of making it worse, making it better, but always making meaning out of the experience, whatever it may be" [*Isso é o que a escrita é para mim, um ciclo sem fim de intensificar a dor, aliviá-la, mas sempre significando a experiência, qualquer que seja*].[1] No entanto, se não me diferencio de muitos autores e autoras que se viram impelidos à escrita como forma de processar experiências difíceis, acredito que seja precisamente a banalidade das minhas razões o que confere ao que faço relevância e intensidade. Me interessa o que tenho em comum com tantos outros que, pela escrita ou por outros meios, vêm se posicionando diante da realidade, na tentativa sempre parcial e precária de lidar com o sofrimento, para fazer dele uma ação que, sem ser anestésica, busque contribuir para contextos nos quais a dor não exista em escala tão alarmante.

O sofrimento a que me refiro está, sem dúvida, associado a práticas e políticas de destruição normalizadas, a ponto de talvez ser pertinente aqui me apropriar da seguinte expressão difundida

1. Esta é uma livre tradução do texto original. Todas as traduções assim apresentadas ao longo do livro são de minha autoria.

por especialistas do clima: "o novo normal". Na normalidade que se vem estabelecendo, prevalecem a indiferença diante da dor alheia, a falta de empatia e a redução do outro à condição de utensílio. Algo bem pontuado na discussão da antropóloga Rita Segato sobre o que chamou de "pedagogia da crueldade" em uma série de três conferências ministradas em 2016 na Faculdade Livre de Rosário, Argentina, que depois deram origem ao livro *Contra-pedagogías de la crueldad*, de 2018.

Nas palavras de Segato (2018, p. 13), as *pedagogias da crueldade* correspondem "a todos os atos e práticas que ensinam, habituam e programam os sujeitos a transmutar o vivo e sua vitalidade". A eliminação, nesse caso, não equivale simplesmente à morte, seria algo ainda mais profundo, na medida em que produz dejetos destituídos de significado: não são corpos a serem sepultados, mas restos para descarte. Esse processo se funda na "captura de algo que fluía errante e imprevisible, como es la vida, para instalar allí la inercia y la esterilidad de la cosa, mensurable, vendible, comprable y obsolescente, como conviene al consumo en esta fase apocalíptica del capital" [*captura de algo que fluía errante e imprevisível, como é a vida, para instalar ali a inércia e a esterilidade da coisa, mensurável, vendável, comprável e obsolescente, como convém ao consumo nesta fase apocalíptica do capital*] (Segato, 2018, p. 11).

A condição de coisa é central para uma pedagogia da crueldade, visto que estaria associada à dessensibilização em que se sustentam práticas de sujeição de pessoas, territórios, paisagens e temporalidades – expressão da violência, da exploração e da precarização do trabalho, do extrativismo e do controle do tempo. Nesse sentido, a reflexão da pesquisadora ecoa o alerta de Jonathan Crary (2016, p. 40) em seu livro *24/7: capitalismo tardio e os fins do sono* (2016), precisamente quando, ao discutir a relação contemporânea com o tempo, expõe o caráter de não tempo da experiência marcada pela continuidade e homogeneidade que favorecem o consumo: "(...) uma vez que não existe momento, lugar ou situação na qual *não* podemos fazer compras, consumir ou explorar recursos da rede, o não tempo 24/7 se insinua incessantemente em todos os aspectos da vida social e pessoal". Assusta o caráter pervasivo de uma lógica que apaga as diferenças e afeta diretamente aspectos do biorritmo, tornando indesejáveis pausas como o sono. A atribuição de valor negativo ao ciclo circadiano e, portanto, à alternância entre estados de vigília e sono, enquanto remanescentes da condição animal e primitiva do homem, é face de uma realidade marcada pela indiferenciação. É plausível que Crary, como professor de arte e teoria, faça a conexão com a experiência visual e aponte a crescente incapacidade de "ver" do indivíduo, isto é, de diferenciar e distinguir. Nesse contexto, parece inevitável o comprometimento das relações interpessoais e comunitárias, das formas de partilha e de troca, tendo em vista que: "o ritmo acelerado dessas mudanças aparentes elimina a perspectiva de um tempo estendido compartilhado" e "o 24/7 é estruturado em torno de objetivos individuais de competitividade, promoção, aquisição, segurança pessoal e conforto à custa dos outros" (Crary, 2016, p. 50).

A íntima associação entre essa configuração do tempo contínuo e a desvalorização da vida se reflete na dissolução das distinções entre trabalho e lazer, assim como na eliminação de alternâncias de tempo e espaço, e caminha em direção à ideia de produção e consumo ininterruptos. A discussão nesses moldes torna plausível, na minha percepção, considerar que a crueldade apontada por Segato está na base de processos como a uberização, tendo em vista, inclusive, seus efeitos na sociedade contemporânea mundializada a partir da matriz socioeconômica do Ocidente moderno. Penso ainda que esse modo de ver vai ao encontro do que o cineasta britânico Ken Loach, no longa-metragem *Sorry we missed you* [*Você não estava aqui*] (2019), aborda de forma contundente. Como em seu filme anterior, *I, Daniel Blake* [*Eu, Daniel Blake*] (2016), ele apresenta, novamente, trabalhadores lançados à própria sorte a partir de processos de terceirização e de desresponsabilização do Estado e da sociedade. Blake é um operário que, após anos de atividade, ao se ver impedido de trabalhar por uma cardiopatia, esbarra na burocracia e na intransigência de uma estrutura impessoal de concessão de benefícios – na verdade, de direitos. O sistema previdenciário terceirizado e internacionalizado o deixa à deriva graças a um modelo de descentramento administrativo assegurado pela impessoalização, que, por sua vez, ganha sua melhor expressão em tabelas, números, critérios... Ao fim e ao cabo, números e formas se revelam empecilhos burocráticos que minam direitos sob o discurso de estarem sendo mantidas conquistas trabalhistas. Sem dúvida, esse jogo de manipulação discursiva só torna ainda mais cruel o desamparo do trabalhador que, ao adoecer, passa a ser tratado como peça defeituosa que deve ser descartada (por sua "pura responsabilidade", claro).

A crueldade do tratamento dispensado a Daniel Blake se aproxima daquela vivida pelos personagens de *Você não estava aqui*, embora o enfoque, neste caso, esteja na uberização. Tendo a Inglaterra como contexto, e não um país da América Latina ou da África, onde a exploração é em certa medida naturalizada, ambos os filmes têm sua superfície narrativa tomada pelo cinismo do verniz neoliberal com que se busca tornar palatáveis práticas de exploração. Na história de 2019, o protagonista é Ricky, um trabalhador inglês que acredita no discurso do "patrão de si mesmo" e vê sua vida (e a de sua família) afetada por um contrato de prestação de serviços que, sob a promessa de autonomia, transfere todas as responsabilidades e custos aos contratados. Numa lógica de funcionamento que lembra de perto os mecanismos empregados no trabalho escravo, os entregadores estão sempre em débito com a empresa do ramo de logística, num ciclo de endividamento que se soma à desoneração representada pela ausência de vínculo empregatício.

A desqualificação a que homem, mulher e filhos são submetidos, em decorrência do esvaziamento da sua condição de sujeitos e dos seus direitos, aparece de forma especialmente contundente na linguagem seca e ao mesmo tempo íntima do filme de Loach. O diretor não faz concessões ao melodramático e concentra-se em situações absurdas e dolorosas vividas pelas personagens, de maneira que a crueldade inerente aos eventos alcance força enunciativa, dispensando estratégias de sensibilização: o que sensibiliza é a crueza do modo como se expõem as situações que, em si, são (ou deveriam ser) suficientemente apelativas. Nas lentes de Ken Loach, de fato, o impacto sobre o espectador não resulta de estratégias de produção da emoção pela emoção: nada de *closes* emotivos ou profusão de lágrimas. Basta em si o que existe de terrível no que nos chega por meio do olhar próximo e empático com que se acerca das personagens, como, por exemplo, quando Ricky, por recomendação de um colega, passa a manter um recipiente no carro para urinar, afinal, não há tempo para o corpo e suas exigências primárias. Recuperando Jonathan Crary, na experiência de tempo determinada pela produção e pelo consumo, o orgânico é um inconveniente.

Evitando idealizar as personagens, o cineasta explora esses sujeitos medianos em seu cotidiano, buscando revelar suas nuanças. A falta de carisma do protagonista, em especial ao assumir as premissas de opressão que ele mesmo sofre, não impede o espectador de, no decurso da narrativa, sentir-se afetado pelas mazelas que ele vive. Melhor dizendo, o que nos mobiliza em Ricky não é algo que ele tenha em particular e o diferencie como indivíduo superior a outros, mas sua própria mediania e o despropósito das situações a que é submetido. Do mesmo modo, a opção por uma abordagem das relações afetivas entre Rick e Abbey, sua esposa, e o casal de filhos aponta para a sua realidade como indivíduos, numa articulação do familiar com o trabalho que resiste à anulação das experiências pessoais – o aspecto socioeconômico está longe de ser algo alheio ou externo às vivências emocionais, sofrimentos e sentimentos íntimos. Não é um mundo à parte. As questões sociais estão na constituição dos ambientes pequenos e fechados que predominam nas tomadas do filme.

No contexto da Inglaterra contemporânea, Loach coloca em cena processos de destruição movidos pela precarização do trabalho e dos direitos. Os requintes de crueldade, porém, ficam por conta do discurso cínico com que a violência é simultaneamente infligida e negada.

Notem: *Você não estava aqui* começa apenas com as vozes de Ricky e Malloney em uma entrevista de emprego. O encarregado da empresa de entregas diz ver no entrevistado "um guerreiro", alguém com disposição e desejo de trabalhar para si mesmo. Ricky parece promissor, afinal, estava acostumado a trabalhar duro em serviços com vínculos temporários e, além de acreditar na ideia do "eu sou patrão de mim mesmo", sentia-se superior aos outros, que considerava preguiçosos. Tinha também orgulho de não usar seguro-desemprego.

Numa clara apropriação de modelos de masculinidade ligados à autossuficiência, vende-se a ideia de independência para encobrir um processo brutal de exploração fundado na desmesurada responsabilização de uma das partes da relação, a que, desnecessário dizer, é a mais frágil. Há, aqui, uma política de *dissolução de vínculos*, o que entendo se confirmar quando até mesmo o cuidado passa a ser terceirizado, como no caso de Abbey, esposa do protagonista: a cuidadora-uber. Contratada por uma ou duas horas por dia para banhar e alimentar idosos ou pessoas com deficiência esquecidas por suas famílias e amigos, ela vende o cuidado, que passa a ser não mais o resultado de interações afetivas e de comprometimento mútuo, e sim um serviço precário à maneira do que presta o entregador de encomendas. Esse modelo de exploração do trabalho se mostra tão assentado na ausência de compromissos entre pessoas, instituições e setores da sociedade que a família de Ricky e Abbey, embora mantivesse relações afetuosas, passa a experimentar a corrosão progressiva delas.

A uberização não pode ser, portanto, dissociada desse desfazimento de vínculos que se faz acompanhar da impessoalidade técnica de discursos e políticas. Por outro lado, a crueldade implicada na ausência de compromissos com o outro conecta-se ao desprezo pela vida. Nesse sentido, as questões ambientais têm nos forçado a encarar o modo como lidamos com o entorno, desastrosamente visto como exterioridade, o que se faz acompanhar pelo desprezo a práticas e povos que fogem à lógica extrativista do capitalismo. A esse respeito, o alcance destrutivo e o avanço célere do extrativismo, à maneira do que se tem observado nas políticas do governo brasileiro sob a presidência de Jair Bolsonaro, têm produzido resultados alarmantes em termos de perda de área florestal e comprometido a sobrevivência de biomas. Também assistimos à crescente investida de setores como o agronegócio e a mineração em terras demarcadas de povos indígenas.

Davi Kopenawa, ativista e xamã Yanomami que publicou *A queda do céu* (2010) em coautoria com o antropólogo Bruce Albert, em participação de sessão da ONU em 3 de março de 2020, denunciou ações nas áreas ocupadas por povos originários na Amazônia, somando sua voz à denúncia de ameaça de genocídio na região entregue ao órgão.[2] Isso ocorreu depois de ser noticiado, dias antes, em 28 de fevereiro, que a Terra Indígena Raposa Serra do Sol, no estado de Roraima, havia registrado a primeira atividade garimpeira em larga escala desde a sua demarcação.[3]

A investida contínua do capitalismo contra momentos de descanso e pausa que marcam o ritmo fundante da experiência do tempo; a precarização dos contratos de trabalho e a uberização; a acelerada destruição de ecossistemas e povos – estas são evidências da lógica extrativista que tem prevalecido no mundo. Se a história desses processos não começou em 2018, estou convencida de que foi a experiência do retorno de bases políticas nacionalistas e autoritárias ao poder, com a chancela de parte importante da sociedade brasileira, que levou à agudização dos meus próprios sofrimentos. No corpo, as dores se fazem mais vivas.

Em certo texto, a escritora chilena Diamela Eltit disse que às mulheres lhe doíam tudo, visceralmente. Adoecemos, cercadas de sangramentos e dores costumeiras. Diamela se referia especificamente

2. Em matéria intitulada "A mineração em terra indígena com nome, sobrenome e CNPJ", publicada na edição online de 2 de março de 2020 do jornal *El País*, é divulgado um quadro atual e detalhado dos avanços da mineração em terras indígenas realizado pela Agência Pública, que utilizou dados da Funai e da Agência Nacional de Mineração (ANM). Além de disponibilizar nome, sobrenome e CNPJ de pessoas físicas e jurídicas que vêm apresentando pedidos para exploração de minério em terras indígenas, a pesquisa revela que esses processos para exploração na Amazônia cresceram 91% desde o início do governo Bolsonaro, revertendo um quadro de descenso progressivo que havia se estabelecido desde 2013. Os gráficos e as listas oferecem um quadro bastante completo e permitem a identificação dos setores e das empresas que estão investindo nesse sentido. Disponível em: https://brasil.elpais.com/brasil/2020-03-02/a-mineracao-em-terra-indigena-com-nome-sobrenome-e-cnpj.html

3. Disponível em: https://www1.folha.uol.com.br/ambiente/2020/02/raposa-serra-do-sol-registra-primeira-invasao-garimpeira-desde-demarcacao.shtml

a duas grandes mulheres de seu país: a poeta Gabriela Mistral e a sufragista Elena Caffarena. Da primeira, a leitura das cartas de amor que endereçou à jovem Doris Dana flagra a queixa sofrida de uma mulher que se vê velha, como havia declarado a poeta chilena quando tinha apenas 25 anos; da segunda, fica o registro sentido da saúde precária aos 46 anos, ainda que sua condição física não a tenha impedido de chegar aos cem. Mesmo tão diferentes, assemelhavam-se: eram presenças femininas na cena pública de seu país e compartilhavam a experiência da dor. Como traduzir os sentimentos de Mistral, alçada à condição de representante espiritual da maternidade e da educação na pátria? Ou de Caffarena, militante duramente perseguida em suas lutas e, depois, esquecida pela história? Estariam em fuga. Errantes, estavam em busca de uma emancipação "que pensava a igualdade a partir da mais redundante desigualdade" (Eltit, 2016, p. 59).

Dor e gozo:

> Las cartas de Mistral son especialmente una pieza teórica, un dispositivo privilegiado para pensar los últimos dos mil o tres mil años del cuerpo de las mujeres. Los mil años que ya pronto llegarán. Las escenas del goce y del dolor. Ese cuerpo que no deja de doler (que sangra durante gran parte de su vida) o no ha dejado de doler a lo largo de la historia o en la historia. Que continuará doliendo. Sin embargo, el punto es escuchar aquel dolor que nos parezca más próximo y más político. (...) tenemos que escuchar el dolor que nos parezca más próximo y más político. Establecer una política para escuchar el dolor y la enfermedad. (Eltit, 2016, p. 57-58)
>
> [*As cartas de Mistral são especialmente uma obra teórica, um dispositivo privilegiado para pensar os últimos dois mil ou três mil anos do corpo das mulheres. Os mil anos que em breve chegarão. As cenas de gozo e de dor. Esse corpo que não deixa de doer (que sangra durante grande parte de sua vida) ou não deixou de doer ao longo da história ou na história. Que continuará doendo. No entanto, a questão é escutar aquela dor que nos pareça mais próxima e mais política.* (...) *temos que escutar a dor que*

nos pareça mais próxima e mais política. Estabelecer uma política para escutar a dor e a doença].

Temos orelhas moucas e vistas cansadas, mas fazer história exige escutar e enxergar tudo o que nos empenhamos diariamente em evitar: a crueldade diária da nossa realidade social e pessoal. Se o pessoal é político, as dores que experimento no meu corpo respondem à *pedagogia da crueldade*, e por elas (e sobre elas) preciso escrever como forma de ativismo que se desloca do sofrimento pela desigualdade para a emancipação (ainda que utópica) do gozo. Sinto minhas mãos atadas às de Diamela, quando escrevia seu texto cujo título me assoma: "Escuchar el dolor, oír el goce" [*Escutar a dor, ouvir o gozo*].

Também estendo meus sentidos sobre as *contrapedagogias* da crueldade de Rita Segato e percebo o compartilhamento de sua reflexão, em si mesmo, como ação contrapedagógica. Em suas felizes diferenças, Segato e Eltit conversam e se aliam na atitude inconformada de sua produção textual. A antropóloga argentina ressalta, em sua trajetória reflexiva, o atravessamento das questões de gênero, raça e classe com a teoria decolonial, buscando uma abordagem que não restrinja o feminismo a um gueto. Ela considera a relevância de se pensar em uma conjuntura mais ampla em que as relações de dominação masculinas e o patriarcado se constituam como alicerces da violência e da destruição. Se, de um lado, destaca a contribuição do pensamento feminista para a sociedade atual, de outro, Rita também considera o quanto a crueldade tem sua origem na desvalorização da vida, dos sujeitos, das existências. Ou melhor:

> Naturalmente, las relaciones de género y el patriarcado juegan un papel relevante como escena prototípica de este tiempo. La masculinidad está más disponible para la crueldad porque la socialización y entrenamiento para la vida del sujeto que deberá cargar el fardo de la masculinidad lo obliga a desarrollar una afinidad significativa – en una escala de tiempo de gran profundidad histórica – entre masculinidad y guerra, entre masculinidad y crueldad, entre masculinidad

y distanciamiento, entre masculinidad y baja empatía. Las mujeres somos empujadas al papel de objeto, disponible y desechable, ya que la organización corporativa de la masculinidad conduce a los hombres a la obediencia incondicional hacia sus pares – y también opresores –, y encuentra en aquéllas las víctimas a mano para dar paso a la cadena ejemplarizante de mandos y expropiaciones. (Segato, 2018, p. 13)

[*Naturalmente, as relações de gênero e o patriarcado desempenham um papel relevante como cena prototípica deste tempo. A masculinidade está mais disponível à crueldade porque a socialização e o treinamento para a vida do sujeito que deverá carregar o fardo da masculinidade o obrigam a desenvolver uma afinidade significativa – em uma escala de tempo de grande profundidade histórica – entre masculinidade e guerra, entre masculinidade e crueldade, entre masculinidade e baixa empatia. Nós, mulheres, somos empurradas ao papel de objeto, disponível e descartável, já que a organização corporativa da masculinidade conduz os homens à obediência incondicional a seus pares – e também opressores –, e encontra naquelas as vítimas de que dispõe para prosseguir com a cadeia exemplar de mandos e expropriações*].

Uma mudança do estado de coisas que vivemos passaria obrigatoriamente pela dissolução do patriarcado enquanto uma estrutura de poder e domínio que supõe processos violentos de desqualificação do outro. O desvalor seria, portanto, chave da crueldade à qual a pesquisadora se refere. Nesse sentido, vejo claramente no jovem empresário de *Aquarius* (Brasil, 2016), filme de Kleber Mendonça Filho, a expressão mesma daquilo que a autora identifica como a personalidade modal de nossa época: “podemos decir que la estructura de personalidad de tipo psicopático, no vincular, defectiva en lo que respecta a emociones y sentimientos, es la personalidad modal de nuestra época” [*podemos dizer que a estrutura de personalidade do tipo psicopático, não vincular, defectiva no que diz respeito a emoções e sentimentos, é a personalidade de nossa época*] (Segato, 2018, p. 12). Não se trata do psicopata tornado fetiche pelas séries de televisão e pelo cinema dos Estados Unidos, mas da representação de um comportamento marcado pela brutal incapacidade de se sensibilizar com o sofrimento do outro e, consequentemente, de se compadecer.

No filme do cineasta pernambucano, o tema da especulação imobiliária em uma cidade como Recife possibilita reconhecer a eficiência técnica como instrumento para ações que desconsideram direitos, limites éticos ou mesmo o respeito à existência. A personagem do empresário jovem, herdeiro dos negócios da família, sinaliza a mudança de conduta entre gerações, de modo que a truculência dos antigos (evocação do coronelismo) ganha a sofisticação cínica de uma formação especializada e do discurso racional atrelado a uma expertise empresarial. A polidez aparente, que confere uma socialidade aceitável diante das exigências do capital internacional contemporâneo, apenas potencializa o poder de aniquilação do jovem e tem por fim último a manutenção da riqueza nas mãos dos mesmos grupos e famílias que tradicionalmente estiveram à frente do poder na região. O jovem executivo exemplifica magistralmente a psicopatia que se toma em equivalência à racionalidade e à eficiência.

Se Rita Segato postula uma contrapedagogia da crueldade por meio da construção de um texto que institui a si mesmo como insubordinação intelectual e política, creio que a insurgência da textualidade existe na força enunciativa inscrita na mulher sul-americana, professora universitária e pesquisadora que formula, fala e escreve. E na busca por outros formatos, sejam enunciativos ou reflexivos, essa atitude primeira de desobediência permite um discurso sobre a crueldade com o fim último de propor contrapedagogias. Em outras palavras, o próprio ato de escrever pode ser contrapedagógico frente à subjugação e à violência, na medida em que se constitui como contraposição propositiva e, nesse sentido, como insurgência. De igual maneira, a inclusão do pessoal e do biológico como parte da atuação política estaria na contramão de um corpo neoliberal, isto é, de "un cuerpo-trabajo sin órganos" [*um corpo-trabalho sem órgãos*] (Eltit, 2016, p. 82). Encontra-se expressa a importância, diante disso, de experiências corporais como o gozo e a dor enquanto manifestações de processos repressivos e emancipatórios implicados diretamente na vida social. A tortura é a expressão máxima da dissolução das possibilidades de emancipação do corpo graças à exploração atroz da repressão: elimina-se o jogo das experiências vitais.

Essas autoras, ao compartilharem suas demandas, fazem um convite a perceber (sentir e refletir) a crueldade e a dor para a construção de contrapedagogias e gozos – uma contratortura, é como vejo. Na verdade, meu encontro com elas confirmou o que a conjuntura no Brasil de 2018 já havia me ensinado duramente. A minha experiência pessoal dolorosa era política, encarnava sentimentos de frustração e indignação, manifestação de um corpo que não estava vazio, que doía como não é possível a um autômato condenado ao tempo sem fim do 24/7. Não muito distante do que Diamela revela ao notar a convergência entre ativismo político e discurso sobre a doença em cartas de mulheres que se corresponderam com Elena Caffarena: "De manera múltiple estaba instalado en las mujeres que empezaban su recorrido social más autónomo el síntoma corporal doloroso que, en esos momentos, podía y debía ser escrito y comunicado" [*De maneira múltipla, estava instalado nas mulheres que começavam seu percurso social mais autônomo o sintoma corporal doloroso que, nesses momentos, podia e devia ser escrito e comunicado*] (Eltit, 2016, p. 82).

Escrever-dizer-falar o *sintoma corporal doloroso* é uma necessidade íntima tanto quanto um modo de posicionar-se no mundo, uma forma de responsabilização. Escrevendo me responsabilizo, porque torno público e faço da escrita uma "contraposição propositiva", ou seja, tentativa de contribuição para mudanças de rumos. A meu ver, porém, isso não se pode dar sem que haja uma indagação contínua não apenas sobre o quê, mas também sobre o como se escreve, visto que nos modos de enunciação, de igual maneira, residem limitações e violências. Por isso, para dar conta da matéria complexa e plural da vida, pareceu-me inevitável convergir subjetividade e reflexão a fim de fazer do texto redigido a marca presente de um corpo que escreve e existe em um determinado contexto.

Escrevo minhas dores, sobretudo elas.

A minha reflexão textualmente concretizada começa pelo modo como existo e vivo experiências catalisadas pelo pessoal e o social. Sou uma leitora. Escrevo fiel a essa condição. O sentido de tentativa e experimentação de um exercício, ao qual agrego ainda certa dose de intimidade, serve de alerta para falsas expectativas. Talvez escrever seja em si pretensioso, mas a minha pretensão não chega à crença em leituras únicas, alçadas à condição de fórmulas. A subjetividade requerida nesse exercício leitor atesta a doce precariedade de um instante de pensamento, uma percepção refletida e sentida que se constrói como tentativa de compreender.

Leio para tentar entender, responder à angústia da minha perplexidade diante do mundo e da minha realidade. Ler, nesse sentido, não está restrito ao objeto eleito, embora seja irrealizável sem esse mesmo objeto. Por esse viés, ler é uma operação cuja circunscrição dificilmente pode ser tomada como o equivalente à delimitação imediata daquilo que se lê (um livro, um filme, uma obra de arte, uma imagem, um poema...), é um convite a expansões que, por sua vez, são em si condições da leitura sentida/refletida. Assim, ler um longa-metragem supõe a sua materialidade como suporte e linguagem, ao mesmo tempo que significa estabelecer uma interlocução que não se reduz aos limites imediatos da realidade material. Lendo o filme, por exemplo, leio algo mais que ele.

Logo, parece plausível imaginar que os desafios encontrados na leitura se desdobram em outros quando se resolve *escrevê-la*, pois as dificuldades que vivi como leitora se somam àquelas próprias ao exercício da escrita. Não me refiro aos impedimentos inerentes ao trabalho do escritor em sentido amplo, e sim ao caráter particular que esse tipo de tarefa assume para a escritora que sou (ou que me pretendo). É nos cerceamentos e nas descobertas, na dor e no gozo de estar no mundo e experimentá-lo como leitura e criação, que encontro a razão de ser do *que* e de *como* escrever. As restrições e impedimentos não são externos a esse processo, sobrevêm na escrita como concreção de uma *responsabilização. Sou responsável pelo que escrevo e pelo que não sou capaz de escrever, sou ainda responsável por escrever.*

Creio que Frédéric Gros (2018), quando desenvolve sua discussão sobre a desobediência, faz uma provocação ao afirmar ser sujeito aquele que se responsabiliza e não se perde nos subterfúgios da indiferença. Gros acerta: concordo e concluo que não escrever, no meu caso, funcionaria como uma dessas desculpas das quais nos valemos para sair da cena pública, encolhidos no esconderijo da vida privada. Não faz muito tempo, me dei conta de que o omisso não é necessariamente melhor que o autoritário. A violência do omisso está em sua autodesresponsabilização, na disposição sinérgica de medo e egoísmo sob a máscara da complacência que, normalmente, custa caro ao outro. O omisso fecha os olhos deliberadamente e acredita assim não prejudicar quem quer que seja, quando, na verdade, condena o outro à solidão e ao desalento ao mesmo tempo que contribui para a perpetuação de relações opressivas. Aquele que não se pronuncia acredita ser bom, pois, pela inação, julga não fazer mal a ninguém, mas quem se omite, sob a falsa aparência da cordialidade, fere os que estão em seu entorno.

Lembro quando, nos anos 1970, numa escola estadual na Baixada Fluminense, região metropolitana do Rio de Janeiro, um aluno do 7º ano mexeu no diário da professora quando esta se ausentou da sala. Antes, porém, ela havia deixado uma aluna encarregada de não permitir que quem quer que fosse mexesse em suas coisas. O garoto viu ali uma oportunidade para procurar possíveis anotações a seu respeito. A menina, por sua vez, sentiu o peso da palavra empenhada à professora, que seguramente não avaliou com clareza os efeitos da sua solicitação. A atitude do rapaz, mais velho que a média da turma e com um histórico violento na escola, estigmatizado como repetente, era uma declaração de superioridade e insubordinação. Ainda assim, a menina lhe advertiu para que não mexesse no diário, caso contrário seria obrigada a entregá-lo, pois havia ficado responsável pelo material. Ele fez pouco caso. Em seu íntimo, a menina experimentava as reações provocadas pelo medo, porém, o compromisso que firmara pesava-lhe duramente à proporção que também crescia o sentimento de indignação, que terminou por funcionar como combustível para que encontrasse a coragem necessária para, desmentindo as expectativas, contar tudo o que se passara à professora, em público, diante de toda a turma. Daí veio, como se pode imaginar, a ameaça bem conhecida: "vou te pegar lá fora". O desequilíbrio da situação prometia o pior, ainda que a aluna soubesse, a seu jeito, que não tivera opção. Assim, quando chegou o momento da saída, apesar da desproporcionalidade entre os oponentes – de idade e compleição física –, os demais alunos entenderam que aquele não era um problema deles, afinal, por que a menina havia contado à professora? Todos se mantiveram afastados e, com alguma curiosidade, observaram o que iria acontecer. A vingança de fato se cumpriu na forma de alguns cascudos.

A anedota, em que pese a banalidade do episódio (ou principalmente por isso), faz pensar. Num primeiro olhar, a rebeldia do rapaz pode ser interpretada como a afirmação de si mesmo perante os colegas de turma, que, mais jovens e fisicamente menores, se submeteriam com facilidade. A sua ação às escondidas, assegurada pelo medo que impunha aos demais, não pode ser confundida com a desobediência. Aqui, a insubordinação é apenas aparente, afinal, reveste a impotência, o constrangimento e a raiva. A situação desfavorável do aluno mais velho se reproduz em atitudes de arbítrio e de domínio sobre aqueles que, enquanto média da turma, parecem reforçar o seu fracasso.

Por outro lado, a atitude da menina, que, se num primeiro momento, poderia ser julgada como obediente e servil à autoridade docente, na realidade, só foi possível graças à sua coragem de, frente a uma situação de risco, fazer aquilo que julgava ser correto. A professora não saberia que o aluno havia mexido em suas coisas, ninguém falaria. Então, não era a ela que a aluna temia: obedecia a outra demanda, provavelmente às suas próprias convicções. Vale considerar, ainda, que o seu comportamento, que poderíamos facilmente desqualificar como "delação", merece outro tratamento: a menina, ao declarar publicamente seu compromisso e a necessidade de cumpri-lo, deu ao garoto a consciência do que faria caso ele insistisse em seu comportamento. Em vez da surdina e da traição, escolheu a declaração em voz alta, posicionou-se publicamente. Ou seja, ao se pronunciar, não se esquivou de interferir na situação criada ao advertir sobre o que faria.

Certamente, o rapaz subestimou o que lhe foi dito; contudo, isso não significa que não tenha tido a oportunidade de escolha. Também não se pode confundir a solicitação da professora em si com as convicções da menina, para quem parecia estar em jogo algo mais: a responsabilidade diante do compromisso estabelecido (ao não se recusar a fazer o solicitado, mesmo que não se sentisse habilitada a fazê-lo, ela torna-se responsável por realizar a tarefa proposta); a não submissão à coerção (a menina não aceita o silenciamento que o menino tenta lhe impor ao desprezar sua advertência); o sentido ético dos limites nas relações (caso se compreenda incorreto mexer nos objetos pessoais de alguém, testemunhá-lo sem posicionar-se é ser corresponsável).

A menina sobreviveu duplamente, porque sobreviveu como sujeito – obediente a si mesma, soube desobedecer. Os croques lhe custaram algumas lágrimas e o sentimento doloroso do abandono pelos colegas; preço mais alto, entretanto, foi o que todos, enquanto grupo, pagaram. Algo que pudemos ver de perto nas eleições de 2018 no Brasil e nos eventos que, em escala mundial, vêm expondo o fortalecimento de tendências autoritárias, racistas, misóginas e predatórias. Nas bases desses eventos, está um individualismo radicalizado que encontra sua expressão usual na indiferença e na omissão diante de questões coletivas. Nesse limite do individual, ficamos perigosamente próximos da crueldade exemplar do psicopata de Segato, modelo de comportamento dominante em uma sociedade na qual a iniquidade é generalizada. São urgentes, portanto, formas de insubordinação efetivas, a fim de reverter um estado de coisas em que soa razoável afirmar que "nós aceitamos o inaceitável", para usar uma frase de Frédéric Gros (2018, p. 10-15), para quem o inaceitável pode ser descrito como o aprofundamento das injustiças e das desigualdades sociais, a degradação progressiva do meio ambiente e o processo contemporâneo de criação de riquezas.

A abordagem do professor de teoria política assinala de maneira instigante como a qualidade negativa atribuída à desobediência espelha uma obediência desumanizadora, ancorada muitas vezes em parâmetros técnicos, estatísticas e discursos especializados que justificam uma ordem na qual se normalizam a destruição e o sofrimento. Nesse sentido, Gros (2018, p. 28) avalia que a pedagogia de Kant, em sua defesa da função disciplinar da escola, atende ao objetivo de transformar a animalidade em humanidade, visto que "se é o animal em nós que nos faz desobedecer, então obedecer é afirmar nossa humanidade". Ensinar a obedecer seria, portanto, vital em um contexto no qual se encontram pareadas obediência e humanidade/civilização, bem como desobediência e selvageria/monstruosidade. Todavia, o estudioso francês observa que, na segunda modernidade, se estabelece a oposição entre homem e máquina, o que leva a se questionar o caráter humanizador da obediência:

> A experiência totalitária do século XX evidenciou uma monstruosidade inédita: a do funcionário zeloso, do executor impecável. *Monstros de obediência*. Refiro-me aqui à "segunda modernidade" porque a razão que regula sua conduta não é mais a dos direitos e dos valores, do universal e do sentido. É a razão técnica, eficaz, produtora, útil. A razão da indústria e das massas, da administração e dos escritórios. A razão gestora, a racionalidade fria, anônima, glacial, impessoal do cálculo e da ordem. (Gros, 2018, p. 32)

O autômato (o corpo sem órgãos de Eltit), expressão óbvia do homem reduzido ao automatismo maquínico, torna-se a evidência de um processo de desumanização do ser humano e do trabalho, como consolidada por imagens tão famosas como as de *Metrópolis* (Alemanha, 1926), de Fritz Lang. O filme é recorrentemente lembrado não apenas pelo robô-mulher, construído em sua forma humanoide para substituir o trabalhador na fábrica, mas também pela horda de operários inexpressivos, uniformizados, movimentando-se maquinalmente na troca de turno de trabalho. O ritmo cadenciado e regular dos corpos resulta em uma coreografia melancólica e maquinal, enquanto a coesão do grupo em movimento e a inexistência de expressão facial ou corporal (assegurada pela postura cabisbaixa e os braços pendentes) garantem a impressão de se estar diante de mecanismos, e não de seres humanos.

Uma vez que a referência é a máquina, as respostas programadas, previsíveis e regulares tornam-se a medida de um comportamento não humano que irá exigir a afirmação de humanidade pelo seu avesso. Desse modo, a intemperança e a imprevisibilidade atribuídas às ações instintivas e não ordenadas do animal ganham outro valor: em vez de manifestação de selvageria, podem ser encaradas como modalidades da vontade e da subjetividade que diferenciariam cabalmente homem e máquina.

Compreendo haver nuanças importantes a serem consideradas, que partem, decerto, da própria busca de definição do humano, principalmente quando esse tipo de reconhecimento implica a determinação de não humanidades. Todavia, a formulação de Gros exige cautela, pois pode levar a crer equivocadamente que estratificações e definições de humano a partir do contraponto com o selvagem e primitivo desapareceram ao ceder lugar para a máquina enquanto novo modelo negativo. Na realidade, a fundamentação biológica não desaparece, pelo contrário, mantém conexão com formas de poder ainda vigentes e com a própria máquina/tecnologia.

Quanto a isso, me mobilizam as formulações do sociólogo peruano Aníbal Quijano, que, em textos da década de 1990, havia afirmado que o colonialismo baseado na ideia de raça compreendia uma criação da modernidade, pois as práticas coloniais antigas se fundavam no estabelecimento de diferenças étnicas em que prevaleciam critérios de valorização social e cultural, enquanto a distinção racial aparecia como aspecto biológico e, portanto, "natural". De fato, raça é um conceito-chave para Quijano, uma vez que é a partir dele que propõe a noção de *colonialidade* do poder. A seu ver, o racismo é um complexo cultural instituído graças à concepção de que os não europeus teriam uma estrutura biológica não apenas diferente, mas, principalmente, inferior à dos europeus. Nessa perspectiva, as diferenças culturais seriam decorrência de desigualdades biológicas, o que permitiria a sobrevivência de práticas de poder mesmo após o descenso do colonialismo. Sob esse entendimento, o sociólogo forja o neologismo "colonialidade", que emprega pela primeira vez em "Colonialidad y racionalidad/modernidad", de 1991. A colonialidade seria, então, a característica central e decisiva do padrão eurocêntrico de poder, uma vez que

> consiste en la clasificación de la población del mundo según la idea de "raza" emergida junto con la América, en "europeos" o "blancos" y "no-europeos" ("indios", "negros", etc.) y "mestizos", como el marco y el piso de la distribución de las gentes en torno de las relaciones de poder, combinándola con las relaciones en torno del trabajo (...). (Quijano, 2014b, p. 611)
>
> [*consiste na classificação da população do mundo segundo a ideia de "raça" surgida com a América, em "europeus" ou "brancos" e "não europeus" ("índios", "negros", etc.) e "mestiços", como o marco e a base da distribuição das pessoas em torno das relações de poder, combinando-a com as relações em torno do trabalho*].

A dimensão geopolítica é central no arcabouço reflexivo de Quijano, uma vez que ele propõe a associação entre definição de raça e trabalho, de forma que o aspecto biológico atribuído às diferenças entre os povos naturalize as desigualdades e as distinções em relação à produção e à distribuição de riqueza. Por isso, para o pensador peruano, as relações de poder e trabalho implicadas em classificações raciais levariam a uma distribuição internacional em que aos europeus (ou brancos) caberia o trabalho industrial-mercantil e aos não europeus, isto é, índios, negros e mestiços, restaria o trabalho escravo e servil. A situação assim estabelecida levaria a uma configuração dos territórios explorados caracterizada pela heterogeneidade de relações econômicas, atividades laborais e temporalidades numa coexistência contrária a perspectivas organizativas lineares.

Diante disso, recupero as contrapedagogias de Rita Segato, cujo pensamento se baseia na conceitualização desenvolvida por Quijano. As definições de humano pelo viés da raça, tal como concebe o intelectual peruano, bem como os processos de classificação e tipificação dos povos aí implicados, se associam à crueldade justificada por uma pretensa sub-humanidade ou mesmo não humanidade atribuída a indivíduos. Sob esse prisma, a negação da condição humana atravessa o biológico e a corporalidade ainda quando a máquina se converte também em parâmetro. A brutal inferiorização, muitas vezes incorporada por quem a sofre, se manifesta como dor. O sentimento de vergonha resulta do sucesso da opressão, cujos efeitos incluem a internalização de uma permanente desautorização/desqualificação. Silêncio.

Melhor não estar só. Por isso, nas interlocuções que estabeleço, por meio da articulação constante entre dizer e escutar, me ocorre que os embaraços e embaralhamentos desses processos de definição podem estar, em certa medida, relacionados às diferenças geopolíticas e epistemológicas entre o que Boaventura de Sousa Santos nomeia de *exclusões abissais* e *não abissais*.

Em texto publicado em livro organizado com Maria Paula Meneses – *Epistemologias do Sul* (2010) –, o pesquisador português explora o que designa *pensamento pós-abissal*. Diante do monopólio de modos de conhecer da modernidade ocidental, por meio da filosofia, da teologia ou da ciência, institui-se uma cartografia moderna dual – jurídica (legal e ilegal) e científica (falso e verdadeiro) – a partir da qual se estenderia uma linha abissal. O que essa linha implica é uma divisão em que, de um lado, estariam o humano e o conhecimento e, de outro, formas de não humanidade (ou sub-humanidade) e o estado de natureza. Em outras palavras: a divisão abissal implica um avesso e uma hierarquia, de modo que, àquilo que se reconhece como conhecimento válido, correspondem modelos invisibilizados, como aqueles decorrentes das contribuições de origem leiga e popular ou originadas em grupos socioculturais desprestigiados, como camponeses e indígenas. Sinteticamente, quando se fomenta uma divisão a princípio fundada na capacidade de produzir saberes, o que se observa, na verdade, é a negação normativa de modos de conceber o mundo que não se encaixem na moldura cognitiva ocidental. Relega-se o que escapa aos moldes explicativos do Ocidente à esfera da ignorância e do obscurantismo. Esse é o caso, por exemplo, de expressões do pensamento ameríndio.

Essa disposição abissal precisa, portanto, ser revista a fim de que se redimensionem qualificações tornadas usuais e se abra espaço para perspectivas mais plurais em torno da produção do conhecimento. Por esse ângulo, Boaventura Santos parte em defesa de um *pensamento pós-abissal*, que só poderá ser alcançado caso se construa um pensamento não derivativo, isto é, que se passe para o outro lado da linha, se atente a outros formatos. A ausência de mudanças em como se constrói a reflexão torna o aprendizado uma apropriação, uma vez que não se estabelece uma relação de paridade entre diferentes modos de conceber o mundo – daí ser vital "aprender com o sul usando uma epistemologia do sul" (Santos, 2010, p. 53). Concomitantemente, esse movimento não seria possível sem a identificação do papel da dominação colonial na construção das "modernas concepções de conhecimento e direito" (Santos, 2010, p. 36). A busca por alternativas a um sistema cognitivo hegemônico leva, então, o sociólogo a propor uma "ecologia de saberes", cujo fundamento é a "pluralidade de conhecimentos heterogêneos (sendo um deles a ciência moderna) e em interações sustentáveis e dinâmicas entre eles sem comprometer a sua autonomia. A ecologia de saberes baseia-se na ideia de que o conhecimento é interconhecimento" (Santos, 2010, p. 53). Santos parte do fato de que processos emancipatórios exigem a descolonização do conhecimento, coerentemente com o papel que a discussão epistemológica assume no seu percurso reflexivo e político.

Reconfigurar noções que envolvem pensamento, epistemologia, política e corpo emancipa. A emancipação cognitiva é gozo.

A preocupação epistemológica do sociólogo está ainda na base do volume publicado em 2019 e cujo título considero bastante esclarecedor – *O fim do império cognitivo: a afirmação das epistemologias do Sul*. Na obra, ele avança em suas questões e atesta a existência de *exclusões abissais* e *não-abissais* decorrentes ainda da linha divisória entre mundo metropolitano e colonial. No primeiro, haja vista a equivalência entre um "nós" constituído por humanos, as exclusões seriam não-abissais, uma vez que não decorrem de uma divisão entre um nós e um eles correspondente ao grau de humanidade reconhecido. Nesse caso, "a luta pela emancipação social é sempre uma luta contra exclusões sociais geradas pela forma atual de regulação social com o objetivo de substituí-la por uma forma de regulação social nova e menos excludente" (Santos, 2019, p. 43).

Já o colonial seria o mundo do "eles" a que se atribui uma sub-humanidade e, por isso, estaria situado do outro lado da linha. Consequentemente, "as relações entre 'nós' e 'eles' não podem ser geridas pela tensão entre regulação social e emancipação social" (Santos, 2019, p. 43). O que prevalece nesse contexto é a violência da "apropriação de vidas e recursos".

As mazelas do operariado inglês nos filmes de Ken Loach remetem seguramente a exclusões violentas que, contudo, pela óptica do sociólogo, seriam "não-abissais", pois não estariam assentadas em uma relação previamente estabelecida na qual houvesse um outro não humano; além disso, elas comportariam os desafios daqueles que estão historicamente inseridos no trabalho industrial-mercantil, em contraposição à permanência de relações escravistas e servis nas antigas colônias. Ainda que a desqualificação do trabalhador inglês branco sugira um demérito e uma determinada desumanização, as relações de dominação ali não se originam nem se baseiam nesse aspecto, ou seja, não é a "raça", como define Quijano, que determina as relações de exploração.

Quando se considera, por exemplo, a circunstância proposta no último filme de Kleber Mendonça Filho, *Bacurau* (Brasil, 2019), parece claro que a autorização para matar a população rural pobre do nordeste brasileiro parte de processos de dominação, exploração e destruição apoiados na negação de humanidade. Essa questão é, de forma bem humorada, encarnada na resposta que a pergunta da visitante – "Quem nasce em Bacurau é o quê?" – recebe de uma criança: "Gente". Há, aqui, evidentemente, ecos da reflexão de Quijano sobre raça enquanto categoria fundamental da colonialidade do poder em consonância com a particularidade das relações coloniais apontada por Boaventura Santos. Todavia, como o sociólogo português alerta, não seria o caso de se afirmar que não há permeabilidade entre essas formas de exclusão e que, portanto, aspectos de exclusão não abissal não sejam observáveis nas sociedades latino-americanas, por exemplo. O que está em pauta, na verdade, é o fato de não se poder tratar os diferentes contextos, sobretudo aqueles que estão implicados em uma matriz colonial, como indiferenciados, uma vez que isso significaria, também, não buscar soluções e respostas adequadas à realidade local. Esta é uma reflexão crucial para a definição de formas de luta.

Quanto a isso, é possível ainda dizer que o convívio de bases biológicas de classificação e hierarquização com o estabelecimento da máquina como contraponto ao humano expressa o caráter heterogêneo do processo de industrialização em termos globais e a existência de particularidades derivadas da permanência de formas coloniais de poder: a colonialidade postulada por Aníbal Quijano. A esse respeito, não há como desconsiderar a distribuição mundial de funções e de riquezas, bem como as consequências de se deslocar o ponto de vista de reflexão e de dizer a partir do Sul. A ecologia de saberes de Boaventura Santos, no final das contas, expõe a necessidade de um trânsito mais intenso e desierarquizado do saber para que assim possamos ter em nosso horizonte a produção de conhecimento em regiões como a América Latina e a África sem que isso signifique ignorar o que vem sendo produzido na conjuntura dos países mais ricos.

Escrever e produzir conhecimento, ou antes: assumir a posição de quem pensa, formula e exercita a linguagem na interface complexa entre saberes habitualmente recalcados (aprender com eles, num exercício de escuta e de autocrítica) e saberes prestigiados no ambiente acadêmico brasileiro e latino-americano em geral. Sair do círculo sem perdê-lo de vista. Mas, sobretudo, marcar o que se produz com a sua própria limitação, escrevê-la em cada linha, como maldição necessária à força do pensamento que já não pode ser encarado como exercício exclusivamente abstrato de uma mente separada do mundo.

Dessa conversa múltipla em que me embrenho, no espaço restrito e angustiante da escrita, percebo o quão significativo é dar a mim mesma o direito de escrever. Longe de ser uma modalidade única de expressão, mas certamente a mais prestigiada nos espaços intelectuais urbanos, o texto escrito surge como domínio masculino, branco, de classe média ou alta, de sujeitos dotados de uma humanidade seletiva. Dessa percepção, creio, advém a minha convicção de que, ao escrever, me responsabilizo.

A questão da responsabilidade em relação a procedimentos sistemáticos de destruição apoiados em categorizações distintivas entre humanos e não humanos exige que eu recupere, ainda que rapidamente, a reflexão de Hannah Arendt em *Eichmann em Jerusalém: um relato sobre a banalidade do mal* (conjunto de textos originalmente publicados pela autora na revista *The New Yorker* e depois em livro, escritos a partir da cobertura, em 1961, do julgamento do oficial da Alemanha de Hitler capturado na Argentina e conduzido à corte em Israel). A filósofa levanta alguns problemas decorrentes do destaque dado pelo Estado judeu a um sujeito tão desimportante como Adolf Eichmann na burocracia nazista e, em sua análise, paralelamente à consideração que faz sobre os interesses políticos de Israel na condenação contundente de Eichmann, denuncia o silêncio e a conivência dentro e fora do partido nazista. Detém-se ainda sobre o fato de Eichmann ser, sobretudo, aquele que obedece sem ser movido por ódio fanático ou antissemitismo: era um sujeito medíocre e pretensioso que passava por autoridade em judaísmo. Sua atuação no assassinato de milhares de judeus teria sido caracterizada pela eficiência técnica.

E quando observa que o oficial não demonstrara aversão à execução de judeus, mas reagira quando se tratava de alemães, Arendt (2018, p. 112) explora a diferenciação entre judeus e não judeus e entre judeus de nacionalidade alemã e os que eram "nativos" do Leste Europeu: "Essa maneira de pensar, que distingue entre assassinato de povos 'primitivos' e povos 'cultos', não é tampouco monopólio do povo alemão". Vale observar que à época circulavam discursos sobre formas civilizadas de eliminação que representavam, por fim, a assepsia e a crueldade da técnica. O extermínio poderia ser encarado, desse ponto de vista, como um empreendimento técnico-científico empenhado na eliminação de "sub-humanos". É sobre o solo formado pela associação entre Estado burocrático, racismo e técnica que emergem a obediência e o silêncio diante de crimes brutais, o que permite aquilo que a filósofa nominou "banalidade do mal":

> O problema com Eichmann era exatamente que muitos eram como ele, e muitos não eram nem pervertidos, nem sádicos, mas eram e ainda são terrível e assustadoramente normais. Do ponto de vista de nossas instituições e de nossos padrões morais de julgamento, essa normalidade era muito mais apavorante do que todas as atrocidades juntas, pois implicava que – como foi dito insistentemente em Nuremberg pelos acusados e seus advogados – esse era um tipo novo de criminoso, efetivamente *hostis generis humani*, que comete seus crimes em circunstâncias que tornam praticamente impossível para ele saber ou sentir que está agindo de modo errado. (Arendt, 2018, p. 299)

Responsável pela logística de transporte dos judeus, primeiro no que seria um processo de emigração forçada, e depois no envio a campos para a consequente execução, Eichmann era um elo de uma cadeia de funções especializadas que lhe permitiram, em certa medida, alienar-se das consequências do seu trabalho, embora não as ignorasse. Se uma ordem do Führer era lei, por outro lado, seu trabalho era técnico. Evidentemente, havia ainda a desumanização insuflada por discursos higienistas que tinham por fim último justificar os crimes praticados. De um modo ou de outro, a questão é que, para Hannah Arendt, o funcionário do Estado alemão tinha a opção de desobedecer, e não o fez, assim como outros que se silenciaram em prol do extermínio, não só dentro do partido e da máquina burocrática nazista, mas inclusive entre os judeus.

A reflexão da filósofa alemã denuncia como aos massacres tecnicamente impetrados pelo Estado não correspondeu um aparato jurídico capaz de dar conta da realidade representada pelo nazismo. Ressalta, ademais, a necessidade de se debruçar sobre o mal produzido não pelo monstro, e sim pelo sujeito comum num ato de autodesresponsabilização, cujo parâmetro seria precisamente Eichmann em sua declaração de que apenas obedecia a ordens. Assusta a mediocridade do funcionário nazista no retrato construído por Arendt.

Quando Frédéric Gros retoma recentemente a reflexão de Hannah Arendt, assinala como ela foi mal compreendida, pois, contrariamente às acusações que sofrera, seu posicionamento não inocentava o oficial: pelo contrário, responsabilizava-o. Gros (2018, p. 129) observa, ainda no início de seu ensaio, que seu interesse em discutir a obediência torna necessário dissecar as diferenças entre o que chama de figuras da obediência – submissão, resignação, conformismo e consentimento – para concluir que obedecer não necessariamente é ser servil. Em sua diferenciação, o autor busca matizes, o que lhe permite configurar o que chama de *superobediência* como forma de servilismo que mantém as relações de poder vigentes. A partir da leitura que faz da "banalidade do mal", argumenta ainda como a cisão entre corpo e alma permite cindir também ação e responsabilidade, de modo que essa separação se constitui, antes, como uma ficção política do que como um problema metafísico. A desresponsabilização voluntária aparece, assim, atrelada ao esvaziamento do corpo, talvez como as grandes corporações desmaterializadas, porém, efetivamente presentes na exploração do trabalho, em sua ação predatória nos mercados e nas cifras bilionárias que movem. Algo implicado, por exemplo, na pergunta da pequena Liza, filha do protagonista de *Você não estava aqui*, sobre, afinal, quem alimentava a máquina que tiranizava seu pai, posto que o entregador era monitorado e dirigido integralmente pelo aparelho de controle de entregas. Quebrar a máquina não interrompe a subjugação, pois o equipamento termina por funcionar como uma espécie de escudo tecnológico cuja eficiência é proporcional à desidentificação da origem da ordem e de todo o sistema de controle.

Estranho imaginar que a sensibilidade dolorosa, nesse sentido, não deixa de ser uma vantagem...

Em contraposição ao esquema dicotômico moderno que separa corpo e alma, a visceralidade da dor e do gozo, apontada por Diamela Eltit, exige uma ética. Também Gros (2018, p. 33) assinala a relevância de uma abordagem ética, e não moral, uma vez que bandeiras morais serviram e ainda servem para justificar o injustificável. E acrescenta que aquilo que chama *ética* segue o proposto por Michel Foucault, ou seja, "é a maneira como cada um se relaciona consigo mesmo, constrói para si certa 'relação' a partir da qual se autoriza a realizar determinada coisa, a fazer isto e não aquilo". O apelo à ética, em diálogo com as contribuições de Foucault e Hannah Arendt, e o elogio ao "pensamento pensante" levam Gros à afirmação do caráter indelegável da responsabilidade, o que estaria na base de um comportamento dissidente: "O dissidente faz sobretudo a experiência de uma impossibilidade ética. Ele desobedece porque *já não pode continuar a obedecer*" (Gros, 2018, p. 168). O ensaísta francês defende então a "dissidência cívica", movida não por valores transcendentes, mas pelo intolerável:

> Quanto ao dissidente cívico, a partir de um estado de obediência, a partir de seus hábitos de submissão, faz a experiência súbita do intolerável e *se conscientiza*. Ele experimenta uma impossibilidade que o obriga à ruptura: não é possível continuar! O "Não" da dissidência cívica é um não em dobro: impossível não fazer. O dissidente não pode mais continuar a *não dizer* e se calar, a fingir *não saber, não ver*. (Gros, 2018, p. 168)

As perguntas que faço são: como pode haver ética se não há vínculo? O cuidado de si, que estabelece limites e responsabilizações, pode se dar em uma sociedade em que os sujeitos são reduzidos à condição de ferramentas de aplicativos? Nesse sentido, a desobediência não exigiria relações de afeto e de comprometimento com outros?

A ausência de conexões interpessoais e afetivas serve de alimento a discursos morais que se apresentam como saída falsa para o restabelecimento de relações perdidas, conforme assistimos em defesas da família com base em um discurso de agregação e afeto. Essa é uma situação exemplarmente tratada em *Divino amor* (Brasil, 2017), filme de Gabriel Mascaro. Na distopia construída com doses declaradas de ironia, a moral religiosa está a serviço de uma engrenagem cruel de subjugação e controle no contexto de uma sociedade patriarcal, autoritária e excludente. A história de um mundo futuro regido pelo amor à família e a Deus expõe a violência do patriarcado, que não admite as crianças sem pai, e das religiões, que funcionam como grandes corporações municiadas pelo sofrimento de seus fiéis. A moralização das condutas e dos discursos anda de mãos dadas com o poder. Em associação com a impessoalidade técnica, as práticas e as narrativas da obediência são incentivadas enquanto a dissidência é impiedosamente punida. O sexo controlado pelo Estado religioso no longa de Mascaro consolida a cisão entre corpo e alma, demonstrando as conexões entre epistemologia, política e corporalidade.

Essas narrativas, estudos, análises e materialidades que chamei à conversa me ajudam a acercar-me da dimensão ética manifesta na ação de escrever, em sua exigência de reconhecimento da realidade material da linguagem e do sujeito que escreve. Acredito que, contudo, isso seja insuficiente se não se estabelecem vínculos, se não se desconstroem modelos de pensamento, se não se vivencia radicalmente a inconformidade. Daí conceber minha reflexão como *sentimento* – experiência política e pessoal da dor, ação movida pelo gozo da emancipação. Entre os horizontes utópicos que desenho nessa busca, via texto e livro, não me vejo como a rebelde que rege a cena, melhor me percebo na menina que levou os cascudos porque acreditou que precisava fazer a coisa certa.

Não sou um corpo sem órgãos, definitivamente.

Humanidades

seletivas

A América Latina foi e continua sendo palco de seletividades perversas.

Talvez por isso, artistas contemporâneos do continente estejam se apropriando de discursos hegemônicos sobre a vida para reorganizá-los e ressituá-los. Essas experiências de reelaboração, por meio da criação visual, do experimento verbal, do cinema e da poesia, revelam a violência de formas de conhecimento associadas à atribuição seletiva de humanidade. Assim, a produção latino-americana contemporânea tem criado novas histórias, fazendo ver a convergência entre estética e política. Mais do que isso, tem representado um modo relevante de enfrentar um mundo atravessado pelas graves consequências da desqualificação da vida.

Acredito, porém, que a formulação de alternativas passa também pelas reflexões insubordinadas, por uma escrita de interrogação, de modos de fazer, pensar e estar. A contribuição para o pensamento é igualmente política, estética e ética. Escolhi, por isso, voltar-me para dentro dos modelos contestados nas imagens de Rosana Paulino, na escrita de Diamela Eltit, no cinema de Patricio Guzmán e na poesia de Edimilson de Almeida Pereira, entre outros que visito neste ensaio. A materialidade de seus fazeres artísticos é expressão de uma pedagogia da existência que não se rende à dor, antes, ativa a corporalidade e afirma seu estar no mundo. Aprendo com eles a necessidade de mergulhar nas águas ariscas de esquemas cognitivos implicados na separação entre natureza e humano, entre corpo e alma.

Este é um convite à imersão nas bases que sustentam meu pensamento (e minha renitência diante da crueldade inerente a esse estado de coisas).

***

Na linguagem empregada nos escritos de estudiosos da química desde o século XVII, é possível encontrar a expressão "afinidades eletivas". Quando esses cientistas propuseram uma *attractio electiva*, eles antropomorfizaram o comportamento dos elementos, estabeleceram comparações com lutas e até mesmo com o ato sexual, sendo esta última uma analogia sugerida pelo, na época, proeminente médico holandês Herman Boerhaave [1668-1738] (Wallau, 2014). Um poeta como Johann Wolfgang von Goethe, conhecedor de práticas e conceitos da ciência de seu tempo, ao dar à expressão tratamento literário, percorreu o caminho inverso da atitude antropomórfica diante da natureza; na verdade, reconduziu a noção estabelecida no campo dos estudos naturais ao universo das relações humanas. Refiro-me, mais especificamente, ao seu romance *As afinidades eletivas* (1809), sobre o qual gostaria de destacar o seguinte comentário feito por Kathrin Rosenfield (2008, p. 16) em prefácio à edição brasileira:

> O mero título *Wahlverwandtschaften* (Afinidades Eletivas) remete assim ao problema ético da ação humana, que pode ser chamada de "livre" e "racional" apenas quando consegue fazer o salto das escolhas naturais e espontâneas para as "decisões" que, ao introduzirem os limites da opção, são criadoras de novas realidades, agora eticamente relevantes.

A apropriação que Goethe faz da conceituação usada pelos químicos de sua época não é meramente figurativa, ela encarna o problema do limite entre natural e humano, partindo, obviamente, da premissa de sua distinção. Simultaneamente, volta-se para o entendimento da dimensão ética das ações, buscando retirá-las da esfera do instinto para assim destituí-las de uma pretensa inevitabilidade. É interessante como, nos termos assinalados por Rosenfield, a associação entre homem e ética pressupõe uma abordagem não essencialista que responsabiliza o indivíduo por suas decisões, o que desnaturaliza o comportamento humano e, em certo sentido, permite questionar o caráter natural muitas vezes atribuído à própria divisão entre humanidade e natureza.

De uma forma ou de outra, o zigue-zague dos usos dados à noção de afinidade e ao caráter eletivo da ação revela movimentos inter-relacionais que evidenciam a abordagem antropomórfica com a qual se vai instituindo a natureza, à proporção que as interpretações científicas estabelecidas afetam a linguagem e o imaginário de modo a remodelar concepções e leituras sobre o próprio humano. As "afinidades eletivas", graças à organização bifronte que as caracteriza ainda em sua origem, são dotadas de um dinamismo resistente à compartimentalização exigida por dicotomias fundantes do pensamento ocidental moderno, como a divisão corpo-alma.

A questão conceitual e as reflexões derivadas da noção de "afinidades eletivas" demonstram, a meu ver, que a organização que dispõe em separado humanidade e natureza já constitui em si um problema. E acrescento: não é à toa que a definição de humanidade não pode ser abordada sem que se considere a experiência do colonialismo e do totalitarismo. Ou melhor: trata-se de interrogar a própria noção de humano e o substrato biológico que confere a processos de identificação e diferenciação um caráter inerente e natural.

Não estou negando a constituição da espécie e dos indivíduos como seres naturais, ao contrário, o que estou problematizando é o tratamento em separado dado à vida, estabelecendo a humanidade a partir de uma definição *a priori* e universal apoiada em caracterizações apresentadas como naturais. Nessa direção, a existência como ser vivo aparece dissociada da sua realidade como sujeito cultural, ao mesmo tempo que a natureza separada da cultura sustenta o estatuto ontológico atribuído a aspectos históricos e sociais.

A questão, para mim, é como a problematização da separação entre cultura e natureza exige uma reflexão sobre suas conexões com formas de subjugação fundantes da colonialidade. Flerto com Goethe para beber um pouco de suas inquietações, mas reconheço que isso não basta. Meu tropismo pela América Latina me obriga a perceber os pés na terra, sem provincianismos ou localismos estreitos.

Não posso e, principalmente, não quero falar de outro lugar que não este onde meu corpo está geográfica, histórica e intimamente situado. Por isso, assumo uma perspectiva decolonial em sintonia com abordagens contemporâneas que têm almejado a revisão teórico-prática de processos classificatórios que pautam graus de humanidade.

Se Aníbal Quijano, falecido em 2018, foi fulcral no estabelecimento dos chamados estudos decoloniais, sua formulação não está isolada de uma rede que inclui tantos outros, a exemplo da contribuição fundamental da concepção de sistema-mundo de Immanuel Wallerstein, por meio da qual compreende-se a modernidade a partir da definição da alteridade americana, esta, por sua vez, necessária à determinação de uma autoidentidade europeia. Não há como negar o quanto muda nossas concepções entender que a Europa só pôde existir quando houve a América, isto é, a constituição histórica de uma ideia de Europa só foi possível com a instituição do outro que redefine a geopolítica do mundo à maneira do Ocidente.

Esse deslocamento de ponto de vista afeta fortemente o dualismo natureza e cultura, pois permite que vejamos suas relações com políticas e práticas que têm conduzido grandes grupos humanos à situação de indigência. A esse respeito, vale lembrar que Quijano compreendia que a constituição da Europa em oposição à América apoiou-se em um discurso racial, numa conjuntura em que a raça essencializada e biologizada traduzia, na realidade, a dissolução da diversidade a favor de uma concepção única de humanidade. Junto à separação entre homem e natureza, bem como aos binarismos e cisões a ela atrelados, esteve a determinação do branco cristão do sexo masculino como o equivalente ao humano. A ele estaria associada a razão e a fé que, como alicerces da civilização (em oposição à barbárie), representariam aspectos distintivos da humanidade. Em síntese:

> A colonialidade é um dos elementos constitutivos e específicos do padrão mundial do poder capitalista. Sustenta-se na imposição de uma classificação racial/étnica da população do mundo como pedra angular do referido padrão de poder e opera em cada um dos planos, meios

> e dimensões, materiais e subjetivos, da existência social cotidiana e da escala societal. Origina-se e mundializa-se a partir da América. (Quijano, 2010, p. 84)

Essa formulação supõe alguns aspectos relevantes, como o fato de que o estabelecimento de um ponto de vista em que a América não figure como adjacente à modernidade torna, no mínimo, questionáveis as abordagens pautadas no caráter periférico de regiões do mundo vistas muitas vezes como satélites a processos que estão em curso na Europa. Saímos, desse modo, das adjacências da história. Quando, por outro lado, se pensa que a modernidade não é um processo essencialmente europeu, mas parte de relações mundializadas somente possíveis com a definição da existência da América, não é concebível cogitar que esse "novo mundo" tenha papel secundário nas transformações operadas. E mais: não caberia situar os latino-americanos fora da modernidade, como se esta se desse como conjunto de benesses civilizatórias próprias a povos mais evoluídos – somos situados como protagonistas numa abordagem em que a civilização moderna não se confunda com o progresso que atesta a superioridade branca sobre populações atrasadas.

As narrativas do giro decolonial nos colocam diante da visada evolutiva sublinhada no pensamento moderno e do papel geopolítico desse modelo cognitivo, especialmente quando se organizam regiões do mundo segundo funções econômicas e políticas de maneira a definir algumas localidades/sociedades como "periféricas". Há ainda na temporalidade moderna certa ambiguidade ao se definir uma noção de tempo (linear, unidirecional e contínuo da espécie, para citar Quijano) comum à natureza e aos homens a despeito da disjunção entre natureza e sociedade. Na contramão da hegemonia da concepção de pensamento e modos de vida únicos, a perspectiva decolonial confere centralidade à contribuição latino-americana, denunciando o silenciamento de povos e sujeitos cuja humanidade é cotidianamente colocada em dúvida em processos violentos de negação de sua capacidade enunciativa e de sua condição de produtores de conhecimento.

Apoiar-se num protagonismo latino-americano, assumindo a diversidade de povos, culturas, histórias, línguas e saberes, exige desestabilizar dicotomias e definições naturalizadas numa atitude crítica e propositiva, capaz de construir parâmetros assentados na compreensão dos processos que envolveram a configuração de "novas identidades societais da colonialidade – índios, negros, azeitonados, amarelos, brancos, mestiços – e as geoculturais do colonialismo, como América, África, Extremo Oriente, Próximo Oriente (as duas últimas, mais tarde, Ásia), Ocidente ou Europa (Europa Ocidental, depois)" (Quijano, 2010, p. 85). Em oposição à assimilação e internalização do desvalor, há a clara tentativa de autorreconhecimento como sujeitos autorizados (porque autorizam a si mesmos) a estar no mundo como indivíduos entrelaçados em uma rede social. Creio não precisar dizer o que isso significa quando se pensa o corpo-país em sofrimento: a possibilidade de ele ser um corpo com órgãos, alguém que se responsabiliza e atua.

A articulação entre o reconhecimento como sujeitos e as discussões epistemológicas que pressupõem desestabilizar a dicotomia homem/natureza ressoa na revisão decolonial do essencialismo de identidades e de geopolíticas com vistas à pluralidade e à diversidade, bem como no ataque à ideia de uma racionalidade única, declaradamente a europeia, em detrimento de outros modelos racionais. Essa movimentação cosmopolítica torna possível reconhecer como determinadas definições e distinções trabalham a favor de hierarquias que sustentam relações de poder construídas a partir de "uma concepção de humanidade segundo a qual a população do mundo se diferenciava em inferiores e superiores, irracionais e racionais, primitivos e civilizados, tradicionais e modernos" (Quijano, 2010, p. 86).

No capítulo "The invention of the Human and the Three Pillars of the Colonial Matrix of Power" ["A invenção do humano e os três pilares da Matriz Colonial de Poder"], do livro *On decoloniality* (2018), de autoria de Walter Mignolo e Catherine Walsh, o semiólogo argentino apresenta como pilares da CMP (Matriz Colonial de Poder) o racismo, o sexismo e a natureza. Em sua argumentação, observa, em um primeiro momento, que a questão não é a definição de humano e de humanidade, mas quem se autodefine como humano e, consequentemente, distingue, classifica e estratifica aqueles que concebe como menos humanos (Mignolo, 2018, p. 151). Na obra em questão, esse escalonamento da "humanidade" aparece associado a uma narrativa sobre a origem mesma dessa categoria; ao papel central que a invenção de um modelo de humano desempenhou na construção, administração e controle da CMP; e a uma conceitualização, resultante de uma invenção epistêmica das diferenças coloniais e imperiais, que se associa à invenção da ideia de "natureza". Na perspectiva do autor, essa matriz colonial está fundada na colonialidade do poder, do saber e do ser a partir da qual se deu a "invenção do humano" (Mignolo, 2018, p. 152).

Inventar a natureza, inventar o homem.

Essa articulação entre a definição de humano e de natureza me convida a entrar na brincadeira semântica das afinidades eletivas para pensar, a partir de aspectos também derivados da sonoridade e da morfologia das palavras em língua portuguesa, que talvez se trate de pensar precisamente numa humanidade antes *seletiva* do que eletiva. O humano, como elemento distintivo (porque difere e confere distinção), fundado num percurso epistemológico que não pode ser deslocado do processo de sujeição colonial, constituiria base ideológica à exploração e à destruição cotidianas.

Por outro lado, a essa seletividade se relaciona uma hierarquização, como a que Hannah Arendt observara nas escalas de valor e importância que Eichmann conferia à vida de judeus e não judeus, judeus do leste europeu e judeus alemães, ainda que, como a própria filósofa ponderou, elas serviam mais à justificação moral que apaziguava as consciências do que constituíam crenças efetivas, além de terem sido critério auxiliar na organização da massa humana que os nazistas se empenharam em deportar e eliminar. Não é à toa que o poeta caribenho Aimé Césaire (2020, p. 18) usa a imagem do bumerangue para mostrar como o nazismo atualiza, em território europeu, práticas consolidadas nas colônias, expondo as fissuras do humanismo europeu tolerante à brutalidade da colonização: "(...) esse nazismo, toleraram antes de sofrê-lo; absolveram-no, fecharam seus olhos e o legitimaram, porque, até então, havia sido aplicado apenas a povos não europeus; cultivaram esse nazismo, ele é sua responsabilidade (...)". A relevância do processo colonial para o desenvolvimento de uma política e tecnologia de destruição em massa foi também abordada com agudeza por Frantz Fanon (2015, p. 121), quando, em *Os condenados da terra*, obra de 1961, declarou: "Há pouco tempo, o nazismo transformou a totalidade da Europa em verdadeira colônia". Os campos de concentração fazem parte de uma expertise do extermínio gestada nas colônias, ou daquilo que Arendt identificou como "massacres administrativos", em que nos deparamos com uma máquina estatal genocida.

Se não permanecemos impassíveis diante das gentes perseguidas, aprisionadas, violentadas, exploradas e exterminadas, não podemos ignorar o que isso tem a ver com uma noção de humanidade intrinsecamente seletiva, ou seja, uma definição de humano que, pautada pela exclusão, funciona como endosso moral ou administrativo da destruição de corpos e subjetividades. Ainda me espanto, confesso, com a nossa capacidade quase infinita de classificação e hierarquização por meio da reinvenção de formas de distinguir que sirvam para diminuir e excluir... evidentemente, não me refiro à diferenciação que alimenta a pluralidade, mas a procedimentos classificatórios que servem à exclusão e que existem (e subsistem) a partir do exercício do poder. O impulso segregacionista flagrado na ideia de seleção se ancora na ruptura com aquilo que se acredita ser o mundo natural: sua seletividade termina por exigir a retirada do corpo e seus afetos da cena da vida – é a morte da empatia.

A tenacidade com que forjamos mecanismos de segregação a partir da atribuição de "estado de natureza" a determinados grupos sociais me leva a acreditar ainda na legitimidade de questionar a insistência do tratamento pejorativo destinado à natureza, *valorizada enquanto um desvalor*, porque, reconhecida como riqueza, representa também atraso e primitivismo. Por isso, creio ser necessário refletir tanto sobre a divisão mesma entre humanidade e mundo natural quanto, no contexto dessa separação, discutir a inferioridade como algo inerente ao natural. Aqui, me importa indagar sobre o acionamento da condição de natureza em processos de desumanização dos sujeitos. Contudo, para lidar com esse tipo de questão, tenho de me esgueirar por alguns aspectos do pensamento ocidental associados a um entendimento de natureza que em tudo se comunica com a seletividade do humano.

Se quando em Roma, faça como os romanos, sigo perseguindo uma compreensão de natureza estabelecida no seio do pensamento ocidental para, por fim, situá-la em relação à colonialidade. Pode causar estranheza a digressão sobre a Natureza que farei a partir daqui; talvez pareça, com razão, um corpo estranho ao texto. No entanto, uma discussão de viés histórico e sociocultural permite reconhecer campos de disputa envolvidos nos processos de definição de natureza, o que, por si só, desnaturaliza concepções e revela a contingência de uma ideia tomada como única e universal. Ao mesmo tempo, me parece claro que esse debate supõe uma reflexão sobre os rumos do conhecimento ocidental.

Quero começar com o relato do antropólogo francês Philippe Descola, quando declara ter experimentado, em sua convivência com os Achuar, na Amazônia, uma espécie de epifania ao se dar conta de que não havia entre esse povo uma concepção de natureza. O fato de sequer ser aventada a noção de *natureza* naquela sociedade expunha a ausência de uma diferenciação apoiada na externalidade de um mundo natural. A dificuldade de perceber esse ponto de vista denunciava, por sua vez, as limitações do pensamento antropológico a partir de suas bases europeias e a universalização de concepções construídas em contextos histórico-culturais específicos. Descola, graças ao contato com uma cosmologia que não discriminava humanos e não humanos à maneira do que se dava no Ocidente moderno, pôde trilhar um caminho que lhe possibilitou confrontar a pretensa universalidade da separação entre natureza e cultura. Experiências antropológicas dessa ordem viabilizam concluir que a modernidade compreende uma cosmologia entre outras, como teóricos e povos vêm assinalando nas últimas décadas.

A partir da situação representada pelo relato de Descola, em que o ponto de partida é europeu, abre-se a possibilidade de que o conhecimento de outras cosmologias contribua para a desconstrução da hegemonia da cultura moderna ocidental. Em outra ocasião,[1] busquei refletir sobre a configuração de um encontro em que o sujeito do conhecimento seria o autóctone, isto é, aquele que historicamente foi desqualificado e relegado à função subserviente de aprendiz ou à condição de primitivo. Criança ou fera, o silenciamento desses sujeitos reduzidos à incapacidade se fez acompanhar da apropriação ou da destruição dos seus saberes, conforme o interesse dos invasores europeus. Desse modo, instituir cenas de contato em que se confira o lugar de enunciação e de conhecimento a representantes de povos originários promove uma desconstrução importante de estereótipos à maneira do que ocorre quando o antropólogo francês descobre, na Amazônia, que a natureza não é algo dado. Se essa redefinição de papéis e o modo como ela se realiza são importantes para a transformação das relações de poder, é igualmente necessário distinguir quando o ponto de vista de partida não corresponde ao dos grupos sociais citados, como, por exemplo, nos relatos produzidos por antropólogos e quando o enfoque pertence a povos não identificados ao pensamento hegemônico. Essa diferenciação é importante para que não se mantenha a prática de tornar os europeus uma fonte quase exclusiva de saberes, o que fortalece a ideia de que o conhecimento é um atributo das sociedades brancas, ou para que não se tome aquilo que se escreve a respeito dos povos como equivalente à realidade. Situar Descola como um sujeito pertencente a uma cosmologia assim como os Achuar coloca em paridade os pareceres de um e de outros. Parear, contudo, não é indiferenciar.

Em contraposição ao unívoco propalado pelo entendimento moderno, podemos ler e escutar os ocidentais tanto quanto os

1. Refiro-me ao meu artigo “Poéticas do conhecimento: representações dos saberes amazônicos em narrativas contemporâneas”, publicado em 2020 na *Revista de Literatura Comparada*.

diferentes grupos humanos existentes no sul político e epistemológico. Considero absolutamente relevante que nós, latino-americanos, em nossa absoluta heterogeneidade, nos posicionemos como produtores de conhecimento, e não só como receptores, sem pretensões substitutivas, e sim cooperativas. Ainda nessa direção, acredito que uma reflexão consistente deve envolver fluxos e contrafluxos decorrentes tanto da experiência de desconstrução de premissas geradas pelo olhar ocidental quanto da formulação que parte de povos e de grupos sociais do sul. A possibilidade de circular entre essas perspectivas, no final das contas, garante diversidade e intensidade no estabelecimento de contribuições capazes de desestabilizar uma ordem epistêmica que perpetua processos cruéis de exploração e de destruição. Aposto, assim, na força do encontro entre o diverso quando isso signifique a preservação da diversidade, e não sua anulação. Mas há ainda o que dizer sobre a experiência do antropólogo francês.

Na chave da desconstrução de premissas constituintes do pensamento ocidental como forma única de conhecimento, a partir de sua experiência junto a povos amazônicos, Descola desenvolveu um amplo trabalho de pesquisa do material etnográfico produzido, o que lhe permitiu concluir que, no contrafluxo de uma compreensão do dualismo como aspecto próprio ao homem, teorias de mundo não dualistas eram observáveis em diferentes regiões do globo e que, apesar das diferenças entre si, no que chama de seu "ordenamento interno", essas cosmologias teriam "(...) la característica común de no efectuar distinciones ontológicas tajantes entre los humanos, por un lado, y buen número de especies animales y vegetales, por el otro" [*a característica comum de não realizar distinções ontológicas taxativas entre os humanos, por um lado, e um bom número de espécies animais e vegetais, por outro*] (Descola, 2012, p. 33).

O antropólogo reconhece a presença de modelos classificatórios entre povos não dualistas, mas isso não quer dizer que o processo de classificação se dê nas mesmas bases que as observadas na cosmologia moderna. Ele alerta, portanto, contra o equívoco de se considerar que a alternativa ao dualismo seria necessariamente a indiferenciação:

engano certamente resultante da maneira mesma como se construiu o pensamento moderno – o sim ou o não.

> La diversidad de los índices clasificatorios empleados por los amerindios para explicar las relaciones entre organismos demuestra a las claras la elasticidad de las fronteras en la taxonomía de lo viviente, pues las características atribuidas a las entidades que pueblan el cosmos no dependen tanto de una definición previa de su esencia como de las posiciones relativas que ellas ocupan entre sí, en función de las exigencias de su metabolismo y, sobre todo, de su régimen alimentario. La identidad de los humanos – vivos y muertos –, de las plantas, de los animales y de los espíritus es enteramente relacional y, por lo tanto, está sometida a mutaciones o metamorfosis según los puntos de vista adoptados. (Descola, 2012, p. 35)
>
> [*A diversidade dos índices classificatórios empregados pelos ameríndios para explicar as relações entre organismos demonstra claramente a elasticidade das fronteiras na taxonomia dos seres vivos, pois as características atribuídas às entidades que povoam o cosmos não dependem tanto de uma definição prévia de sua essência como das posições relativas que elas ocupam entre si, em função das exigências do seu metabolismo e, sobretudo, do seu regime alimentar. A identidade dos humanos – vivos e mortos –, das plantas, dos animais e dos espíritos é inteiramente relacional e, portanto, está sujeita a mutações ou metamorfoses segundo os pontos de vista adotados*].

Em linhas gerais, no lugar de uma compreensão ontológica dos seres e dos elementos, parece prevalecer o que gostaria de identificar como uma *visão relacional*. Nesse sentido, a relevância das diferenças qualitativas entre as cosmologias está evidente na percepção não dualista de povos ameríndios, para quem "el referente común a las entidades que habitan el mundo no es, por consiguiente, el hombre en cuanto especie, sino la humanidad en cuanto condición" [*O referente comum às entidades que habitam o mundo não é, por conseguinte, o homem enquanto espécie, mas a humanidade enquanto condição*] (Descola, 2012, p.

36). Essa é uma mudança importante que vai levar Descola a considerar o caráter peculiar da perspectiva ocidental, posto que a natureza como contraponto ao humano seria uma invenção que, a despeito de sua hegemonia, não corresponderia à visão de mundo mais frequentemente encontrada nas diferentes sociedades humanas. Logo, a questão não envolve apenas diferenças de quilate, mas também de extensão, visto que, no global tratado em equivalência à Europa Ocidental e aos Estados Unidos, o caráter hegemônico atribuído ao dualismo moderno que separa homem e natureza esbarra no fato de que cosmologias dualistas são as menos encontradas entre variados grupos humanos.

> (...) la manera en que el Occidente moderno se representa la naturaleza es lo que menos se comparte en el mundo. En muchas regiones del globo, no se concibe que humanos y no-humanos se desarrollan en mundos incomunicables y conforme a principios separados; el medioambiente no se objetiva como una esfera autónoma; las plantas y los animales, los ríos y los peñascos, los meteoros y las estaciones, no existen en un mismo nicho ontológico definido por su falta de humanidad. Y esto parece cierto, cualesquiera que sean, por otra parte, las características ecológicas locales, los regímenes políticos y los sistemas económicos, los recursos accesibles y las técnicas implementadas para explotarlos. (Descola, 2012, p. 64)
>
> [(...) *a maneira pela qual no Ocidente moderno se representa a natureza é a que menos se compartilha no mundo. Em muitas regiões do globo, não se concebe que humanos e não humanos existam em mundos incomunicáveis e conforme princípios distintos; o meio ambiente não é objetivado como esfera autônoma; as plantas e os animais, os rios e os penhascos, os fenômenos meteorológicos e as estações não existem em um mesmo nicho ontológico definido por sua falta de humanidade. Isso parece verdadeiro, quaisquer que sejam, por outro lado, as características ecológicas locais, os regimes políticos e os sistemas econômicos, os recursos acessíveis e as técnicas implementadas para explorá-los*].

Perspectivas não dualistas como a dos povos amazônicos revelam o caráter cosmológico de verdades apresentadas como universais, contribuem para a crítica ao modelo cognitivo ocidental e podem, efetivamente, constituir alternativas. Nessa direção, o antropólogo vai discutir a naturalização da ideia de selvagem e de doméstico a fim de demonstrar que a organização espacial que propõe diferenças de uso e de formas de ocupação não se traduz, em determinadas culturas, em uma diferenciação entre doméstico e selvagem como se observa na cultura ocidental. Isso permite deduzir que esse tipo de classificação não é simples decorrência da organização espacial no que diz respeito à ocupação humana.

Como a experiência etnográfica de Descola deixa entrever, a revisão de concepções ocidentais exige uma reflexão sobre a própria antropologia, o que gera propostas como o *perspectivismo ameríndio* desenvolvido por Eduardo Viveiros de Castro e Tânia Stolze Lima. O conceito, que se funda no entendimento de que, para a maioria dos povos amazônicos, o mundo é composto por uma multiplicidade de pontos de vista, representa a possibilidade de uma "alter-antropologia indígena que é uma transformação simétrica e inversa da antropologia ocidental" (Viveiros de Castro, 2018, p. 34), assim como expõe os desdobramentos da divisão ocidental entre natureza e cultura na constituição de dualidades como: corpo e espírito; animalidade e humanidade; particular e universal; objetivo e subjetivo; físico e moral; entre outras. A visão ameríndia, por sua vez, resiste aos termos dos debates epistemológicos ocidentais, na medida em que supõe que pessoas são entidades que incluem tanto coisas quanto animais.

> Não se trata, em suma, de um problema de taxonomia, de classificação, de "etnociência". *Todos* os animais e demais componentes do cosmos são intensivamente pessoas, virtualmente pessoas, porque qualquer um deles pode se revelar (se transformar em) uma pessoa. Não se trata de uma mera possibilidade lógica, mas de potencialidade ontológica. A "personitude" e a "perspectividade" – a capacidade de ocupar um ponto de vista – são uma questão de grau, de contexto

e de posição, antes que uma propriedade distintiva de tal ou qual espécie. (Viveiros de Castro, 2018, p. 46)

O perspectivismo ameríndio enfatiza o dinamismo relacional caracterizado pela mobilidade de pontos de vista que coloca por terra dualidades modernas como humano e não humano, cultura e natureza. A meu ver, discussões como a realizada por Philippe Descola, bem como a que desenvolve Eduardo Viveiros de Castro, apontam, em primeiro lugar, para uma drástica revisão do caráter universal da divisão em que se funda a noção ocidental de natureza; em segundo lugar, para as consequências políticas desse modo de conceber, especialmente em relação às práticas dirigidas àqueles considerados "não humanos".

De um modo ou de outro, essas reflexões nos conduzem à indissociabilidade entre ação política e revisão epistemológica, na medida em que o debate que gira em torno de concepções de natureza e de alternativas a estas produz indagações sobre o próprio conhecimento. Na verdade, teorias e movimentos alternativos implicam tanto a análise crítica da visão hegemônica assentada na separação homem/natureza, suas particularidades e consequências, quanto o estabelecimento de outros encaminhamentos epistemológicos atrelados a práticas e a políticas menos predatórias frente ao que se entende por natureza, inclusive no tocante à ordenação hierárquica que sustenta as diferentes formas de racismo.

Em relação a isso, entendo ser importante mencionar, no contexto da Europa Ocidental, a tentativa de sistematização do conhecimento representada pelo enciclopedismo do século XVIII, configurado em grande medida por Diderot e d'Alembert, assim como as transformações históricas nas formas de lidar com a natureza enquanto exterioridade. Pedro Paulo Pimenta, ao se dedicar ao tema, observa que a ideia de que haveria algum tipo de finalidade no estudo da natureza esteve correntemente presente no século XVIII e era uma compreensão que remontava a Aristóteles. O pesquisador chama a atenção para a distinção proposta pelo próprio d'Alembert entre *espírito de sistema* e *espírito sistemático*: o primeiro adota "um conjunto de princípios gerais a priori e procura depois reduzir a experiência a eles"; já o segundo, "embora queira reduzir a experiência a princípios gerais, o faz a partir da análise dos fenômenos ou de seu estudo refletido" (Pimenta, 2018, p. 127). A *Enciclopédia* teria sido concebida como *espírito sistemático*, e não como *espírito de sistema*:

> Bem ao gosto do método experimental, a dispersão dos conhecimentos deverá ser superada pela reunião deles num sistema – neste caso, o sistema fornecido por uma obra desse gênero (um dicionário enciclopédico razoado), organizada segundo certos princípios, escrita numa língua determinada, disposta em certo número de volumes. (*Pimenta*, 2018, p. 131)

Pimenta estabelece ainda que a reunião dos conhecimentos em um sistema expressa também a necessidade de definições, o que explica verbetes como "natureza" na *Enciclopédia*, o qual teria sido encomendado por Diderot ao Conde de Buffon, naturalista francês famoso por sua obra *História natural* (*Histoire naturelle*, 1749). Este, porém, não aceitou o convite por considerar que a palavra "se referia a algo que não existe enquanto tal, uma mera ideia a que cada um pode atribuir uma miríade de significados" (Pimenta, 2018, p. 2). Coube, então, a d'Alembert a redação do verbete, deixando evidente a diferença entre as concepções do enciclopedista e as de Buffon, algo passível de ser traduzido na discriminação proposta, no "Discurso preliminar" da *Enciclopédia*, entre a filosofia natural (ou seja, a física experimental) e a história natural (compreendida como memória, e não como entendimento próprio à filosofia natural). Sob essa óptica, aquela era superior a esta. Para o naturalista, o conhecimento humano, diante da amplidão do mundo, é intrinsecamente limitado e incapaz de abarcar a totalidade do que existe, ao mesmo tempo que o que não se deixa conhecer pode ser revelado a partir de procedimentos como a observação. Já no verbete de d'Alembert, a concepção de natureza está associada à física e considera que aquilo que não for conhecido pelo cálculo e pela experimentação não é cognoscível. Em suma, d'Alembert restringe o conhecimento ao campo da física experimental, enquanto Buffon compreende serem necessários procedimentos, como a observação, para alcançar o que escapa à filosofia natural.

O enciclopedista, é necessário dizer, teve como referência importante o químico Robert Boyle (1627-1691) para a redação do verbete "Natureza". Boyle estabeleceu uma teoria química, científica e racional fundamentada em experiências concretas, numa perspectiva mecanicista e na refutação de aspectos metafísicos. A secularização, aqui, associa-se, portanto, a uma valorização da experimentação e ao ataque à metafísica. Assim, o espírito sistemático da *Enciclopédia* aponta para uma compreensão da natureza a partir de um viés experimental, numa conjuntura em que a experimentação e a matematização constituíram a base das ciências modernas que se converteram na ideia mesma de conhecimento.

Para acrescentar outros elementos à discussão proposta por Pimenta sobre o enciclopedismo, retomo a sistematização formulada por R. G. Collingwood, historiador e filósofo britânico, em seu livro *A ideia da natureza*, quando distingue o que seria a natureza para os gregos antigos, para os renascentistas e, depois, para os modernos, no que ele denomina "três movimentos cosmológicos". Para os gregos, o mundo da natureza é um mundo de corpos e de movimento: porque há movimento, é um mundo vivo, e, porque esse movimento é regular ou ordenado, possui uma inteligência. Ele considera que, para Aristóteles, Platão e Sócrates, o espírito "pré-existia *na* natureza, o espírito no corpo e do corpo, manifestando-se pelo seu controle do corpo" (Collingwood, 195?, p. 14). O historiador vai propor que a cosmologia da Renascença (que iria até o século XVIII e incluiria Descartes) se contrapõe ao pensamento clássico na medida em que nega que o mundo da natureza, ou seja, o mundo da ciência física, seria um organismo. Paralelamente, a visão renascentista afirmava que esse mundo

> (...) era desprovido de inteligência e de vida. Portanto, era incapaz de ordenar os seus próprios movimentos de uma maneira racional e,

> de facto, até incapaz de se movimentar fosse de que maneira fosse. Os movimentos que manifesta, e que os físicos investigam, são-lhe impostos pelo exterior, e a regularidade desses movimentos é devida a "leis da natureza" igualmente impostas pelo exterior. Em vez de ser um organismo, o mundo natural para a Renascença é uma máquina: uma máquina no sentido literal e exacto do termo, uma coordenação de partes de corpos destinados, conjugados e desencadeados para um fim definido por um espírito inteligente que lhe é exterior. Os pensadores da Renascença, tal como os gregos, viam na ordenação do mundo natural uma expressão de inteligência; porém, para os gregos essa inteligência era a inteligência da própria natureza, enquanto para os pensadores renascentistas era a inteligência de algo para além da natureza: o criador divino e senhor da Natureza. (Collingwood, 195?, p. 13)

O autor busca mostrar como a transcendência, ainda que considerada pelos gregos, não fundamentava seu pensamento: na verdade, "o axioma fundamental do pensamento grego sobre o espírito é a sua imanência no corpo", enquanto "o axioma fundamental de Descartes é a sua transcendência" (Collingwood, 195?, p. 15). Essa é uma diferença importante, mas não pode ser deslocada de todos os processos históricos em andamento no longo século XVI, quando se está constituindo o sistema-mundo que abrangerá todas as regiões do planeta, bem como uma economia-mundo capitalista com divisões internacionais de trabalho, à maneira do que formulou Fernand Braudel. Esse enfoque torna evidente que os caminhos dados ao pensamento europeu devem ser considerados à luz do impacto gerado pela invasão e pela conquista da América.

Contudo, para Collingwood, a visão renascentista de natureza se baseou na ideia cristã de um Deus criador e onipotente; já modernamente, foi fator decisivo o desenvolvimento da História como disciplina e a consequente introjeção de concepções como progresso, mudança e evolução. Em síntese, à episteme clássica para a qual o cognoscível no mundo é imutável, algo que o pensamento renascentista manteve como parâmetro, se contrapõe a perspectiva evolucionista moderna. Todavia, o que me interessa em particular é o fato de que o autor inglês compreende essa mudança de visão como uma questão acerca do próprio conhecimento e, por extensão, sobre as condições em que este seria possível.

> Para os gregos, tinha sido um axioma de que tudo o que era cognoscível era imutável. O mundo da natureza, ainda segundo os gregos, é um mundo de contínua e profunda mudança. Daí se poderia concluir que uma ciência da natureza era impossível. Mas a cosmologia da Renascença evitou essa conclusão por um *distinguo*. O mundo da natureza tal como surge perante os nossos sentidos foi considerado incognoscível; porém, afirmou-se que por detrás desse mundo das chamadas "qualidades secundárias" há outras coisas, os verdadeiros objetos da ciência natural, cognoscíveis porque imutáveis. Primeiro, há a "substância", ou "matéria", em si mesma não sujeita a mudança, cujas mudanças de composição e de ordenação eram as realidades cujas aparências tomavam para a nossa sensibilidade a forma de qualidades secundárias. Em segundo lugar, havia as "leis" segundo as quais essas composições e ordenações mudavam. Estes dois factores – matéria e lei natural – eram os objetos imutáveis da ciência natural. (Collingwood, 195?, p. 21)

A natureza tornada cognoscível não pode ser dissociada das discussões que passam pelas diferenças entre o verbete de d'Alembert e as concepções de Buffon, assim como pelas mudanças das visões grega, renascentista e moderna. Desse modo, parece-me que a definição de natureza no âmbito de uma Europa em construção se assenta num debate sobre o próprio conhecimento e, por conseguinte, sobre a determinação do humano como civilizado. As dicotomias modernas, nesse sentido, aparecem igualmente relacionadas às implicações derivadas da conquista da América, ocorrência fundamental para a formação de um modelo de mundo em que colonialidade e modernidade se apresentam como indissociáveis.

Outro historiador britânico, Keith Thomas, em seu livro O *homem e o mundo natural: mudanças de atitude em relação às plantas e aos animais* (1500-1800), publicado pela primeira vez em 1983, expõe como a visão religiosa e a interpretação dos textos sagrados no âmbito da teologia cristã foram fundamentais nas relações entre homem e mundo natural. Embora o foco de Thomas seja o contexto inglês, seu estudo permite identificar dinâmicas associadas aos rumos dados à premissa da separação entre homem e natureza, assim como à relevância dessa divisão na Europa que ia se configurando geopoliticamente. Nesse sentido, o historiador observa como a proeminência do homem sobre as demais espécies tanto foi considerada parte de um plano divino quanto sustentou o antropocentrismo que orientava o entendimento de natureza.

No século XVII, em tudo se via uma intenção divina voltada para o estabelecimento do bem-estar do homem, fosse pela menor capacidade reprodutiva dos animais selvagens em relação aos domésticos, fosse pelo caráter pedagógico das feras para proveito dos homens. Do século XVII ao XVIII, variou a interpretação teológica em relação à natureza, seja para apresentá-la em decadência, em associação ao pecado original, seja para, posteriormente, enfatizar seu desígnio benévolo. Do mesmo modo, interpretações justificaram o processo de domesticação a partir do princípio de que tal prática era uma benesse concedida aos animais, favorecidos pela civilização que se lhes emprestava. De uma forma ou de outra, prevaleceu a percepção de que os seres estavam à disposição dos interesses dos homens, cuja autoridade (e domínio) sobre as diferentes formas de vida se justificava por sua autodeclarada superioridade. E era na leitura da própria Bíblia que se encontrava, muitas vezes, a fundamentação e a legitimação para esse tipo de prática: "O sexto mandamento, contra o assassinato, não valia para os não humanos" (Thomas, 2010, p. 28).

O espectro das condutas apresentado pelo pesquisador britânico evidencia a oscilação entre uma ideia de cuidado em relação ao que se reconhece como legado divino e a versão da disponibilidade da natureza como um presente de Deus feito para o homem, numa demonstração de que invariavelmente o discurso religioso teria desempenhado um papel muito importante na forma de conceber a natureza na Inglaterra dos séculos XVI, XVII e XVIII. Assim, em que pesem as diferenças fundamentais entre as interpretações, a depender de para onde sopravam os ventos, se poderia propor uma visão distinta da natureza, sem que, contudo, isso significasse a ausência de um viés religioso que funcionasse como fundamentação. Do mesmo modo, a partir de Collingwood, é possível afirmar que, afinal, a própria separação entre homem e mundo natural bebe dessa fonte.

Certamente, a relevância da dimensão religiosa na forma de conceber a natureza tem diversos desdobramentos e se aproxima da discussão de Walter Mignolo sobre como a teologia teve participação crucial nas bases do racismo moderno e manteve estreita relação com o desenvolvimento da concepção científica moderna. Resulta, assim, que o teológico e o científico participam da sustentação ideológica à conquista da natureza que permitirá a definição de sub-humanidades. O poder exercido, masculino/branco/europeu/cristão, representa a objetificação de todo um conjunto de seres e a consequente disposição violenta sobre os seus corpos, de maneira que a natureza, assim constituída/compreendida, é, antes de mais nada, um mundo sem encanto.

> A teologia da época assim fornecia os alicerces morais para esse predomínio do homem sobre a natureza, que tinha se tornado, em inícios do período moderno, um propósito amplamente reconhecido da atividade humana. A tradição religiosa dominante não mantinha nenhum vínculo com aquela "veneração" da natureza encontrada em várias religiões do Oriente e que o cientista Robert Boyle corretamente reconhecia como um "obstáculo desencorajador ao império do homem sobre as criaturas inferiores". Desde os tempos dos anglo-saxões, a Igreja cristã na Inglaterra colocou-se contra o culto das nascentes e dos rios. As divindades pagãs do bosque, da corrente e da montanha foram expulsas, deixando assim desencantado o mundo, e pronto para ser formado, moldado e dominado. (Thomas, 2010, p. 29)

Em outras palavras, reduzir a natureza à condição de objeto equivale a privá-la de mágica e alma e, desse modo, sujeitá-la aos desejos da ciência e do capital. E como não lembrar nesse momento de Césaire, quando equaciona colonização e coisificação. Todavia, Keith Thomas (2010, p. 32) refuta uma visão simplista e monolítica das mudanças históricas; por isso, lembra que diferentes civilizações tiveram ação predatória sobre a natureza, embora não fossem cristãs, e que o antropocentrismo não foi exclusividade do Ocidente. Acrescenta ainda que o legado judaico-cristão é ambíguo e propõe também o homem como gerente e cuidador das criaturas de Deus. Porém, a conclusão do historiador aponta para uma influência grega e estoica que teria distorcido o legado judaico "de modo a tornar a religião do Novo Testamento muito mais antropocêntrica que a do Antigo; e que o cristianismo ensina, numa escala jamais encontrada no judaísmo, que o mundo todo se subordina aos objetivos do homem". Sob esse prisma, Thomas atribui o particular caráter de destruição do mundo natural no Ocidente moderno a um antropocentrismo robusto decorrente de uma visão cristã marcada por influências gregas. A identificação de civilização com o controle sobre a natureza torna-se, então, a tônica, e isso passa pela restituição do domínio sobre a criação perdido em decorrência do pecado original (Thomas, 2010, p. 35).

Acredito que Collingwood e Thomas contribuem para a compreensão de que o conhecimento sobre a natureza (e, portanto, sobre sua circunscrição) se colocou a serviço do antropocentrismo alimentado por um imaginário teológico-filosófico. Essa também teria sido a direção dada pela história conjectural exercida por Buffon: uma história em que se construía uma narrativa da vitória do homem sobre outras espécies por meio da observação das regularidades que, na visão do naturalista, permitiriam a reconstrução de uma história e uma origem (Pimenta, 2018).

Assim, discursos de "posse", "conquista", "domínio", como observa Thomas, eram recorrentes e não estavam sujeitos à condenação, pois essa atitude era vista, "graças a gerações de pregação cristã, como inocente do ponto de vista moral" (Thomas, 2010, p.

38). Religião e ciência convergiam na legitimação e consolidação do domínio humano, ao mesmo tempo que este se fazia necessário para a existência da ciência nos moldes em que terminou por se consolidar. Nesse processo, todavia, pareceu necessário definir quais aspectos tornavam o homem esse ser superior, mas, segundo o historiador, não exatamente para justificar sua superioridade, e sim para determinar que comportamento definiria o humano. Em outras palavras, trata-se de um modo de controle e de definição das atitudes e dos comportamentos. A linguagem, a razão e a religião aparecem como aspectos distintivos da humanidade, a qual, concebida como universal, esteve atrelada a uma cosmologia.

Por esse viés, é significativo que o cartesianismo tenha sido encarado como a "melhor racionalização possível para o modo como o homem realmente tratava os animais". A retirada cartesiana de qualquer dimensão espiritual dos animais teria servido ao propósito de fazer dos homens "senhores e possuidores da natureza", e, "ao fazê-lo, instaurou um corte absoluto entre o homem e o restante da natureza, limpando dessa forma o terreno para o exercício ilimitado da dominação humana". Isso ainda estaria associado a "um Deus transcendente, externo à Sua criação", que simbolizaria "a separação entre espírito e natureza" (Thomas, 2010, p. 45 e 46).

Do mesmo jeito, a religião teria papel de reforçar e de conservar as fronteiras que singularizariam os humanos em relação aos outros animais. O investimento na razão como aspecto próprio ao homem, na polarização entre corpo e espírito, demandava também o recalque do corpo. Decerto, isso está diretamente associado ao controle sobre a corporalidade e a sexualidade.

A essa altura da discussão, compreendo que a sinergia entre ciência e religião no contexto heterogêneo da modernidade europeia origina-se das relações de dominação colonial ao mesmo tempo que as legitima. Subjacente a essa constatação, há outra questão com que me confronto: como a divisão natureza e cultura é parte integrante do colonialismo e, ainda que se manifeste nas relações ditas não abissais (para recuperar a terminologia de Boaventura de Sousa Santos), sua razão de ser estaria de fato nas reconhecidas como abissais.

Ouso dizer que as apreciações de K. Thomas, ainda que dirigidas mais especificamente à realidade inglesa, contribuem para um conjunto de discussões caras ao pensamento decolonial, na medida em que o historiador observa como a distinção entre homens e animais se desdobrou em uma organização hierárquica do humano que vem servindo de justificativa para processos de dominação, de exploração e de destruição do outro. Frantz Fanon, por exemplo, em *Pele negra, máscaras brancas*, explora como o mito da virilidade do homem negro e a hipersexualização a que se vê submetido chancelam sua associação à violência sexual e à ferocidade nas sociedades ocidentais brancas. A animalidade e a sexualidade seriam, assim, apresentadas como razão para a perseguição e criminalização do homem negro, bem como justificativa para medidas de segregação.

Negros, índios, irlandeses, crianças, mulheres, pobres, analfabetos, loucos, vagabundos, pessoas LGBTQIA+... o que se estabelece é uma prática de estratificação em que sub-humanos ou não humanos encontram-se em desvantagem e, portanto, em situação de inferioridade em relação aos que seriam efetivamente humanos. O viés hierárquico-classificatório que cria distinções qualitativas entre humanos, sub-humanos e não humanos, assim como se observou em relação aos animais, tem de fato possibilitado práticas cruéis de controle e de destruição, ao mesmo tempo que tais definições devem sua legitimidade ao pressuposto segundo o qual se trataria de aspecto ontológico, constituição "natural" dos indivíduos. Keith Thomas dá exemplos preciosos a esse respeito:

> Uma vez percebidas como bestas, as pessoas eram passíveis de serem tratadas como tais. A ética da dominação humana removia os animais da esfera da preocupação do homem. Mas também legitimava os maus tratos àqueles que supostamente viviam em condição animal. Nas colônias, a escravidão, com seus mercados, as marcas feitas a ferro

em brasa e o trabalho de sol a sol, constituía uma das formas de tratar os homens vistos como bestiais. (Thomas, 2010, p. 60)

Dentro do país, a domesticação dos animais fornecia várias das técnicas para enfrentar a delinquência: freios para mulheres rabugentas; celas, correntes e palha para os loucos; cabrestos para as mulheres vendidas em leilão no mercado, num rito informal porém amplamente aceito de divórcio. (Thomas, 2010, p. 61)

Para avançar nessa discussão, será importante superar o escopo dos trabalhos dos autores até aqui mencionados, não deixando de considerar, evidentemente, aquilo que oferecem como reflexão e resultado de pesquisas, sem que isso, contudo, signifique submergir a possibilidade de pensamento próprio nos limites e nas especificidades de obras voltadas para o contexto europeu. A acepção de ecologia dos saberes de Boaventura de Sousa Santos, em especial, me agrada, uma vez que assinala o caráter relacional do conhecimento e sua diversidade.

Esse caráter relacional e diverso me autoriza a parodiar as afinidades eletivas da história da química e do romance de Goethe a fim de dar início a uma arena de escutas-leituras para que, ao considerá-las em sua diferença, eu possa também propor uma poética-pensamento própria. Pretendo, assim, colocar em diálogo algumas das questões apontadas até aqui com reflexões desenvolvidas no contexto dos estudos decoloniais.

A começar pela discussão mais particularmente dirigida para a definição de natureza e suas consequências, Walter Mignolo, quando trata do que chama de "a invenção do humano" ou "a ontologia ficcional da natureza", lança mão de algumas referências que dão suporte ao desenvolvimento de sua argumentação – uma delas é, precisamente, a reflexão de Philippe Descola já abordada aqui.

A partir do trabalho de Descola em *Par-delà nature et culture*[2] [*Para além de natureza e cultura*], o semiólogo argentino propõe ser a

2. Serviu-me de base a edição em espanhol – *Más allá de naturaleza y cultura* (2012). O original em francês é de 2005.

natureza uma ficção ontológica e defende que, uma vez que saibamos da ausência da dicotomia homem/natureza em muitas sociedades (inclusive de povos ameríndios), o nosso desafio é pensar fora dessa polaridade. Quanto às implicações da visão dualista moderna, o autor, ao tecer considerações acerca do extrativismo que caracterizou a relação humana com a natureza, em particular a americana, atrela as distinções que fundamentam categorizações raciais e de gênero à separação da natureza. O enfrentamento da lógica extrativista passaria por uma reformulação epistemológica: "How to get out of them [the concepts of nature and culture] is a decolonial question" [*Como escapar deles (os conceitos de natureza e cultura) é uma questão decolonial*] (Mignolo, 2018, p. 160). Nesses termos, tendo a concordar com Mignolo quando declara que o desafio não é simplesmente aprender sobre algo, mas mudar a forma de pensar e de conhecer.

A reflexão assim conduzida torna válido supor que a concepção de natureza, haja vista sua dimensão epistemológica, não poderia ser dissociada da constituição de uma modernidade que existe enquanto colonialidade. Permito-me voltar novamente a Aníbal Quijano, quando este afirma que o eurocentrismo estaria pautado em dois mitos fundacionais:

> (...) um, a ideia-imagem da história da civilização humana como uma trajetória que parte de um estado de natureza e culmina na Europa. E dois, outorgar sentido às diferenças entre Europa e não Europa como diferenças de natureza (racial) e não de história do poder. Ambos os mitos podem ser reconhecidos, inequivocamente, no fundamento do evolucionismo e do dualismo, dois dos elementos nucleares do eurocentrismo. (Quijano, 2005, p. 122)

A natureza tornada cognoscível, graças a seus aspectos apreensíveis e fixos (como as leis naturais), garantiu a objetificação necessária à identificação de coisas, de seres e de fenômenos, bem como à sua classificação, e, desse modo, tornou viável a distinção de indivíduos em torno da ideia de humanidade. Simultaneamente, esta, ao ser definida com base na contraposição ao natural, apresenta-se como algo dado e inerente, recalcando sua origem ideológica. Aí se situa o conceito de *raça* de Quijano, cuja feição pretensamente biológica asseguraria a legitimidade de modalidades repressivas que não ficaram circunscritas ao colonialismo, perseverando ainda no mundo pós-colonial. O modo como o sociólogo peruano costura esse substrato "natural" à divisão de trabalho expõe claramente a força desse tipo de naturalização na manutenção de formas de exploração. Como o trecho citado permite notar, o dualismo natureza-cultura, lido aqui também como natureza-humano, torna possível a criação de uma diferenciação biológica que situa parte da população humana fora da humanidade. Some-se a isso a perspectiva evolucionista, na medida em que a definição da Europa-humano-cultura como meta evolutiva só pode acontecer a partir da dualidade em que se instaura. O encaixe dos povos não brancos/europeus/cristãos nessa lógica, por sua vez, deveu-se à categorização que lhes conferiu também uma função e um lugar biossocial no sistema-mundo.

Imagino a pequena Bacurau de Kleber Mendonça Filho, que não está no mapa, como uma resistência ao processo insistente de integração que elimina saberes, histórias e expressões culturais, seja por meio da destruição de corpos, seja por sua assimilação. No filme, a distinção de humanidades aparece como justificativa para a violência desmedida, refletida em práticas de extermínio tratadas como triviais pelo prefeito. Na narrativa, o político, enquanto representante do Estado, oscila entre o clientelismo e o descaso para selar sua participação no show de atrocidades em que a morte é o principal entretenimento, quando vende os habitantes como alvos em uma caça humana. A crise da água em torno da cidade não é simplesmente um pano de fundo, e sim a tônica de políticas sistemáticas que, em diversos países da América Latina, vêm privatizando e desviando rios, deixando comunidades inteiras à própria sorte. A violência que se apresenta de início na supressão de recursos locais, como os hídricos, sob a alegação do desenvolvimento representado pela construção de grandes represas ou outras formas massivas de apropriação da água, encontra no assassinato a sangue frio apenas um desdobramento. A agressão sofrida pelas pessoas que vivem ali começa no carro-pipa, que, para levar água à cidadela, atravessa uma estrada esburacada onde se esparramam caixões deixados pelo caminho...

Os não humanos ou sub-humanos têm sua condição definida pela raça manifesta em seu fenótipo, em sua origem geográfica, em sua formação cultural e em sua condição social. Daí viria a autorização para matar aqueles que não seriam exatamente pessoas, mas alvos, animais, coisas. A negação da humanidade aparece como assunto central do filme na cena em que o grupo de assassinos diletantes vindos dos Estados Unidos se reúne em torno de uma mesa com os olheiros brasileiros contratados, um homem e uma mulher da região Sudeste. Para os gringos, aquilo não passava de entretenimento, um safári em que iam caçar nordestinos pobres esquecidos em uma cidadezinha no interior de Pernambuco, nada além de bichos. Nesse caso, o prazer com a morte também era a afirmação de superioridade e do direito de decidir quem vive e quem morre segundo a lógica de um jogo sádico movido a competição e adrenalina. Para os brasileiros contratados, aquele era um assunto de dinheiro. O casal do Sudeste, porém, julgava compartilhar a condição superior de seus contratantes, bem como via os habitantes de Bacurau como expressões de inferioridade. Quando, todavia, reunidos com os atiradores, se comportam como parte do grupo, vem à tona a perspectiva dos visitantes estrangeiros: o brasileiro urbano do Sudeste não era *branco* como eles – naturais do Norte global – efetivamente eram. À autodeclaração do casal de que seriam "como eles" e que partilhariam da mesma condição de *brancos*, os estrangeiros respondem com sarcasmo e brutalidade. O desfecho é a conversão dos contratados em alvo pelo grupo, que lhes nega a humanidade que estes já haviam anteriormente negado ao povo pobre da região. A escala geopolítica e racial é clara: Estados Unidos – Sudeste do Brasil – Nordeste do Brasil. Quem, afinal, é "gente"?

Em estado de natureza

Arrisco dizer que a objetificação do corpo feminino, inclusive em relação ao controle de funções como a reprodução, decorre de premissa comum a diferentes formas de extrativismo fomentadas na modernidade. A mulher, em sua perigosa proximidade com a natureza, é identificada ao mundo encarado como recurso e riqueza, que deve ser dominado para o desenvolvimento da civilização. O feminino equacionado ao corpo biológico, e este, por sua vez, reduzido à utilidade e tratado como um aparte, seriam dotados de uma humanidade menor. Ainda menos humanas, as mulheres indígenas e negras seriam duplamente primitivas em seu estatuto de natureza-objeto. Essa compreensão, fulcral para o pensamento ecofeminista, permite apreender os efeitos da instrumentalização da vida nas relações de gênero.

Na linguagem visual estabelecida sobre a natureza, em particular a dos trópicos, é possível encontrar a violência extrativista que envolve corporalidades femininas e racializadas.

Apesar disso, preciso confessar, as ilustrações dos livros de história natural, de tratados científicos e de relatos de viagem me encantam. O deleite que experimento nas formas, nas texturas e nas cores não poderia ser explicado de uma única maneira, mas sei também que não pode ser compreendido sem que se considere uma pedagogia que tanto ensina modos de ver quanto seleciona o que merece ser visto. A percepção é normalizada em conformidade com parâmetros que, em sua realidade histórica e cultural, nos escapam, de modo que aquilo que muitas vezes se entende como resultado de um processo puramente fisiológico resulta, igualmente, de aspectos sociais. O sujeito é sociobiológico, resultado de uma trama complexa de interconexões entre esquemas bioquímicos e fatores ambientais. Nem tábula rasa, nem determinismo; sentimos o que sentimos como resultado de vetores distintos e múltiplos que se afetam mutuamente.

Na verdade, os desenhos que me encantam também me afligem. Um certo conjunto de traços e determinada distribuição das formas, que naturalizo como exemplo de composição harmoniosa, são motivos de admiração e, simultaneamente, indicativos de processos violentos de apropriação e significação do mundo, pois o caráter universal e único que me leva a ver essas imagens dispostas e expostas como *naturalmente* belas só pode ser alcançado por práticas de dominação. É preciso muito silêncio e um insistente apagamento para que nos pareçam assim.

Em 2019, a ida à exposição *Rosana Paulino: a costura da memória* me fez confrontar essa sensação de mal-estar e encantamento, ao me propor uma experiência, a um só tempo, estética e política (resultado, acredito, dessa visualidade cujo fascínio é tanto assumido quanto desmentido nas obras de Paulino). A artista de São Paulo constrói camadas e coexistências cujas interfaces expõem as irregularidades e tensões das relações.

A retrospectiva de cerca de 20 anos de trabalho de Paulino na Pinacoteca de São Paulo, exposta em 2018 sob a curadoria de Valéria Piccoli e Pedro Nery, teve continuidade no ano subsequente, quando seguiu para o Museu de Arte do Rio de Janeiro (MAR), espaço onde pude conhecer a trajetória da artista. Como os curadores alertavam no catálogo da exposição, a memória e a história comparecem de forma importante nas diferentes propostas desenvolvidas por Paulino. O bordado, a fotografia, as técnicas de impressão e a gravura permitem a construção de relações ancestrais, seja na *Parede da memória* (1994-2015) – em que patuás com fotos de membros da família da artista formam um grande painel, que também, em certo sentido, constitui um tecido social –, seja em *¿História natural?* (2016) e na série *Paraíso tropical* (2017). Na primeira, uma obra-livro, o uso do papel, dos tecidos e das linhas permite a conjunção entre a impressão e a costura com a finalidade de *refazer* os sentidos construídos pelos registros dos naturalistas e pela aliança do saber científico com a empresa colonial. Já a série se vale da tradição iconográfica das viagens de exploração e da história natural para desvelar essa tradição graças a processos de montagem que produzem interposições capazes de expor as implicações ideológicas e políticas de modelos de conhecimento e de representação. Ambos os trabalhos convergem na abordagem das conexões entre cultura científica, estética e poder, especialmente no que diz respeito à destruição de povos e de seres. O efeito alcançado pela artista reside em cruzamentos entre a experiência subjetiva e a social, a arte e a ciência, a natureza e a cultura, o passado e o presente, numa elaboração que não hesito chamar de decolonial. Entro, assim, em acordo com apreciações como a que fazem os curadores:

> Nas fotografias e livros de viajantes, onde o corpo do africano escravizado é equiparado a elementos diversos da flora e fauna do país, e onde se criam justificativas científicas para considerá-lo inferior, Paulino vai buscar um outro passado, uma outra genealogia, que diz respeito não apenas à sua história, mas à de todo um povo. (Piccoli; Nery, 2018, p. 10)

As aproximações entre os corpos dos indivíduos escravizados e espécimes da natureza local, como se observa nas obras de Paulino, expõem a violência colonial e o comprometimento de discursos científicos com formas de dominação. Para alcançar esse, por assim dizer, grau de exposição, a artista visual precisou desestabilizar fronteiras e taxonomias, divisões sociais e disciplinares, tornando sua busca estética por organizações espaciais da imagem também em uma busca epistemológica e em uma pedagogia do olhar tributária a uma contrapedagogia da crueldade. A força crítica e criativa da conjunção entre memória pessoal e coletiva é revelada nos procedimentos que operam desvelamentos e reformulações. Creio haver, aqui, um *desfazimento* estético-ideológico promovido pelo *fazimento* artístico de Rosana Paulino, na medida em que é possível entrever como, artisticamente, é problematizada a criação, por exemplo, de um *paraíso tropical* pelos europeus:

> As *assemblages* com fotografias de escravos, ilustrações da *Flora brasiliensis* – compêndio escrito por exploradores como Carl Friedrich Philipp von Martius no século XIX – e gravuras que remetem a estudos de craniometria criam uma sobreposição de camadas da identidade brasileira tal como ela é oferecida pelo estrangeiro, que percebe no país tropical uma sociedade branda. Esse amálgama ressignifica o imaginário social brasileiro, que ainda parece incapaz de revisar paradigmas aparentemente distantes como os do século XIX. (Piccoli; Nery, 2018, p. 11)

Para reunir os pedaços de uma história e de uma realidade social representadas pela diáspora negra e a escravidão no Brasil, Rosana realiza uma costura incompleta de acabamento precário e impreciso: *fazimento* cuja imperfeição é uma conquista importante para o *desfazimento* de modelos e ocultamentos. Algo bastante explícito em *Atlântico vermelho*[1] (2016) [Fig. 1], em que os fios expostos são rasuras de um coser grosseiro que busca reunir fragmentos que dificilmente poderiam compor uma unidade homogênea, nem no tempo, nem no espaço. O avesso é o direito, porque a camuflagem da costura limpa esconderia de nossos olhos a qualidade das relações tais como apontadas na associação entre os azulejos portugueses – em sua referência imediata às navegações e conquistas de Portugal –, o fêmur e as fotos de mulheres, homem e criança negros. O reconhecimento estético da azulejaria e seu significado histórico têm sido explorados por artistas contemporâneas como Adriana Varejão, muitas vezes, a partir de conexões com a carne e o sangue, que funcionam como evidências orgânicas contrastantes com a frialdade mineral, uma espécie de derramamento que expõe feridas. Esse procedimento

1. O título do trabalho faz clara referência a *O Atlântico negro*, de Paul Gilroy, obra de 1993 em que o autor propõe rever a própria noção de cultura, problematizando o nacionalismo cultural a partir das conexões entre noções como "raça" e os Estados-nação modernos. Nesse sentido, Gilroy enfatiza o processo dinâmico de trocas e de reelaborações culturais que atravessam o Atlântico e que não se confundem com as fronteiras nacionais.

também se encontra na obra de Paulino como parte de estratégias visuais de presentificação da crueldade colonial, embora, é importante ressaltar, dotado de particularidades significativas.

Os motivos em *Atlântico vermelho* se encontram impressos sobre tecido e experimentam a leveza desse suporte suscetível à marca manual da costura e do bordado. As propriedades do pano trazem um elemento novo que reorganiza os sentidos habitualmente associados à identidade visual dos azulejos, o que ainda é reforçado pela estruturação da peça, a disposição de suas partes e a formação de conjunto. Ajustados centralmente numa fileira que sugere a disposição vertical, uma sequência de três azulejos é interrompida pelo fêmur, osso exposto da fratura da violência. Contudo, a consistência óssea evocada pela peça, em consonância com a materialidade da azulejaria, esbarra na delicadeza do tecido. O material duro que resiste à agulha e ao fio é transmutado na tessitura maleável que torna possível o gesto manual que atravessa e relaciona. Gesto e prática que, admitidos socialmente como inerentes ao universo feminino, mostram ser técnica de construção de uma imagem-discurso fundada em conexões, ou melhor dizendo, na contundente exposição daquilo que conecta os azulejos, o osso e os registros fotográficos de pessoas negras: a brutalidade estético-ideológica da colonização. Os fios pendentes e a costura embrutecida refazem uma história pautada na violência colonial – são marcas. O vermelho sanguíneo, contrastante com o fundo em azul e cru, dialoga diretamente com o fêmur exposto enquanto resto mortal, prova e indício de um corpo esfacelado. O osso é, por outro lado, igualmente um avesso, assim como o negativo fotográfico, o verso que precisa ser exposto, o que se alcança, também, por meio da materialidade flexível do tecido e dos fios, em oposição à consistência óssea ou à alta densidade da cerâmica. A relação entre diferentes materiais pode ainda ser considerada na distribuição dos fragmentos-retalhos, uma vez que a obra se constrói em torno de um eixo central de orientação vertical que faz lembrar uma coluna vertebral composta por azulejos e ossos destituídos de sua rigidez original. Em torno dessa estrutura, aparecem distribuídas imagens

Fig. 1: *Atlântico vermelho* (2017), Rosana Paulino. Impressão digital sobre tecido, recorte e costura. 127 x 110 cm.

que se espelham, seja o navio em positivo e negativo, seja a mulher negra que carrega um recipiente. Junto à simetria, garantida não pela equivalência exata entre ambos os lados, mas pela lógica organizativa de tamanhos e quantidades de fragmentos, há também uma relação importante entre as técnicas visuais utilizadas, visto que se evidencia a relevância do desenho e da fotografia na documentação de povos escravizados.

Por outro lado, as rasuras decorrentes da ausência de refinamento no acabamento, o qual teria como função, a princípio, esconder o trabalho e as lacerações sofridas pelo material manipulado, também estão presentes em interferências tão pontuais quanto assertivas, a exemplo do rosto subtraído da mulher em uma das fotos ou mesmo na recuperação de situações de exposição do corpo convertido em objeto de estudo. Esse é o *Atlântico vermelho* de Rosana Paulino, em que as linhas que cosem e bordam se assemelham a filetes de sangue que escorrem sobre a pretensa neutralidade de um patrimônio visual herdado do colonialismo. Nesse contexto, a costura, como a própria artista já havia assinalado, só pode ser sutura, procedimento brutal que converte em carne viva materiais e matérias diversos de modo a presentificar a dor e a violência. A premência do fazer está na subversão de polaridades como teoria e prática, intelectual e manual, a partir mesmo do processo físico-corporal da criação artística: na construção, que não se ocultem os andaimes.

Foi, todavia, em sua obra-livro *¿História natural?* (2016) e na série *Paraíso tropical* (2017), compostas por montagens que propõem uma narratividade alternativa, que me deparei mais diretamente com o referencial da ilustração científica e, portanto, com modos de ver fundados na admiração provocada por esse tipo de imagem. A inevitabilidade da apreciação estética desses desenhos também significa confrontar a violência que lhes é inerente. A meu ver, isso mantém relação com o que a peruana Silvia Rivera Cusicanqui entendeu como uma "sociologia da imagem": "la forma como las culturas visuales, en tanto pueden aportar a la comprensión de lo social, se han desarrollado con una trayectoria propia, que a la vez revela y reactualiza muchos aspectos no conscientes del mundo social" [*a forma como as culturas visuais, ao mesmo tempo que podem oferecer uma compreensão do social, foram se desenvolvendo em uma trajetória própria, que simultaneamente revela e reatualiza muitos aspectos não conscientes do mundo social*]. A esse respeito, Cusicanqui propõe ainda: "Las imágenes nos ofrecen interpretaciones y narrativas sociales, que desde siglos precoloniales iluminan este trasfondo social e nos ofrecen perspectivas de comprensión crítica de la realidad" [*As imagens nos oferecem interpretações e narrativas sociais, que desde os séculos pré-coloniais iluminam este fundo social e nos oferecem perspectivas de compreensão crítica da realidade*] (Cusicanqui, 2010, p. 19 e 20).

Esse (trans)fundo social referido pela socióloga é distendido ao ser transferido de sua condição *por* e *além* para a imediatez da superfície em trabalhos como os de Rosana Paulino. Em uma imagem particular de *Paraíso tropical*, a reprodução de uma prancha da *Flora brasiliensis*, de Carl Friedrich Philipp von Martius – botânico alemão que veio ao Brasil em 1817 na expedição científica que acompanhou D. Leopoldina ao país – é conjugada à fotografia de uma mulher negra sem rosto [Fig. 2]. Planta e mulher aparecem reunidas aqui talvez pelo mesmo fio vermelho que Paulino usara na representação do seu Atlântico. Mas o fio, invisível em sua materialidade, não está realmente ausente nas obras de *Paraíso tropical*, sua existência é sugerida pela sintaxe que estabelece relações de familiaridade entre o espécime botânico (ou, em outras imagens, animal) e indivíduos cujos povos sofreram ações sistemáticas de destruição. Representantes de africanos e ameríndios aparecem, assim, capturados na taxidermia dos naturalistas e, relegados à condição objetual, são equiparados à natureza como objeto de conhecimento, exploração e apropriação. Assim, a um só tempo, encontramos dois movimentos relevantes: o que desqualifica o natural como contraponto ao humano a partir da separação entre corpo e alma, observador e objeto de estudo; e aquele que, haja vista a objetificação e submissão da natureza, localiza indivíduos no que seria um estado de natureza.

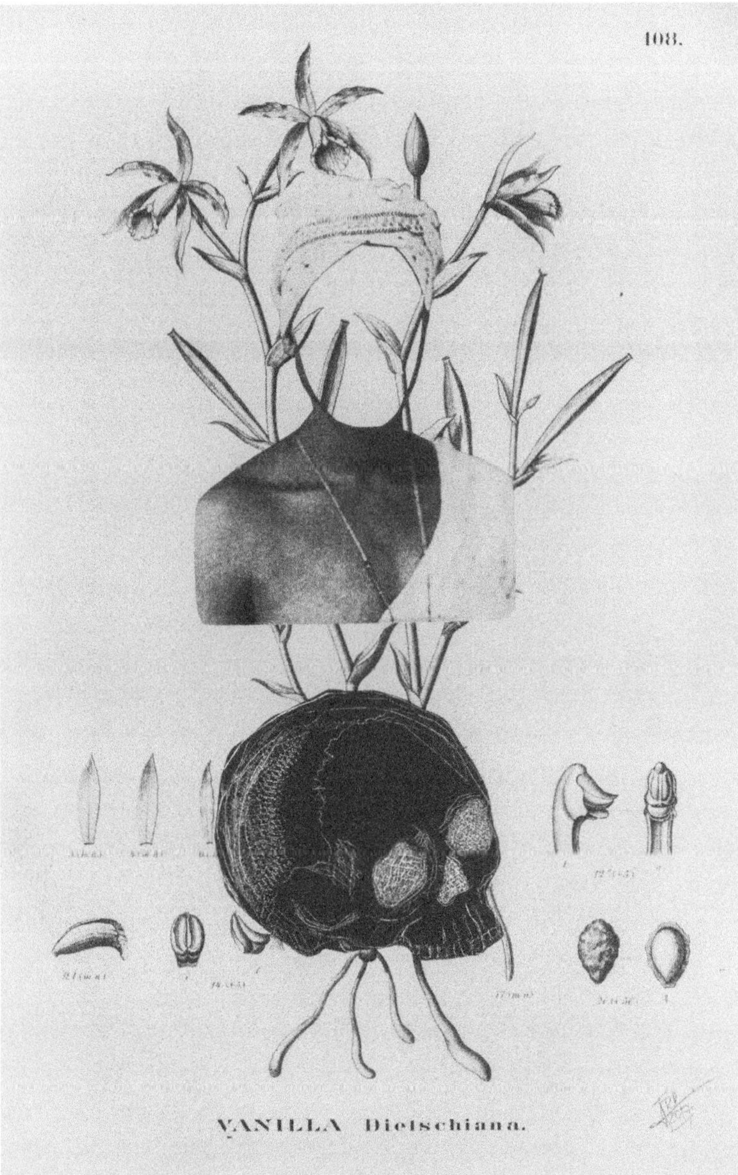

Fig. 2: *Paraíso tropical* (2017), Rosana Paulino.
Impressão digital sobre papel, linoleogravura, ponta seca e colagem. 48 x 33 cm.

Proponho dedicar um pouco de atenção ao desenho como fundação sobre a qual Paulino constrói sua leitura da experiência colonial. Para começar, convém avaliar a situação da ilustração botânica na corda bamba da ciência e da arte, reconhecida que é tanto por seu poder de registro quanto por seu investimento estético. Se a função elucidativa e o efeito artístico desse tipo de imagem são reconhecidos, tendo em vista a sua notável capacidade informativa, sem a qual dificilmente seria considerada científica, a ambivalência em que se institui torna-a uma prática inquietante quando a separação entre campos e linguagens levou a se compreender o trabalho do cientista e do artista como dissonantes. O desenvolvimento de referências estéticas do desenho naturalista esteve junto da perspectiva analítica do estudioso empenhado em conhecer numa conjuntura em que o saber reconhecido definia não apenas a taxonomia do mundo, mas os parâmetros do aprazível, civilizado, selvagem, primitivo... em suma, determinava tanto o que seria conhecimento válido quanto o que deveria ser apreciado esteticamente. O exercício da ilustração científica, no qual se insere a botânica, é indício, portanto, de uma tradição do olhar que atravessa as viagens de exploração – um olhar substancialmente extrativista. Quero dizer com isso que o estabelecimento de uma linguagem visual própria não pode ser desvinculado, no caso dos desenhos dos naturalistas, da própria realidade das expedições e, nesse sentido, vale ressaltar, do lugar que se conferiu aos trópicos (ou mesmo a própria ideia de trópicos).

Favoreceu-se, historicamente, a ampliação e a exposição de detalhes para, assim, assegurar a qualidade da documentação da espécie representada. Franco Pupulin (2013), por exemplo, ao estudar o trabalho de ilustração do orquidólogo francês Auguste R. Endrés, em sua passagem pela Costa Rica no século XIX, observa como a representação das orquídeas era bastante esquemática até o século XVII, quando se empregava o texto verbal para, sinteticamente, destacar as características e as diferenças entre as espécies. Com o aumento do conhecimento acerca da diversidade de espécies, essa forma de representação se mostrou insuficiente para estabelecer as distinções desejáveis, especialmente diante da necessidade de se diferenciar as espécies muito semelhantes entre si. De modo geral, a busca por um detalhamento mais amplo e acurado acarretou mudanças na concepção do desenho, algo que se deu, por sua vez, em decorrência da exigência científica por mais precisão.

Ainda em relação à técnica, a aquarela (ou o desenho aquarelado) – apesar de seu pouco prestígio nas academias europeias de arte – vai se destacando, a partir do século XVII, como método adequado às condições adversas enfrentadas pelo viajante em terras desconhecidas, seja por sua portabilidade, seja por oferecer os recursos desejáveis à documentação. Ao tratar da representação da flora brasileira por um artista como Sydney Parkinson, que, a bordo do HMS Endeavour, comandado por James Cook, atuou como pintor do naturalista Joseph Banks, Malena Barretto assinala os atributos da técnica que, usada anteriormente sobretudo para ilustração de documentos e livros, estaria relacionada "à arte descritiva ou ilustrativa". Sobre a ilustração científica, diz a autora:

> Nessa arte, é preciso definir as linhas e expor as cores como elas se apresentam: o motivo pode ser o relevo de uma cadeia de montanhas, a silhueta da copa das árvores, o contorno de um mapa, o corpo de um animal ou a estrutura de uma planta. A aquarela, com sua transparência e toques delicados, é um material que se presta muito bem à definição de detalhes. Quando misturada com pigmento branco é um guache, uma tinta opaca também usada com frequência para ilustração. (Barretto, 2012, p. 37)

Certamente, a aquarela se tornou uma das técnicas mais comumente empregadas na ilustração botânica com cores; todavia, para aquelas em preto e branco, as mais habitualmente empregadas foram o grafite e o nanquim. O encontro da demanda documental, necessária à elaboração de catálogos e de estudos de espécies, com a formação artística levou à construção de uma identidade para a ilustração botânica pautada em "retratar com fidelidade as características morfológicas das plantas sem subtrair o olhar direcionado ao equilíbrio das composições e à estética de cada espécie" (Barretto, 2012, p. 40). A importância da dotação artística nos desenhos botânicos está clara nos intercâmbios entre pintores e naturalistas, uma vez que as imagens produzidas por aqueles serviram de base ao trabalho destes, enquanto o que era produzido pelos estudiosos passou a inspirar "artistas, decoradores, fotógrafos, cenógrafos" (Assis Jr., 2011, p. 105). Essa espécie de retroalimentação denuncia, na verdade, as relações estreitas entre técnica/arte, documentação e análise no campo das ciências em formação desde o século XVII.

Os métodos de reprodução das imagens tornaram-se, porém, tão importantes quanto as técnicas empregadas na realização da ilustração e a busca de formas descritivas pautadas na análise morfológica e na ampliação. O refinamento necessário para garantir a fidelidade da representação precisava ser conservado no processo de reprodução para que se mantivesse a qualidade documental da ilustração, algo alcançado, especialmente, com a litografia inventada no final do Setecentos e levada a público no início do século XIX. O avanço significou ainda a criação da cromolitografia, em 1837, que permitia, a partir do uso separado de pedras e desenhos para cada cor, a impressão colorida. Com o advento da litografia, portanto, tornou-se possível fazer a impressão de catálogos de botânica fora do âmbito mais restrito dos círculos de cientistas ou de aristocratas diletantes, o que levou à popularização da ilustração científica. Pupulin ressalta, a esse respeito, que, de fato, o surgimento de técnicas de impressão mais apuradas, como a gravura em cobre e, posteriormente, a litografia, foi fundamental para o avanço da tendência à "honestidade científica" no trabalho do ilustrador, inaugurando uma era em que a ilustração científica se tornou capaz de retratar com clareza os achados de cientistas e exploradores.

É possível tentar resumir as transformações da cultura visual associada à ilustração de obras de ciência a partir da conjunção de alguns elementos que propiciaram a "honestidade científica" na produção de imagens. Em linhas gerais, na instituição de um sistema-mundo moderno, o interesse pela exploração das novas terras, seus povos e suas riquezas demandou iniciativas no sentido de conhecer, registrar e, por fim, se apropriar do que era encontrado. A biodiversidade encontrada nas Américas, ao lado do desenvolvimento de um modelo de ciência que se orientava ora pela observação, ora pela experimentação, exigiu a produção de uma documentação que pudesse, de forma eficiente, circular e servir como parâmetro para a identificação e para o registro de novas espécies.

As viagens de exploração científica tornaram-se correntes; no entanto, no território brasileiro em particular, encontraram limitações impostas pela Coroa portuguesa à entrada de estrangeiros, por temer o acesso de outras nações aos recursos de sua colônia. Daí o principal registro iconográfico de um naturalista na América portuguesa do século XVIII ter sido do luso-brasileiro Alexandre Rodrigues Ferreira, em suas *Viagens filosóficas*. Essas restrições, porém, foram vencidas apenas no século XIX, após a transferência da corte para o Rio de Janeiro; por isso, as obras de viajantes naturalistas estrangeiros sobre o Brasil se multiplicaram nessa época.

Por outro lado, a conversão do naturalista em viajante foi ao encontro da compreensão de que a qualificação seria necessária ao trabalho de coleta e de conservação dos espécimes; portanto, delegar essa função poderia comprometer a qualidade do estudo, ao mesmo tempo que, muito em função do modelo representado por Alexander von Humboldt, se passa a conferir grande importância à apreensão do contexto original de onde a espécie em estudo foi retirada, o que exigia a atuação *in loco* do cientista. Paralelamente, a inovação tecnológica associada à impressão, que permitiu baratear e aumentar a qualidade da imagem impressa, ofereceu os meios para que o desenho, que já se aperfeiçoava a partir das demandas de sua atribuição científica, ganhasse reprodução suficientemente fiel para sua aceitação entre cientistas e para que alcançasse audiência mais ampla.

Diante disso, quando Rosana Paulino, gravurista de formação, desenvolve seu trabalho em *Paraíso tropical*, ela recupera o conjunto de aspectos que envolvem a cultura visual relacionada à expansão colonial e ao desenvolvimento científico. A artista contemporânea vai, assim, trazer à tona o sentido ideológico do discurso científico e do aparato estético para permitir o enfrentamento de uma ordem do visível intimamente associada ao colonialismo, cujos reflexos são ainda verificáveis em sociedades como a brasileira.

Para prosseguir no exame que a obra de Paulino me provoca, preciso, antes, compartilhar algumas reflexões derivadas de diversas leituras e experiências que vêm atravessando meu caminho há algum tempo; porém, como não seria viável, e até mesmo desejável, retomar todas,[2] a interlocução com outros trabalhos se dá à medida que sua contribuição para o que venho formulando se mostra mais evidente. Nesse sentido, uma das referências que não poderia deixar de trazer para a discussão que desenvolvo é a pesquisadora e professora estado-unidense Mary Louise Pratt, em seu conhecido livro *Os olhos do império: relatos de viagem e transculturação* [*Imperial Eyes: Travel Writing and Transculturation*], de 1992. Considero especialmente interessante como a autora explora os efeitos da taxonomia, com destaque para o *Sistema Natural* do sueco Carl Lineu, no processo moderno de dominação colonial. Em sua argumentação, ela dá a ver a conjugação, no ano de 1735, de dois eventos profundamente importantes na Europa: a publicação do sistema desenvolvido por Lineu e o lançamento da primeira grande expedição científica internacional, que tinha por objetivo determinar a forma exata da Terra. Em sua análise, esses eventos são um denominador comum da emergência, entre os europeus, do que ela chama de "consciência planetária", uma vez que os dois acontecimentos representam a exploração do planeta e a construção, em escala global, de significados por meio de aparatos descritivos de História Natural. Essa consciência global seria, por conseguinte, um elemento básico na construção do eurocentrismo moderno.

2. Até mesmo porque eu não seria capaz de definir, com precisão, tudo o que conheci em algum momento e como isso se integrou ao meu pensamento. Além disso, há os requisitos da escrita que me forcejam a uma estruturação suficiente para assegurar a capacidade comunicativa do meu texto.

A leitura do trabalho de Pratt autoriza a refletir sobre a coexistência entre a sistematização da natureza pautada na observação e o desenvolvimento de processos de medição – que supõem estabelecer padrões verificáveis graças, muitas vezes, à fixação de modelos, à construção de aparelhos e mesmo à matematização do conhecimento. Essa medida do mundo permitiria estabelecer referências de alcance mundial. Nesse contexto, a observação e a descrição a partir de um sistema como o proposto por Lineu, ao passarem pelo crivo das comunidades e sociedades científicas, ganhariam também esse foro de abrangência que favorece a universalização de uma epistemologia local.

Do mesmo modo, certamente não poderia me furtar a mencionar Michel Foucault, quando discute, em *As palavras e as coisas*, de 1966, sobre as descontinuidades epistêmicas que teriam levado da semelhança à representação, no século XVII, e da representação à significação, no XIX. Na perspectiva do filósofo, a trama semântica do século XVI se fundava no estabelecimento de semelhanças, e conhecer era, sobretudo, interpretar. O mundo seria apreensível por meio da decifração, na medida em que a natureza constituía um tecido ininterrupto de palavras e de marcas. A mudança que leva à representação está associada, por sua vez, ao distanciamento entre as coisas e as palavras, numa episteme em que a analogia dá lugar à análise, e conhecer passa a ser discernir. Foucault propõe, assim, o surgimento no Seiscentos de uma episteme clássica, cuja chave seria a *ordem*, em contraposição à *interpretação* renascentista.

A medida, a ordem, a análise e o cálculo, decerto, estão relacionados à matematização do conhecimento no contexto europeu, assim como a uma história natural pautada no olhar minucioso que exige, ainda, a sua transcrição em linguagem neutra e fiel ao observado. A esse respeito, a edificação de espaços como herbários e jardins seria expressão da organização que, derivada da análise, permitiria a construção de quadros resultantes de um modo de vincular as coisas. Esse processo está, sem dúvida, atrelado a uma cultura visual marcada pela invenção de aparatos ópticos importantes, que levará à negação do tato, do olfato, do "ouvir-dizer". Em sua reflexão, Foucault aponta a existência de quatro variáveis (forma, quantidade, modo como se dá a distribuição no espaço, grandeza) a partir das quais qualquer parte visivelmente distinta de uma planta ou de um animal poderia ser descrita. Esses quatro valores seriam o que os botânicos denominariam como a estrutura de um órgão ou elemento. Na medida em que a visibilidade seria intercambiável com o discurso graças à estrutura, se poderia estabelecer uma ordem baseada no "visível descrito": "Transposta na linguagem, a planta vem nela gravar-se e, sob os olhos do leitor, recompõe sua pura forma. O livro torna-se o herbário das estruturas" (Foucault, 2007, p. 187). Enquanto "espaço taxonômico de visibilidade", o caráter visível das plantas favoreceu o primado da botânica (o que não teria ocorrido no estudo dos animais), enquanto instituições como jardins botânicos e gabinetes de história natural funcionavam como correlatos ao livro ordenado das estruturas (Foucault, 2007, p. 189).

Certamente, como a própria Mary Louise Pratt declara, sua leitura passa pela contribuição de Foucault, mas não se limita a ela, fundamentalmente porque seu interesse está voltado para um aspecto que o filósofo francês não desenvolveu e que, para a estudiosa, resulta central: o colonialismo. De um modo ou de outro, nos rumos abertos à discussão, ganha vulto o fato de que, aliada à universalidade, constância e neutralidade normalmente atribuídas a procedimentos de medida, está a imagem do cientista comprometido unicamente com o conhecimento. Não é de se estranhar, portanto, a presunção de estar o naturalista alheio à violência colonial, uma vez que sua dedicação à ciência teria sido convertida em álibi. A representação do cientista abnegado e inocente é, de fato, recorrente, e quando se imagina, por exemplo, o contexto literário do século XIX, sua presença é certa, mas também aparece por vezes atravessada por dissonâncias.

Algo assim se dá com o naturalista do romance romântico brasileiro *Inocência* (1872), de Visconde de Taunay: um estudioso alemão desapegado das questões sociais locais, cujo interesse estaria apenas nos espécimes que estudava. Esse estereótipo do cientista identificado ao viajante estrangeiro, haja vista a realidade do Brasil oitocentista, vai ao encontro da suposta inocência desses sujeitos, representados o mais das vezes como inofensivos.[3] Há, contudo, na narrativa de Taunay, ambivalências sutilmente inscritas que fazem pairar alguma dúvida sobre tão inquestionável imputabilidade, especialmente quando é possível se dar conta de que à tragédia vivida pelos protagonistas se vinculam a fortuna e a glória daquele que, a princípio, teria como fim último tão somente o conhecimento. Embora não haja de fato uma relação de causalidade entre o sucesso do cientista em seu retorno à Europa e o desfecho infeliz dos amantes, essa conexão é ainda sugerida pela marcação de uma coincidência temporal, uma vez que, no mesmo dia em que ocorre a premiação de Meyer, completam-se exatos dois anos da morte de Inocência. Da mesma forma, no capítulo que serve de epílogo, percebe-se a nota irônica do título – "Reaparece Meyer" – e da citação de Horácio que serve de epígrafe – "Possui-te de justo orgulho e coroem os louros de Apolo tua cabeça": de um lado, a indicação de que Meyer, o naturalista, teria "desaparecido", e o capítulo parece assim resolver um provável fio solto da narrativa; de outro, a referência à coroação pública numa instituição científica alemã. Em meio a pompas, ovacionado na Sociedade Entomológica, expõe-se a razão: os espécimes de borboleta coletados e a descoberta de uma nova espécie, cuja designação se devia à jovem sertaneja com quem o viajante se deparara em suas andanças no Brasil: *Papilio Innocentia*.

Na estrutura do romance, em capítulo cujo título é precisamente o nome dado à borboleta, os desdobramentos da descoberta aparecem indicados na reação exultante e nas projeções que o cientista faz após se deparar com o espécime: "A classe é, pois, *Diurna*; a falange, *Helicônia*; o gênero, *Papilio* e a espécie, *Innocentia*, espécie minha e cuja glória ninguém mais me pode tirar... daqui vou, hoje mesmo, oficiar

3. A leitura sobre a personagem do cientista alemão no romance de Visconde de Taunay foi desenvolvida na dissertação de mestrado de Thayane Marins, intitulada *Entre céus e terras, romance e relato: a representação da natureza brasileira por Visconde de Taunay*, defendida em 2019 na UFF. Impressões que compartilhamos foram importantes para as observações que apresento aqui.

ao secretário perpétuo da Sociedade Entomológica de Magdeburgo, participando-lhe fato tão importante para mim e para a sábia Germânia" (Taunay, 2002, p. 106). A classificação é a posse; nesse sentido, o inseto é claramente uma riqueza ou, ainda, como diz o próprio naturalista: "tesouro". Todas as benesses sociais e financeiras, portanto, ficam com o cientista e sua pátria, constituídos proprietários, ao passo que se reduz a borboleta, e a jovem a ela identificada, à condição de amostra coletada e subordinada a um novo enquadramento. Em nome da ciência e da humanidade, promove-se a expropriação de seres para atender a interesses alheios aos grupos sociais locais, o que explica o desinteresse manifesto de Meyer pelo fim melancólico da moça do sertão.

Uma vez que a apropriação da espécie descoberta, à qual atribui o nome da jovem sertaneja, sugere que a descoberta da ciência não repercute nas vidas dos habitantes da região estudada, a atitude desinteressada do naturalista mostra-se, na verdade, parte de uma sociabilidade científica europeia em que a exploração das espécies americanas serve ao prestígio e às necessidades metropolitanas. Logo, se o pretenso alheamento assegura a autoridade do conhecimento produzido, a subordinação deste à civilização humana deixa patente o caráter exclusivo do que se reconhece como humanidade. Nesse sentido, gostaria de voltar, mais uma vez, às observações de Mary Louise Pratt (1999, p. 65-66), quando considera a importância de Lineu e da botânica, especialmente ao afirmar o papel desempenhado pelos "textos descritivos especializados", pelas nomenclaturas e taxonomias na efetivação de projetos totalizantes ou planetários: "Os sistemas classificatórios do século XVIII suscitaram a tarefa de localizar todas as espécies do planeta, extraindo-as do seu nicho particular e arbitrário (o caos), e alocando-as em seu posto apropriado no interior do sistema (...)".

A organização desse caos, a partir da sistematização representada pelos compêndios, museus, jardins botânicos, está diretamente associada a processos de apropriação e controle, de modo que os cientistas, inocentados pelos seus serviços à "humanidade", muitas vezes se comportaram, como bem assinala Pratt, como "verdadeiros embaixadores" do poder colonial, tendo em vista ainda a importante função política, cultural e econômica que exerceram no processo de expansão das fronteiras imperiais.

A ilustração científica, particularmente a ilustração botânica, esteve, por sua vez, diretamente relacionada ao desenvolvimento de sistemas, ao estabelecimento de uma nomenclatura e taxonomia, bem como ao aperfeiçoamento de aparelhos voltados para a visualização e o registro de espécies. Nesse sentido, o ofício do ilustrador vincula-se às experiências de naturalistas viajantes, e esse é um aspecto importante para que possamos compreender o significado que irá assumir a prancha da *Flora brasiliensis* no trabalho de Rosana Paulino. Quando Pupulin (2013, p. 185) se debruça sobre aspectos históricos da ilustração botânica, tendo em vista seu interesse especial pelas orquídeas, observa:

> Botanical illustration was no longer aimed solely at the simple naturalistic portrayal of living plants, but became a way of producing models and idealized images to communicate the typical features of species. Analyses of flowers, often greatly augmented, are a characteristic innovation of the botanical illustrations of the Enlightenment, when compared to the predominant models of previous centuries.
>
> [*A ilustração botânica não se destinava mais somente ao simples retrato naturalístico de plantas vivas, mas se tornou um modo de produzir modelos e imagens idealizadas para comunicar os aspectos típicos das espécies. As análises das flores, frequentemente bastante ampliadas, são uma inovação característica das ilustrações botânicas do Iluminismo, quando comparadas aos modelos predominantes nos séculos anteriores*].

Historicamente, a ilustração botânica passou a ser definida como a representação de um ideal capaz de superar as particularidades do espécime que serviu de modelo ao ilustrador com o objetivo último de favorecer a informação do que seria característico da espécie e de permitir, portanto, identificá-la enquanto tal. Essa unificação fundada em processos de sistematização subjaz a uma concepção única de natureza e cria uma visualidade permeada de zonas de sombreamentos, como as que nos fazem esquecer do lugar de enunciação dessas representações. E aqui Mary Louise Pratt (1999, p. 31) é certeira: "O olhar (letrado, masculino, europeu) que empregasse o sistema poderia tornar familiar ('naturalizar') novos lugares/visões imediatamente após o contato, por meio da linguagem do sistema".

A imagem do naturalista insuspeito faz parte do discurso da *anticonquista*, para usar formulação proposta pela pesquisadora estado-unidense, ou seja, um discurso que recalca a violência da dominação colonial. Assumir a existência dessas zonas de sombra nas configurações de visibilidade da modernidade/colonialidade (não por acaso, Walter Mignolo trabalha a colonialidade como o lado obscuro da modernidade) e alterar a dimensão do visível a favor de outras maneiras de se relacionar com o mundo passam obrigatoriamente pelo reconhecimento da feição ideológica da consolidação de um modo de representar a natureza em livros de história natural. Nesse sentido, vale lembrar quando Aníbal Quijano observa que a ideia de "classe" surge nos estudos sobre a natureza e expõe a importância que a sistematização classificatória, como ocorreu na botânica do século XVIII, assume na abordagem da sociedade a partir de uma organização em "classes sociais":

> Para Linneo as plantas estavam ali, no "reino vegetal", dadas, e a partir de algumas de suas características empiricamente diferenciáveis, podiam ser "classificadas". Os que estudavam e debatiam a sociedade da Europa Centro-Nórdica no final do século XVIII e no início do século XIX aplicaram a mesma perspectiva às pessoas e verificaram que era possível "classificá-las" também a partir das suas características mais constantes e observáveis (empiricamente, o seu lugar nos pares riqueza e pobreza, mando e obediência). (Quijano, 2010, p. 108-109)

A partir desse entrelaçamento entre ciência e arte, técnicas de registro visual e expansão colonial, classificação e poder, me permito voltar para o trabalho de Rosana Paulino, certa de que, para acessar a obra da artista de São Paulo, preciso dessa inserção em rede que se custa a construir na linearidade do discurso verbal. Na tentativa de capturar as diversas camadas interpostas e interligadas na composição de Paulino, me detenho na prancha [Fig. 3] que compreende o substrato de um dos trabalhos que compõem a série *Paraíso tropical* [Fig. 2].

A imagem é parte da iconografia da *Flora brasiliensis* de Von Martius, um projeto de grande envergadura que durou de 1840 a 1906 e contou com a participação de dezenas de especialistas. Sua publicação foi finalizada apenas após a morte do naturalista alemão (a edição deveu-se ao trabalho não apenas de Martius, mas também de August Wilhelm Eichler e Ignatz Urban).[4] Os 15 volumes resultantes são a prova material de uma iniciativa impulsionada pela aspiração à totalidade, o que se manifesta não só no cuidado descritivo verbal e visual, como também na abrangência de espécies contempladas. O lugar conferido à ilustração botânica denota sua importância num projeto como esse: a obra contém 3.811 litografias ao todo.

Heitor Assis Jr., em sua pesquisa sobre as imagens publicadas em *Flora brasiliensis*, comenta:

> A partir das obras de diversos artistas e das fotografias de Leuzinger, Martius pôde elaborar suas pranchas, geralmente exibindo as espécies de interesse em primeiro plano e com detalhes de sua estrutura que permitem a identificação. As descrições dos diferentes biomas chamam a atenção pelo teor e pela possibilidade de identificação de algumas espécies comuns, sem grande esforço, nas pranchas. (Assis Jr., 2011, p. 96)

4. O projeto brasileiro CRIA permitiu a disponibilização online da *Flora brasiliensis*, bem como de informações e ferramentas de busca para auxiliar pesquisadores interessados no estudo da obra. Confira: http://florabrasiliensis.cria.org.br/index

108.

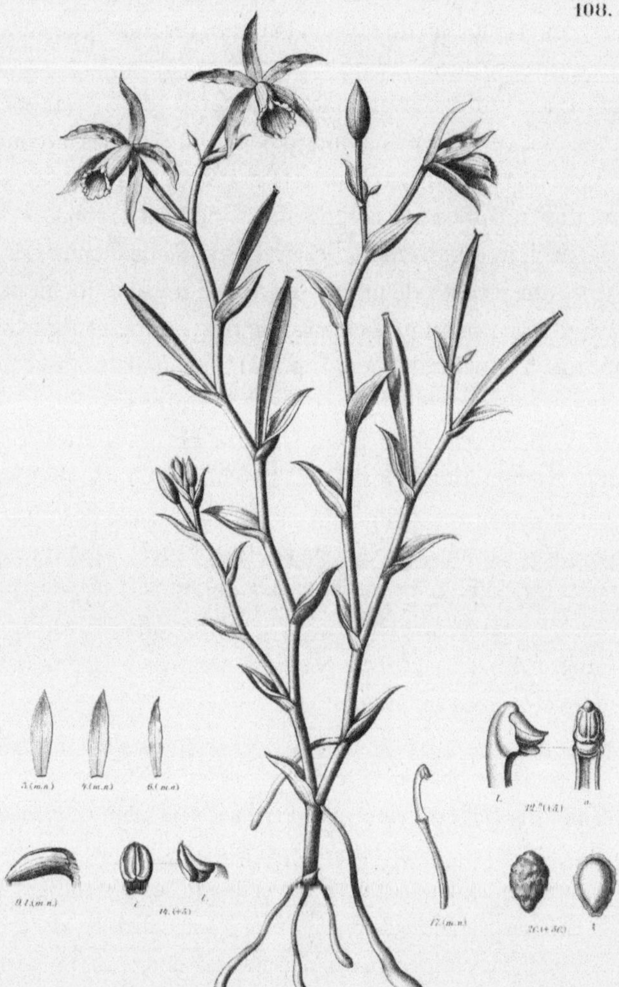

VANILLA Dietschiana.

Fig. 3: *Flora brasiliensis* – vol. III, part. VI, fasc. 129, prancha 108. Publicada em 1 abr. 1906.

À experiência como viajante – atrelada, sobretudo, a seu percurso pelo Brasil junto com o zoólogo Johann Baptist von Spix entre os anos de 1817 e 1820 (o que deu origem ao relato *Viagem pelo Brasil*, publicado em 1823) – o naturalista associou um repertório de imagens produzidas por diferentes artistas na criação de um extenso catálogo de espécies de plantas nativas. No projeto da *Flora brasiliensis*, ao longo do processo de sua elaboração, a participação de vários atores – fossem artistas como Thomas Ender (1793-1875) e Johann Moritz Rugendas (1802-1858) ou fossem naturalistas –, em diferentes momentos, contribuiu para a existência de camadas e de interposições na obra. Anotações e esboços de campo feitos por artistas e pelos naturalistas somados à conservação de espécimes prensados e desidratados na forma de exsicatas para posterior representação possibilitaram que as ilustrações fossem efetivamente realizadas na Europa, como ocorreu, em geral, nas obras produzidas por Spix e Martius (Ormindo, 2018). Ademais, além das diferentes etapas e modos de produção da imagem antes da impressão propriamente dita, muitas vezes o botânico alemão trabalhou sobre imagens criadas por artistas e fotógrafos, transformando-as ou acrescentando informações de acordo com intenções explicativas.

Na imagem da série *Paraíso tropical* que selecionei, a ilustração em particular que serve de base ao processo criativo de Rosana Paulino corresponde à de número 108 do volume III, e nela encontramos o desenho da espécie *Vanilla dietschiana* [Fig. 3], planta da família das *Orchidaceae*, seção assumida pelo botânico belga Alfred Cogniaux (1841-1916) após este haver se juntado apenas em 1872 ao grupo de trabalho envolvido na finalização da *Flora brasiliensis*.

A *Vanilla dietschiana* teria sido coletada por Arthur Dietsch, que possuía um orquidário em São Paulo conforme indicado no artigo do botânico sueco Gustaf Edwall (1862-1946) publicado em julho de 1903 na *Revista do Centro de Ciências, Letras e Artes* sob o título "Plantas paulistas novas ou menos conhecidas" (Aguirre, 2009). O biólogo Emerson Pansarin (2010), da Universidade de São Paulo, observa que ilustrações detalhadas da espécie vieram a público tanto pela publicação de 1903 de Edwall quanto pela participação de Cogniaux na *Flora brasiliensis*, finalizada em 1906. A respeito da distribuição da planta, antes era encontrada, sobretudo, nos estados de São Paulo e Espírito Santo, mas, atualmente, está entre as espécies ameaçadas em função do desenvolvimento urbano e da consequente destruição do seu habitat natural. A discussão taxonômica levada a cabo por Pansarin expõe, no entanto, a possibilidade de que a flor que Cogniaux indicou como *Vanilla dietschiana* já esteja extinta.

A prancha 108 carrega em si um leque complexo de referências que inclui a sistematização nos estudos botânicos, a abordagem taxonômica, as práticas dos naturalistas, as viagens de exploração científica, o desenvolvimento de técnicas de desenho e impressão. A fatores tão diversos, ainda é possível acrescentar algumas dimensões que passam a integrar as espécies representadas, e, no caso da *Vanilla dietschiana*, é preciso levar em conta a situação vulnerável dessa Orchidaceae, ou mesmo a sua possível extinção, quando Rosana Paulino a recupera por meio da imagem assinada por Cogniaux. Essa configuração permite considerar que a flor, à maneira da mulher negra registrada na fotografia, está ali como um corpo submetido a processos violentos de apropriação e destruição. Uma borboleta-mulher dos sertões do Brasil, como em *Inocência*. E mais: não há como esquecer as representações do feminino associadas às flores, especialmente no que diz respeito à sexualidade. De forma interessante, essa associação pode se dar tanto por uma relação de transferência de atributos conferidos a determinadas espécies, como pureza e beleza, quanto por uma determinada concepção de feminilidade. Além disso, a alusão ao órgão feminino a partir do desenho de flores é algo bem conhecido. A conexão flor-mulher tem, portanto, forte fundamento sexual e remete a tradições poético-artísticas, ao mesmo tempo que o tratamento sexuado das plantas está na base do sistema criado por Lineu, cujo critério organizacional é precisamente o órgão reprodutor das espécies.

A mulher e a flor revelam, por sua vez, as semelhanças entre o pintor e o cientista: observadores externos, homens, brancos, europeus que, como tais, decidem o que e como ver e, desse lugar, exercem controle sobre aqueles ou aquilo a que se relega o estatuto de objeto. Nem o artista nem o naturalista são inofensivos, ambos participam de uma mesma cultura visual enraizada na dominação colonial. A interferência do trabalho feminino artesanal da artista negra de São Paulo enfrenta essa disposição (e as relações de poder que ela envolve) para expô-la, esgarçando-a por meio da construção de vários níveis e camadas num jogo tenso de visibilidades e invisibilidades, presenças e ausências.

Desse modo, em *Paraíso tropical* [Fig. 2], paralelamente à identidade entre planta e mulher decorrente do encontro iconográfico que permite a analogia taxonômica – tendo em vista a aproximação estrutural entre as imagens e recursos como o rosto vazado que dá a ver partes do vegetal representado –, está a atitude de apropriação encarnada no olhar masculino europeu do cientista e do artista. Por outro lado, a sobreposição de uma fotografia de uma mulher negra datada do século XIX aponta para uma rede de referências entre artistas, na medida em que alude a procedimentos empreendidos pelo próprio cientista ao interferir ou agregar informações e elementos à imagem produzida por um outro. Paulino reduplica esses procedimentos e práticas ao inserir o registro fotográfico e avança na indicação de uma rede também de significações, especialmente por fazer com que o elemento a ser acoplado refira-se a outro artista e também a outra linguagem e técnica visual. O encontro do desenho com a foto expõe, nesse sentido, a relação entre os modos de documentação, especialmente quando se considera que experiências da fotografia científica do século XIX seguiram de perto a tradição da ilustração científica, inclusive no que tinha de associação clara com o artístico.

A foto que Rosana Paulino retoma é uma das muitas produzidas como "typos de pretos" no século XIX. No caso em particular, se trata da "Negra da Bahia", do fotógrafo alemão Alberto Henschel [Fig. 4].

Os retratos de indivíduos negros na época respondiam a uma demanda de consumo atrelada tanto ao interesse europeu pelo exótico (ou aquilo que entendiam como tal) quanto a estudos científicos. O cientista suíço Louis Agassiz, naturalizado estado-unidense, ao chefiar

Fig. 4: *Negra da Bahia* (circa 1869), Alberto Henschel.
Monocromática/sépia i: 9,1 x 5,7 cm. Albumina/prata.
Acervo Leibniz-Institut fuer Laenderkunde, Leipzig (Alemanha).

a Expedição Thayer ao Brasil e aos Andes, em sua passagem pelo Rio de Janeiro, encomendou fotos de negros e asiáticos ao fotógrafo Augusto Stahl. Paralelamente, seu assistente, Walter Hunnewell, recebeu treinamento no estúdio fotográfico de George Leuzinger de modo a realizar os registros da expedição (Koutsoukos, 2010). As fotos tiradas por Stahl no Rio de Janeiro e por Hunnewell na Amazônia fazem parte hoje do acervo do Peabody Museum da Universidade de Harvard, instituição onde Agassiz atuou e cujo Museu de Zoologia Comparada fundou.

Como peça de colecionador ou suvenir, a fotografia de pessoas negras no Brasil oitocentista contou com a contribuição de um grupo expressivo de fotógrafos, a exemplo de Christiano Júnior, Marc Ferrez, George Leuzinger, além dos já mencionados Augusto Stahl e Alberto Henschel. Este esteve, por sua vez, entre os que mais exploraram fotos de busto, e, nesse sentido, conforme aponta Sandra Koutsoukos, é preciso atentar para a importância da imagem produzida em estúdio, visto ser um ambiente controlado e artificial em que se promovem ênfases, visibilidades e, portanto, invisibilidades. A determinação do que e de como mostrar no caso das fotografias comercializadas como suvenires aparece associada à definição de pitoresco e de exótico, resultado, por fim, das expectativas geradas pelo próprio mercado consumidor europeu sobre os tipos humanos e paisagens naturais da América do Sul. Isso justifica a confecção de cartões postais em que modelos negros aparecem em cenas montadas com objetos que remetiam a um contexto tropical imaginado. Por outro lado, quando se produz esse tipo de imagem também para fins científicos, a suspensão promovida pelo isolamento do modelo significa não só mais controle sobre a composição, mas a possibilidade de estabelecimento de um "tipo" ideal à maneira do que ocorre na ilustração botânica, visto que os sinais que singularizam o espécime vegetal desenhado são eliminados a favor de uma representação geral que identifique a espécie. A constituição de um ideal é ratificada pela suspensão do tempo e do espaço graças à fixação no papel.

No entanto, as representações exóticas que marcaram a produção de fotógrafos como Christiano Júnior e Alberto Henschel somavam-se à afirmação de uma "escravidão civilizada", na medida em que se queria vender no exterior a ideia "de uma escravidão que não era cruel", o que explica a preferência por situações de cordialidade e o tratamento dado ao vestuário dos modelos (Koutsoukos, 2010, p. 122). Buscava-se recalcar a violência da condição escrava por meio do apagamento da realidade viva, da qual os sujeitos retratados eram momentaneamente retirados, enquanto a captura pelo dispositivo era também o apagamento da existência particular do indivíduo representado, de sua identidade e constituição como sujeito.

A organização visual de *Paraíso tropical* estabelece uma relação entre a fotografia da mulher negra e o desenho da *Vanilla dietschiana*, expondo, tanto pelo título da obra quanto pelo modo como aparecem fixadas uma e outra, o caráter violento de uma abordagem que objetifica e mortifica: pura taxidermia. Além disso, a afinidade desenho-fotografia como expressão de uma visualidade que, documental, inspira e expira como arte, cria o elo narrativo-reflexivo entre a fotografia da mulher negra e a litografia do espécime botânico. Planta e mulher; mulher e planta. A sobreposição da imagem fotográfica parece, nesse sentido, reduplicar a noção de morfologia e estrutura do vegetal: objetos do olhar, ambas são analisadas, desmembradas, classificadas, definidas. Essa definição que é necessariamente classificatória exige a retirada de contexto, o isolamento e a dissecação. A suavidade das linhas do desenho oculta a dureza dos limites que fixam aquilo que é – orquídea nomeada e objetificada em uma imagem. A violência sutilizada nos traços ou na composição e luz fotográficas é exposta sem pudor no recorte do rosto da figura feminina originalmente retratada por Henschel. A mutilação se impõe e parece, desse modo, desempenhar o mesmo papel da sutura em outros trabalhos da artista, pois constitui a inserção da brutalidade no próprio fazer, convergindo motivo e técnica.

Voltando para o retrato "Negra da Bahia", de Henschel, vale considerar que a preferência pelo busto na fotografia de "typos de pretos" do século XIX remete ainda à presença desse tipo de enquadramento em desenhos e litografias feitos por viajantes, algo que decorre dos efeitos de exibição almejados: "Uma foto de busto em meio-perfil dá mais informação sobre o rosto do modelo do que uma foto frontal, ou de perfil, pois dá uma visão tridimensional da figura" (Koutsoukos, 2010, p. 129). Não há descontinuidade entre modos de representação fotográficos e aqueles empregados por artistas: em suas diferenças, a fotografia mantém conexão com a tradição do desenho e da pintura. Reconhecer essa conexão torna ainda mais plausível o diálogo entre o desenho botânico e a fotografia da modelo negra tal como propõe Rosana Paulino. A ausência do rosto da mulher concretiza a dessubjetivação da pessoa representada e a desidentificação a favor do tipo, especialmente quando, na fotografia original, o olhar frontal da jovem retratada, diferentemente de tantos retratos em que o modelo é orientado a dirigir obliquamente os olhos, lhe confere força de existência. Diante disso, o recorte resulta ainda mais violento. A colagem aparece, aqui, como técnica narrativa que, junto à linoleografia, permitirá a formação de uma tríade entre flor, mulher e crânio.

As cabeças: "Em 1833, o Museu Real de Berlim recebeu, devidamente imersas em líquidos conservantes, 13 cabeças de escravos que haviam sido mortos numa rebelião no Brasil. O escultor e gravador Johann Gottfried Schadow, então diretor da Academia de Artes de Berlim, fez bom proveito do material" (Sela, 2008, p. 313). Esse episódio, retomado pela historiadora Eneida Sela, sintetiza morbidamente o aspecto sobre o qual a pesquisadora trata: a convergência entre arte e expressões do racismo científico do século XIX. Sela aborda publicações que, ainda no século XVIII, vão lançar as bases de estudos que, pautados em referências métricas, irão buscar, por meio do exame de crânios e fisionomias, caracterizar diferenças entre indivíduos. Nesse sentido, deu-se especial importância à análise da forma e das medidas de crânios de pessoas de diferentes povos naquilo que irá constituir a craniometria. Entretanto, não posso deixar de mencionar um dos muitos estudiosos mencionados por Sela nesse contexto: trata-se do médico holandês Pieter Camper (2008, p. 82), que, tendo como ponto de partida a perfeição dos modelos gregos, "mediu muitas estátuas gregas e romanas e estabeleceu uma medida ideal de 100 graus para o que chamou de 'ângulo facial'". Camper vai conferir à estatuária grega um valor de referência para a construção de uma tipologia de bases científicas, colocando em evidência, assim, como as representações artísticas estiveram relacionadas com a classificação do mundo sancionada pela ciência. Ainda que o objetivo do médico fosse escrever um livro de instruções para artistas plásticos, a meta só seria alcançável com os recursos de aferição e de cálculo próprios ao método científico; ou seja, "o registro artístico do elemento humano não poderia prescindir da observação de regras anatômicas definidas por um método científico (mensuração de crânios e estátuas) que estabelecia padrões para a variedade estética dos povos" (Sela, 2008, p. 84). A bela ciência: para apreciar e obedecer.

O racismo surge, desse modo, como manifestação estética e científica, em que as medidas assentam a discriminação entre o que se julga belo e monstruoso, civilizado e primitivo. Em *O espetáculo das raças* (1993), da historiadora Lilia Schwarcz, a abordagem da disputa entre monogenistas e poligenistas no século XIX permite compreender a complexidade de um campo de muitos cruzamentos, no qual a antropologia surge como ramo das ciências naturais que se fundamentava em processos de medição como a craniometria, que era, por sua parte, considerada particularmente importante para o estudo dos povos. Ganha destaque nessa área o francês Paul Broca, cuja aposta na raça como fundamento das diversidades humanas embasava sua crença de que a análise do crânio "poderia comprovar a interrelação entre inferioridade física e mental" (Schwarcz, 1993, p. 67). Procedimentos de aferição, aparelhos e cálculos validariam a discriminação de humanidades. A seletividade da própria definição teria o endosso de um conhecimento apresentado como técnico.

> Esse era o primeiro objetivo da antropometria: esclarecer o lugar biológico do homem na natureza e delimitar a particularidade de suas

> raças, não sem uma estereotipia. Por esta razão, pode-se afirmar que a antropometria nasceu na Europa e nos Estados Unidos da vontade de situar o homem entre as espécies vivas, e sobretudo de classificar os povos, de distribuí-los por grupos diferenciados, segundo princípios objetivistas e hierárquicos. De fato, os antropólogos não cessaram de distribuir raças e etnias, segundo sua categoria "natural" e méritos supostos, numa escala de excelência, os Brancos no ápice, os Negros ou os "selvagens" relegados ao universo dos macacos superiores. Esta leitura serial e genealógica, que se pensava confirmada pelas teorias evolucionistas, desenvolveu artes de mensuração inéditas nos meados do século XIX, notadamente em matéria craniológica e psicométrica. (Blanckaert, 2001, p. 146-147)

O amor pela medida sustentava, assim, uma organização do mundo que seguia de perto a taxonomia da botânica, como fica evidente na transferência da noção de classe dos estudos da natureza para a sociedade humana, tal como observa Quijano sobre a origem da noção de "classe social".

Em *Paraíso tropical*, o crânio é uma gravura cuja aparência marcada por ranhuras torna explícita a crueldade que as medidas validam, de modo que a ossatura materializa a um só tempo as cabeças dos indivíduos negros assassinados e as teorias racistas desumanizadoras. A orquídea, a mulher negra e o crânio são objetos que parecem formar o gabinete de curiosidades de um colecionador ou naturalista europeu, e que, sendo estigmatizados como exóticos, refletem sua dupla condição de assunto científico e tema artístico. Como não considerar a convergência entre modelos de composição da imagem e a produção de conhecimento no campo das ciências?

A perspectiva decolonial da obra de Paulino suscita formas de leitura que recusem a compartimentalização disciplinar. A atitude no sentido de uma descolonização do pensamento exige um percurso que nos permita viver abertamente a tensão múltipla das diferentes áreas para que, cientes de suas potencialidades e limitações, possamos enfrentar/confrontar seus modos de conceber a realidade. O trabalho de Rosana Paulino nos coloca diante de uma discussão estético-epistemológica que não está apenas na exposição visual de concepções de mundo que supõem a objetualidade de um estado de natureza em oposição à humanidade, mas também na construção de uma prática artística que, ao não se sujeitar às estratificações inerentes à modernidade/colonialidade, revela a corporalidade mesma do pensamento. Os materiais e as técnicas são ideológicos, e a visualidade que eles contribuem para produzir é, sobretudo, patriarcal. Por isso, é extremamente significativo que o paraíso tropical que nomeia a série seja uma construção masculina e branca, cuja força disruptiva priva sujeitos de sua subjetividade e reduz a existência a mecanismos de mensura, classificação, apropriação e destruição. Contra essa ordem de mundo está o caráter propositivo do fazimento de uma artista negra sul-americana para quem o pessoal, o político e o social estão inscritos no exercício de criação e na própria experiência artística.

Diante da ilustração botânica e da produção fotográfica do século XIX como linguagens visuais que encarnam modos de ver vinculados a formas de dominação, Rosana Paulino propõe a recuperação da artesania e das práticas manuais atribuídas ao ambiente doméstico e às mulheres para situá-las em convívio com: a gravura e as técnicas de impressão; o uso de materiais como o tecido e o papel; e linguagens como a fotografia e o desenho. A artista desestabiliza, portanto, distinções hierárquicas entre fazeres, tendo em vista que o doméstico e o artístico não se antagonizam, assim como esvazia qualificações pautadas em demarcações entre feminino e masculino, privado e público. Ao explorar a afinidade entre pessoal e político, memória e história, Paulino deixa claro, porém, que é na linguagem, em sua materialidade, que encontra os recursos para o estabelecimento de uma proposta visual de caráter decolonial.

Acredito que a dimensão política da linguagem artística nos leve a algumas questões que vêm sendo enfrentadas por artistas latino-americanos de maneiras diversas. A exposição *Bajo un mismo sol: arte de América Latina hoy* [*Sob um mesmo sol: arte da América Latina hoje*], por exemplo, realizada em 2015 no Museu Jumex, na Cidade do

México, sob a curadoria de Pablo León de la Barra, reuniu trabalhos de artistas conceituais como Luis Camnitzer, cuja obra *Art History Lesson no. 6* [*Lição de história da arte* no. 6] (2000) teria sido "o coração e o cérebro da exposição" (De la Barra, 2015, p. 35). Na apreciação da curadoria, a instalação formada por dispositivos que, apoiados em pedestais construídos com sobras encontradas no porão do museu, projetavam apenas retângulos de luz, constituía uma crítica a uma história da arte marcada pela linearidade e composta por um quadro de artistas prioritariamente europeus e estado-unidenses. Camnitzer teria buscado, assim, expor o caráter excludente dessa historiografia, que deixa de fora, por exemplo, relatos dos povos latino-americanos. A preocupação apresentada pelo artista se desdobra ainda em reflexões que vão questionar a própria definição de arte, de maneira a salientar aspectos históricos e culturais dessas designações e conceitos. Esse questionamento é coerente com o percurso de um artista em atuação desde os anos 1960 e que está afinado com as críticas da arte conceitual, sobretudo em relação ao mercado bilionário que envolve produção, compra e venda de obras. Em outras palavras, a criação artística da América Latina, muitas vezes desprestigiada, se encontra aqui com as bases históricas do conceitualismo, visto que ambas convergem no questionamento de uma definição de arte (e de história da arte) comprometida com o poder. Em alguma medida, correntes internas ao próprio campo hegemônico da arte podem ir ao encontro de críticas e propostas desenvolvidas fora do *mainstream*. Portanto, a exclusão de procedimentos e poéticas prestigiadas não equivale a descolonizar.

Por outro lado, a simples reprodução de modelos consolidados preserva estruturas coloniais. Da produção ensaística de Camnitzer é retirada a frase que serve de epígrafe ao texto "Pedagogías de la re-existencia: artistas indígenas y afrocolombianos" ["Pedagogias da re-existência: artistas indígenas e afrocolombianos"] (2013), do artista e antropólogo colombiano Adolfo Albán Achinte: "Hacer arte de acuerdo a los cánones hegemónicos cementa la unidireccionalidad de la información, no es una forma de crear, sino una forma más refinada y compleja de consumir" [*Fazer arte de acordo com os cânones hegemônicos cimenta a unidirecionalidade da informação, não é uma forma de criar, mas uma forma mais refinada e complexa de consumir*] (Camnitzer *apud* Achinte, 2013, p. 443). Este fragmento remete tanto à discussão em torno do conceito de arte quanto à relação de dominação segundo a qual, ao canônico, identificado à Europa e aos Estados Unidos, corresponderia a atitude subserviente de reprodução de modelos.

De um modo ou de outro, parece-me que a questão aqui é, na verdade, indagar o que representa fazer arte na América Latina tendo em vista disputas por demarcações do artístico. Nesse contexto, Achinte (2013, p. 446) questiona o lugar dado às produções de comunidades étnicas quando as atrelamos a "tendencias de los movimientos, corrientes de pensamiento y de los circuitos de mercado que se consolidaron en torno al arte" [*tendências dos movimentos, correntes de pensamento e dos circuitos de mercados que se consolidaram em torno da arte*]. Essa vinculação expressa a subordinação do artista latino-americano à atitude de consumo e revela a colonialidade de uma relação que se estabelece nesses moldes. Isso nos obriga a reconsiderar a propensão de lidar com o que é produzido pelos diferentes povos da região a partir de critérios hegemônicos; isto é, ainda que haja diálogos possíveis entre o que surge como contestação crítica no próprio seio da arte ocidental e o que, fora desse eixo, se vem produzindo, a validade dessa produção periférica não pode depender de tendências constituídas no âmbito mesmo do cânone. Para tanto, é importante compreender melhor como a definição de arte integra relações geopolíticas de poder e, por conseguinte, em que medida o caráter colonial da tipificação e classificação de processos de criação ajuíza ou não as produções como socialmente autorizadas, validadas, visibilizadas. Diante disso, com base no reconhecimento de formas de colonialidade, Achinte desenvolverá sua reflexão sobre arte:

> Estas tensiones y contradicciones al interior del proyecto moderno/colonial estuvieron teñidas por el tinte eurocéntrico de la autoreflexividad del arte en donde lo "otro" fue exotizado y funcionalizado a

> favor de un proyecto hegemónico que geopolíticamente estableció una geografía del moderno y del arte correspondiente. En consecuencia, esas otras latitudes quedaron en la periferia, desconocida y supeditada a las narrativas que se produjeron y circularon. América Latina en este contexto fue subsidiaria de estos debates colocándose a la zaga y convirtiéndose en receptáculo de las tendencias, discursos y producciones del primer mundo europeo y norteamericano que impedían ver y re-conocer las dinámicas que en esta parte del mundo se venían desarrollando. (Achinte, 2013, p. 447)
>
> [*Estas tensões e contradições no interior do projeto moderno/colonial foram tingidas pela tinta eurocêntrica da autorreflexividade da arte na qual o "outro" foi exotizado e funcionalizado a favor de um projeto hegemônico que, geopoliticamente, estabeleceu uma geografia do moderno e da arte correspondente. Em consequência, essas outras latitudes permaneceram na periferia desconhecida e subjugada às narrativas produzidas e circuladas. A América Latina, nesse contexto, foi subsidiária destes debates, colocando-se na retaguarda e convertendo-se em receptáculo das tendências, discursos e produções do primeiro mundo europeu e norte-americano, que impediam ver e re-conhecer as dinâmicas que nesta parte do mundo vinham sendo desenvolvidas*].

De certo modo, a concepção de uma modernidade-colonialidade nos permite imaginar que as correntes de pensamento surgidas nesse "primeiro mundo" não são autônomas em relação a outras realidades geopolíticas, ou seja, a emergência de posicionamentos críticos internos, ainda que decorrentes de aspectos peculiares ao contexto de onde surgem, está vinculada à construção epistemológica moderna possível apenas pela instituição do "outro" americano, que funciona como contraponto a partir do qual se estipula um paradigma pretensamente universal. O que importa, afinal?

Antes de mais nada, creio ser relevante reconhecer que a definição de arte não é problemática apenas na esfera exclusiva do campo artístico hegemônico, ela o é também porque participa da constelação de conceitos do Ocidente moderno que foram alçados à condição de universais e representa, por conseguinte, a circunscrição de limites específicos atrelados a formas sociais de validação e invalidação. A apreciação favorável de determinados fazeres latino-americanos, tendo em vista sua consonância com vertentes críticas gestadas por um sistema internacional de arte, não deixa de situá-los na mesma condição de subordinação e de núcleo consumidor de ideias, ratificando as relações de poder vigentes. Diante disso, não se está propondo rejeitar *a priori* concepções modernas, mas localizá-las histórica e geopoliticamente para se levar adiante o que Achinte denomina uma "dupla emancipação": emancipar-se da emancipação ocidental. Esse movimento, para o antropólogo, discute as limitações da própria ideia de emancipação na sociedade moderna, especialmente pelo fato de esta alicerçar-se no mito da racionalidade; propõe, por esse viés, que consideremos os medos gerados pela incerteza como "contranarrativas", isto é, como uma face dessa racionalidade ocidental. Assim sendo, o telúrico e o emotivo seriam fatores que tornariam o ato criador uma prática que nos faria *desaprender* e, por fim, nos emancipar do hegemonicamente racional. No final das contas, Adolfo Achinte defende a criação artística como uma pedagogia da existência e, enquanto tal, uma pedagogia decolonial, pois desconstrói uma narrativa universal responsável pela instituição de uma alteridade anquilosada em imagens impostas.

Em linhas gerais, entendo que o artista colombiano faz a defesa de uma diversidade estética e ética a partir da desconstrução de uma concepção de arte que signifique a rejeição e a desqualificação de formas de criação que não estejam diretamente associadas à racionalidade ocidental. A valorização de outras racionalidades (e sua consequente visibilização) apoiada na exposição dos limites e das mazelas da cosmologia moderna significa a afirmação de sujeitos não mais dissolvidos num "outro" genérico e vazio. Ao atuar como "mecanismo de autorrepresentação, de autorressignificação e de construção de novas simbologias", a arte colocaria em evidência "la pluralidad de existencias que se encuentran y desencuentran en el escenario multicolor de la contemporaneidad" [*a pluralidade de existências que se encontram e desencontram no cenário multicolorido da contemporaneidade*] (Achinte, 2013, p. 452-453).

Nesses termos, como estratégia para o reconhecimento e o autorreconhecimento cultural, a arte seria decolonial num contexto de diversidade estética e étnica. Isso, porém, não se pode dar sem que haja um desmonte do caráter único e universal da narrativa do Ocidente moderno. A perspectiva de Achinte valoriza sobremodo o trabalho de criação entre povos e comunidades indígenas e negras, pois localiza aí contribuições muito significativas para um autorreconhecimento cultural que represente a emancipação da emancipação moderna a favor de outras "historias, trayectorias y formas de ser y estar en el mundo, distintas a la lógica racional del capitalismo contemporáneo como expresión cultural" [*histórias, trajetórias e formas de ser e estar no mundo distintas da lógica racional do capitalismo contemporâneo como expressão cultural*] (Achinte, 2013, p. 452).

Ao facultar à obra de Rosana Paulino um caráter decolonial, levo em consideração a construção visual de uma narratividade calcada na materialidade, no doméstico, no pessoal e no político, bem como na memória da mulher-artista-negra e na história dos povos escravizados e dominados. A autorrepresentação cultural mencionada por Achinte está de fato presente no trabalho da artista de São Paulo, mas é o *fazer*, enquanto uma prática que desestabiliza dicotomias do pensamento moderno, aquele que institui, em minha perspectiva, sua decolonialidade. Em outras palavras, o que estou afirmando é que se o autorreconhecimento é decolonial, sua força está no desenvolvimento de uma linguagem que signifique o ato criador a partir desse reconhecer.

A conexão entre fazer artístico e decolonialidade constituiria a própria razão de ser das obras e artistas reunidos em exposição de 2015 sob o título *HD: Haceres Decoloniales: prácticas libertadoras del estar, el sentir y el pensar* [*Fazeres Decoloniais: práticas libertadoras do estar, sentir e pensar*], ocorrida na Sala de Exposiciones ASAB (Facultad de Artes/ Universidad Distrital Francisco José de Caldas, Bogotá, Colômbia). A mostra colocou em destaque a possibilidade de uma arte que se funde a práticas, como confirma o texto publicado no livro *Haceres Decoloniales* (2016), no qual o curador Pedro Pablo Gómez (2016, p. 10) discute a hierarquização que relega o artesanal a uma condição inferior à arte: "Sabemos que la estética hizo posible posicionar la actividad del arte moderno como la forma suprema del hacer sensible y a la subjetividad original del artista como su agencia individual, por encima del hacer y la subjetividad de artesanos y trabajadores industriales" [*Sabemos que a estética tornou possível posicionar a atividade da arte moderna como a forma suprema do fazer sensível e a subjetividade original do artista como sua agência individual, a despeito do fazer e da subjetividade de artesãos e trabalhadores industriais*].

Essa divisão, no entanto, se apresenta como plausível apenas em uma visão de mundo em que corpo e mente estejam separados e hierarquizados de maneira que à última se atribua superioridade em detrimento do primeiro. Além do mais, a concepção de arte que recalca a atividade artesanal como procedimento inferior mantém relação direta com o caráter histórico da separação entre formulação teórica e trabalho manual, assim como se associa à oposição valorativa que modernamente se estabeleceu entre imitação e criação, em que esta última se deve ao engenho individual e original do artista, algo bem distante de situações colaborativas e comunitárias mais próximas das oficinas de trabalhadores manuais. Na visão apresentada na publicação de Pedro Gómez, a ação decolonial exige, por conseguinte, a desconstrução de hierarquias estipuladas a partir de uma sequência de subordinações, de maneira que a arte, assumida como superior à artesania, seria, ao mesmo tempo, inferior ao *logos* das ciências naturais. Por esse caminho, os fazeres decoloniais estariam associados à defesa da *aesthesis*, isto é, da dimensão do sensível.

O doméstico e o feminino são habitualmente associados a tarefas como a costura e o bordado: fazeres que, em sua direta relação com a vida prática e o trabalho artesanal, são desvalorizados. Trata-se, ao final, do desprestígio a que foram relegados os chamados trabalhos reprodutivos, cuja depreciação surge em decorrência de uma diferenciação valorativa no processo de acumulação primitiva do capital em relação a atividades qualificadas como produtivas, conforme defende Silvia Federici em *Calibã e a bruxa: mulheres, corpo e acumulação primitiva*. A relevância desse tipo de atividade é clara na obra de Rosana Paulino e diz respeito à contundência da materialidade e do manual na produção da artista. O ofício de gravurista e a colagem, assim como o coser e o bordar, são atualizados no resultado final, pois a fabricação aparece impressa na obra, o que decerto salienta e valoriza a realidade material tanto quanto o trabalho que envolve sua produção. O sensível, aqui, é explorado na convergência labor e produto sem que isso represente uma desqualificação ou esvaziamento simbólico. Na verdade, o *fazer*, ao ganhar destaque, não está dissociado da elaboração intelectual que se observa, inclusive, na escolha de procedimentos e materiais. A indissociabilidade entre manual e mental oferece uma perspectiva que vai ao encontro da dissolução de hierarquias que, na tradição do pensamento ocidental, justificaram a depreciação do artesanal.

Não posso deixar de destacar que a decolonialidade do trabalho de Rosana Paulino reside precisamente em um conjunto de elementos, dentre os quais está a desconstrução de classificações e hierarquias como artesania e arte, bem como a revisão que propõe práticas cuja desqualificação remete de igual maneira ao desvalor atribuído ao ambiente doméstico e feminino.

Há ainda, todavia, outro aspecto que precisa ser tratado em relação à obra da artista, sobretudo por conta da condução que estou dando à minha discussão: o fio "natureza". A esse respeito, acredito ser interessante fazer referência ao trabalho de T. J. Demos sobre arte contemporânea e ecologia, especialmente quando o autor defende a descolonização da ideia de natureza e reflete, em função disso, sobre o papel da produção artística. A seu ver, o processo de colonização da natureza tem origem no dualismo cartesiano que propôs a diferenciação entre mundo humano e não humano, de modo que este último passou a configurar como objeto passivo, o que possibilitou o desenvolvimento de uma relação extrativista, destrutiva e utilitária. Ainda a esse respeito, Demos pondera que a colonização conceitual e prática da natureza estaria tanto na sua idealização quanto na sua exotização, bem como na racionalização burocrática, no domínio científico-tecnológico, na dominação militar, na integração à expansão da economia capitalista e nos sistemas legais voltados, por fim, à maximização da exploração de recursos. Enquanto professor de História da Arte e de Cultura Visual, seu interesse é pela convergência entre política e estética como encontro entre experimentação e ativismo, daí acreditar que os modelos artísticos que teriam hoje mais apelo seriam aqueles que reúnem a dimensão estética do engajamento experimental com uma práxis ético-política pós-colonial. Ainda que o seu foco seja a questão ambiental, a sua abordagem da produção artística contemporânea aponta para o alcance que a experimentação pode ter quando se trata de descolonizar a natureza (e, portanto, de problematizar classificações como as que categorizam humanos e não humanos), a ponto de declarar:

> I'm convinced that art, given its long histories of experimentation, imaginative invention, and a radical thinking, can play a central transformative role here. In its most ambitious and far-ranging sense, art holds the promise of initiating exactly these kinds of creative perceptional and philosophical shifts, offering new ways of comprehending ourselves and our relation to the world differently than the destructive traditions of colonizing nature. (Demos, 2016, p. 18-19)
>
> [*Estou convencido de que a arte, dada a sua longa história de experimentação, invenção imaginativa e pensamento radical, pode desempenhar um papel transformador central aqui. Em seu sentido mais ambicioso e abrangente, a arte tem o potencial de iniciar exatamente esses tipos de mudanças criativas perceptivas e filosóficas, oferecendo novos caminhos para a compreensão de nós mesmos e de nossa relação com o mundo de maneira distinta à das tradições destrutivas de colonização da natureza*].

Demos parece, assim como Achinte, apostar em uma ação pedagógica da arte. Isso, no entanto, não significa desinvestir na experiência com a linguagem e, por conseguinte, na experimentação; pelo contrário, pois o estabelecimento de novos parâmetros se daria pela instituição de modos de dizer, e é exatamente isso que confere à arte valor estratégico num processo de descolonização da natureza e na defesa de outros modos de existência. Diante disso, puxar o fio da natureza na obra de Rosana Paulino equivale a refletir sobre os recursos e procedimentos que a artista emprega, o modo como o faz, para que se possa então compreender como o seu trabalho desobedece a demarcações e propõe, visualmente, a sua problematização. Isso não pode se dar sem a costura, o bordado, o tecido, o papel, a colagem, a gravura, a impressão... isso não pode se dar sem as camadas que a artista constrói na materialidade, que é, em si mesma, conceituação... isso não pode se dar sem o seu autorreconhecimento como mulher negra de São Paulo... isso não pode se dar sem uma revisão da própria concepção de arte, na medida em que esse tipo de definição agrega modos de produzir, sistemas de valor e, evidentemente, a identidade de quem se reconhece como artista.

Tais considerações me levam a crer que trabalhos como o de Paulino trazem à tona questões que afetam profundamente os modos como são definidas relações não só com o mundo natural, mas também entre indivíduos e povos. Situar em "estado de natureza" seria, afinal, negar a condição de sujeitos a indivíduos vistos como parte de um mundo encarado como recurso. Tendo por base a separação entre natureza e cultura, tornou-se corrente que os "humanos" se sentissem autorizados a dominar os seres que habitam o planeta. A radical exteriorização da natureza aparece, assim, associada à inferioridade conferida ao *fazer* em relação ao *pensar*, na medida em que o primeiro comporta atividades que envolvem o corpo e a materialidade.

Então, confrontar formas hierárquicas de diferenciação entre indivíduos e povos passa não simplesmente pela recusa de seu estado de natureza, mas pela desconstrução das bases epistemológicas que tornaram possível falar em tal estado. Não se pode mais assumir como possibilidade única e universal de compreensão do mundo a acepção da natureza como pura externalidade, campo de exploração e uso; bem como não cabe aceitar como princípio inconteste a divisão entre corpo e alma sobre a qual se assenta a condenação à corporalidade, ao fazer manual, ao trabalho. Quando se tacha como "natureza" grupos formados por negros, mulheres, homossexuais e trabalhadores, para dar alguns exemplos, o problema não está fundamentalmente na sua identificação com o mundo natural, mas na categorização depreciativa da natureza.

A partir daí, me interessa a equiparação entre mulher-natureza, especialmente em suas conexões com o desprestígio do doméstico e do fazer, assim como com pedagogias da crueldade. A premissa de que gênero e raça, biologizados no Ocidente moderno, são categorias fortemente implicadas na fronteira entre humanos e não humanos pavimenta o caminho que me conduz de volta à discussão de Rita Segato, quando considera que o patriarcado assume formas distintas nas diferentes culturas e, na sua articulação com o capitalismo, assumiria uma *alta densidade*. A experiência com grupos indígenas e a percepção de crescimento da violência contra a mulher nesse meio levaram Segato a considerar que, ainda que houvesse tradicionalmente uma estrutura patriarcal nessas comunidades, o aumento no grau de crueldade e desamparo a que se viam submetidas as vítimas estava vinculado à introdução e à expansão da modernidade em tais contextos. Na medida em que o Estado, enquanto agente colonizador e intervencionista, "oferece com uma mão a modernidade do discurso crítico igualitário, enquanto com a outra introduz os princípios do individualismo e a modernidade instrumental da razão liberal e capitalista, conjuntamente com o racismo que submete os homens não brancos ao estresse e à emasculação" (Segato, 2012, p. 110), se produz um esgarçamento do tecido comunitário que antes protegia as mulheres da comunidade. A fim de capturar a trama em que se dão dinamicamente conflitos de interesse, Segato (2012, p. 112) propõe então substituir "cultura" por "povo", este compreendido como "sujeito vivo de uma história". Essa virada em direção à história é fundamental para a argumentação que a autora desenvolve, pois significa buscar ressituar esses grupos sociais como sujeitos de sua história, uma vez que a incorporação a modelos que lhes são externos e a dissolução de formas tradicionais de sociabilidade se fazem acompanhar da sua deposição como protagonistas de seu percurso histórico. Além do mais, trata-se também de conceber que essas comunidades não estão fora do tempo e, portanto, estão suscetíveis a transformações decorrentes de sua realidade. De um lado, Segato se contrapõe à existência de uma ordem intocável e imutável, de outro, localiza, nos influxos de modernização, um fator de exacerbação do que já havia de perverso e autoritário nas hierarquias próprias a uma "ordem pré-intrusão". Assim, sem fazer a defesa de qualquer forma de isolacionismo, a autora coloca em discussão a complexidade das diversas situações intermediárias que existem graças ao entrecruzamento de influências progressivas ou conservadoras, benéficas ou maléficas, e termina por compreender que ao Estado caberia "restituir aos povos seu foro interno e a trama de sua história, expropriada pelo processo colonial e pela ordem da colonial/modernidade, promovendo, ao mesmo tempo, a circulação do discurso igualitário da modernidade na vida comunitária" (Segato, 2012, p. 114-115). Resumidamente, ao fazer a crítica ao relativismo cultural e ao culturalismo, Segato posiciona-se a favor da condução mais autônoma pelos povos indígenas de sua própria história.

Por que, afinal, tal reflexão me interessa neste momento? Esta é uma pergunta importante. Me explico: para a autora (2012, p. 116), gênero tem estatuto teórico e epistêmico, constituindo-se como "categoria central capaz de iluminar todos os outros aspectos da transformação imposta à vida das comunidades a serem capturadas pela nova ordem colonial/moderna". Por isso, ao voltar-se para o problema da violência contra a mulher em comunidades indígenas, compreende que o patriarcado, tal como existia nesses grupos, não se manifestava com a mesma crueldade que aquele que se estabeleceu no seio da modernidade ocidental, pois havia nessas sociedades mecanismos e instituições que regulavam os papéis e as relações. Com as interferências de modelos ocidentais, teria havido um desmonte desses mecanismos e instituições, o que tornou mais vulnerável a situação das mulheres. A intrusão de um modelo de modernidade no núcleo dessas sociedades leva a uma desorganização do seu funcionamento interno; a sexualidade se transforma e passa a incorporar uma moralidade que "reduz a objeto o corpo das mulheres e ao mesmo tempo inocula a noção de pecado nefasto, crime hediondo e todos os seus correlatos", graças à submissão dos sujeitos à situação de exterioridade assentada numa racionalidade científica e administrativa – o *outro* expurgado é submetido à feição pornográfica do olhar colonizador (Segato, 2012, p. 120).

Assim, a aldeia lançada a esse exterior introduz, em suas relações internas, o mesmo olhar que a exterioriza, criando um cenário propício à violência, visto que sujeitos masculinos se veem emasculados enquanto indígenas frente aos brancos e hiperinflados em sua masculinidade no ambiente da aldeia. É a esse desequilíbrio e à desfiguração política dessas comunidades que a antropóloga atribui, fundamentalmente, o crescimento dos casos de violência contra a mulher. Isso se manifesta ainda na privatização do doméstico e no seu consequente esvaziamento político:

> Também parte deste panorama da captação do gênero pré-intrusão pelo gênero moderno é o sequestro de toda política, ou seja, de toda deliberação sobre o bem comum, por parte da nascente esfera pública republicana em expansão, e a consequente privatização do espaço doméstico, sua "outrificação", marginalização e expropriação de tudo o que nela era político. (Segato, 2012, p. 121)

O espaço doméstico, que possuía sua política própria apesar de hierarquicamente inferior ao público, inserido no binarismo colonial moderno, tem sua participação afetada pela desimportância que se lhe confere por não corresponder a uma figuração universal do cidadão identificada ao elemento masculino, branco, *pater familiae*, proprietário e letrado, ainda como observa a antropóloga argentina. A análise de Segato, que transcrevo aqui em linhas gerais, ao sugerir que a conjunção doméstico e feminino experimenta uma desqualificação que não pode ser dissociada da própria estrutura binária do pensamento ocidental, me autoriza a reconhecer que as divisões que se desdobram na fundamentação de uma humanidade excludente e exclusiva encontram na correspondência mulher-natureza um ângulo privilegiado de leitura. Em outras palavras, o acachapante desmerecimento do doméstico diretamente vinculado à mulher; a apropriação taxonômica e hierárquica do mundo graças à exteriorização que objetifica sujeitos, institui um "não humano" e autoriza a destruição de seres e de biomas; a violência e a crueldade no lugar do cuidado: todos esses aspectos têm representatividade na forma como se dá a convergência entre mulher e natureza, atravessada que é por questões raciais, socioeconômicas, culturais e epistemológicas.

Considero, portanto, que pensar a redução da mulher a estado de natureza implica conduzir ao centro do debate aspectos socioeconômicos que supõem a violência de práticas extrativistas, tais quais as acionadas no trabalho de Rosana Paulino. A identidade entre a mulher negra e a orquídea sinaliza que qualificar o feminino, bem como o negro e o indígena, como natureza está intrinsecamente vinculado à colonialidade. Nesse sentido, gostaria de me deter um pouco nessa identificação, tendo em vista os seus desdobramentos e a sua associação, na sociedade ocidental, ao patriarcado enquanto ordem político-social, como já havia observado Rita Segato. No contexto ocidental-moderno, o reconhecimento do feminino como natureza significou marcar o conhecimento como masculino e a natureza/feminino como corpo-objeto a ser conhecido, explorado e dominado. Articuladamente a isso, as divisões entre privado e público, que estabeleceram desígnios masculinos e femininos na sociedade moderna, implicaram a desqualificação de atividades de geração e manutenção da vida.

A esse respeito, Anne K. Mellor, em sua pesquisa sobre literatura inglesa, feminismo e sexualidade, desenvolve uma leitura do famoso romance de Mary Shelley, *Frankenstein ou o Prometeu moderno* (1823), a partir de uma perspectiva feminista. Ao lado da sua preocupação em estudar mais mulheres escritoras que produziram no romantismo inglês – na contramão de um cânone essencialmente masculino –, a narrativa da escritora inglesa leva Mellor a refletir sobre natureza e gênero. Daí, em texto que publica em 1987, explorar modelos de ciência e cientista que aparecem de alguma forma representados no romance. Para tanto, faz referência a Francis Bacon – em sua postulação da imagem feminina da natureza e da configuração masculina do saber científico – a fim de destacar a dimensão sexista da revolução científica do XVII e, como Shelley ilustra, "the dangers inherent in the use of sexist metaphors" [*os perigos inerentes ao uso de metáforas sexistas*] (Mellor, 1987, p. 287).

Todavia, em outro artigo, "Possessing Nature: The Female in Frankenstein" ["Possuindo a natureza: a fêmea em Frankenstein"] (1988), no qual retoma a discussão sobre o romance de Mary Shelley, a autora se debruça de modo especial sobre a posse da natureza e suas consequências. Em sua visada histórica, o historiador Keith Thomas vai ao encontro, de igual maneira, à ideia de que a posse da natureza e sua identificação com o feminino, por exemplo, estariam associadas a uma questão de gênero marcada pela determinação da superioridade do homem branco cristão heterossexual. Mellor, por sua vez, assinala como Victor Frankenstein ratifica a identidade feminina da natureza num mundo que pertence aos homens e que, às mulheres, cabe estritamente a esfera privada e as atividades compreendidas como secundárias. Abre-se no romance a possibilidade de a mulher tornar-se também desnecessária à reprodução, e se aponta, desse modo, para a construção de um mundo essencialmente masculino, ao mesmo tempo que se estabelece uma divisão social de tarefas entre homens e mulheres em consonância com o estabelecimento das esferas do público e do privado. Em contraposição à circunscrição da experiência das personagens femininas no romance, cujas funções incluem os trabalhos domésticos e o cuidado, aos homens se destina o mundo externo, fora da casa, como servidores públicos, cientistas, mercadores ou exploradores. Ou seja, haveria uma divisão sexual do trabalho em que a atividade masculina se dá fora do ambiente doméstico do mesmo modo que a atividade intelectual é diferenciada da emocional (Mellor, 1988, p. 2-3).

Na visão de Anne Mellor, todavia, o esvaziamento afetivo da esfera pública, onde predominaria uma racionalidade masculina que excluiria as emoções e os sentimentos – estes restritos à esfera privada-feminina e considerados em inferioridade – levaria à derrocada do prometeu humano, uma vez que faltava empatia e afetuosidade em sua função pública de cientista e criador. O que está em questão para a autora são, fundamentalmente, dois aspectos: o primeiro diz respeito à perspectiva diferenciada apresentada por Mary Shelley e a contribuição particular da posição de gênero para a reflexão sobre o mundo moderno, o conhecimento e a natureza; já o segundo trata da própria relevância de uma crítica feminista capaz de recuperar essa discussão no trabalho de escritoras do século XIX.

No viés que desenvolve, Mellor (1988, p. 9-10) busca rever as matrizes literárias, bem como a contribuição relevante das discussões contemporâneas, para a renovação dos pontos de vista e o consequente direcionamento de alternativas políticas, literárias e epistemológicas para a sociedade ocidental. A investigadora enfatiza o caráter sexual das relações de poder e assinala como isso se dá em *Frankenstein*, sobretudo em relação à representação do homem de ciência: "To sum up, at every level Victor Frankenstein is engaged upon a rape of nature, a violent penetration and usurpation of the female's 'hiding places', of the womb" [*Em suma, em todos os níveis Victor Frankenstein está envolvido no estupro da natureza, na penetração violenta e usurpação dos "esconderijos" da mulher, do útero*]. O médico, portanto, encarna o patriarcado e a relação deste com processos de dominação e exploração da natureza. Esse ponto de vista ainda leva Mellor a considerar como a atitude individualista e afetivamente esvaziada de Victor Frankenstein contrasta com um modelo familiar--coletivo fundado no afeto, representado na narrativa pela família De Laceys. Essa diferenciação será associada ainda a apostas estéticas:

"Mary Shelley endorsed a traditional mimetic aesthetic that exhorted literature to imitate ideal Nature and defined the role of the writer as a moral educator. Her novel purposefully identifies moral virtue, based on self-sacrifice, moderation, and domestic affection, with aesthetic beauty" [*Mary Shelley endossou uma estética tradicional mimética que exortou a literatura a imitar a Natureza ideal e definiu o papel do escritor como um educador moral. Seu romance propositalmente identifica virtude moral – baseada em autossacrifício, moderação e afeição doméstica – à beleza estética*] (Mellor, 1988, p. 14).

Resulta dessa leitura de Mellor a consideração, no contexto da ficção de autoria feminina do século XIX, da existência de elementos que apontam para uma concepção de natureza ligada ao feminino, mas que aparece, no entanto, valorizada positivamente, indicando a possibilidade de se compreender de que modo uma posição feminista pode assumir a identidade mulher-natureza, ainda que em outros termos. Esse tipo de consideração, por sua vez, remete a reflexões e práticas associadas ao ecofeminismo.

Em texto de 1996, Vandana Shiva, importante ativista do ecofeminismo, discute como as relações entre ciência, natureza e gênero se estabeleceram modernamente sobre formas de violência. Assim como Mellor, Shiva recupera os escritos de Francis Bacon, mais particularmente o trabalho *Temporis Partus Masculus* (1603) [*O nascimento masculino do tempo*], em que o filósofo, como observa a autora, projeta a criação de uma raça de heróis e super-homens capazes de dominar a natureza e a sociedade. O título da obra, conforme observação do tradutor da edição em inglês de 1951, pode ser interpretado como referência à passagem de uma modalidade antiga de ciência, passiva e fraca como uma fêmea, para a nova ciência masculina da Revolução Científica. A ativista indiana acrescenta que a proposta metodológica de controle e experimentação se encontra manifesta em Bacon por meio de metáforas sexistas que correlacionam o domínio compulsório da natureza ao estupro e à tortura. A agressividade, na verdade, estaria tanto na metodologia quanto na própria ideia de submissão dirigida a mulheres, povos e natureza: "In Bacon's experimental method, which was central to this masculine Project, there was a dichotomizing between male and female, mind and matter, objective and subjective, rational and emotional, and a conjunction of masculine and a scientific dominating over nature, women and the nonwest" [*No método experimental de Bacon, que foi central para esse Projeto masculino, havia uma dicotomização entre macho e fêmea, mente e matéria, objetivo e subjetivo, racional e emocional, e uma conjunção de dominação masculina e científica sobre a natureza, as mulheres e os não ocidentais*] (Shiva, 1996, p. 269).

Nesse projeto masculino, a mulher, alijada da produção de conhecimento, estaria alocada no campo do objeto a ser estudado e, nesse sentido, situada em equivalência à natureza. Com a ciência moderna, se assistiu ao deslocamento de uma concepção de *mãe natureza* para *natureza fêmea*, e a decorrente perda da dimensão de sagrado sancionou o desnudamento e a exploração daquilo que se considerasse *natural*. A "desmaternização" da natureza e a aliança entre conhecimento e poder estiveram, para a ativista indiana, na base da subjugação de mulheres e povos não europeus. A esse respeito, ela menciona o ataque do físico e químico seiscentista Robert Boyle à visão ameríndia de natureza, uma vez que constituiria obstáculo ao domínio do homem sobre criaturas inferiores. O posicionamento de Shiva aponta que a ciência moderna, vista como uma entre outras formas de conhecimento, historicamente, representou a vitória de um projeto patriarcal, político, econômico e epistemológico que se pautou na hegemonia de uma forma de conhecimento gestada sob a afirmação da perspectiva masculina-branca-capitalista.

O consórcio entre ciência e capital contradiz a neutralidade do conhecimento científico enquanto revela seu compromisso ideológico com o capitalismo industrial. Em *Metrópolis*, essa ordem masculina-branca-capitalista é claramente indicada na associação entre o cientista e o grande industrial, cujo fim último é manter o sistema de opressão e lucro que, visualmente, Fritz Lang representou por intermédio da massa de operários autômatos reduzidos à condição de peças descartáveis na linha de produção. Esse jogo entre sujeitos humanos e maquinização tanto se expressa na incorporação do trabalhador ao mecanismo de produção como também na criação do robô para substituir o operário. Todavia, em uma das mais famosas cenas da história do cinema, o protótipo do androide é feminino e criado a partir do modelo vivo de uma operária, sequestrada pelo cientista. A violência sofrida pela jovem Maria é parte do processo de sua conversão em uma existência mecânica, em que a tecnologia e a mulher, sob a intervenção do cientista, são instrumentalizadas para servir aos interesses da exploração capitalista. Em *Metrópolis*, a aliança ciência-capital se dá na medida mesma em que se acentua o caráter masculino do conhecimento e do poder.

Essa autoridade científica sobre o feminino como manifestação de um poder masculino é abordada por Charlotte Perkins Gilman em seu famoso conto "O papel de parede amarelo" (1892), cuja protagonista se vê submetida à autoridade do marido e ao tratamento que ele, o médico, lhe prescreve. O isolamento e a proibição de escrever lhe privam de uma existência independente do marido-médico, de modo a torná-la incapaz. A violência a que a personagem é submetida sob o discurso do cuidado expõe o caráter destrutivo e autoritário da dominação. Não se trata de cuidado.

Discussões como as de Vandana Shiva denunciam o valor ideológico da ciência, habitualmente obscurecido pela universalidade e neutralidade que lhe são atribuídas e que levam a tomar como inquestionáveis ideias como progresso e desenvolvimento. A desconstrução de concepções equivocadamente concebidas como universais e desinteressadas é parte do ativismo ecofeminista e traz em seu bojo a necessidade de se rever a própria concepção moderna de natureza. Por isso, a ativista indiana contrapõe a noção que autoriza a sistemática exploração e destruição do mundo natural (enquanto fonte de recursos e de riquezas, reduzido a propósitos econômicos e científicos específicos) a outras concepções, sejam aquelas pertencentes a povos e indivíduos cujos saberes não foram reconhecidos enquanto tais, sejam as que, propaladas por cientistas e filósofos, não alcançaram o mesmo prestígio. A esse respeito, Shiva assinala o exemplo de tendências decorrentes da influência de Paracelsus – que se diferenciava de Bacon tanto em termos epistemológicos quanto do ponto de vista socioeconômico que representava – para mostrar que havia um campo de disputa e que diferentes percepções de ciência e natureza coexistiram durante a Revolução Científica moderna; isto é, a ciência como a concebemos foi historicamente vitoriosa, mas nunca foi a única forma de compreensão de mundo que existiu, inclusive dentro do próprio contexto europeu. Quanto a isso, vale lembrar das discussões contemporâneas que propõem haver existido uma "ciência romântica", isto é, uma vertente de produção de conhecimento que pressupunha uma maneira de fazer ciência em diferença ao que se estabeleceu como hegemônico a partir do século XIX. Historiadores da ciência, como Robert Richards, têm demonstrado as implicações e a relevância de práticas científicas que, de fins do século XVIII a meados do XIX, foram profundamente afetadas por princípios atrelados à visão do mundo como organismo, e não como mecanismo.

A desconstrução que passa pela exposição – a partir de uma mirada histórica – do caráter ideológico de premissas admitidas como verdades, tem desdobramentos significativos, principalmente ao contribuir para a recusa de um modelo que tem se caracterizado pela dominação e expropriação de vidas. A face comum das mulheres, dos pobres e das culturas não ocidentais revela um modelo cognitivo que silencia de forma assustadora saberes e práticas não condizentes com as bases científicas modernas. Ao serem destituídos da condição de sujeitos do conhecimento frente à organização dicotômica que dispõe, de um lado, o observador-cientista, e do outro, a coisa observada, indivíduos e povos são subjugados. Por outro lado, a identificação com a natureza que se dá em relação aos primitivos ou sub-humanos vai se concretizar, no caso das mulheres, no seio do imaginário ocidental, a partir de uma abordagem de gênero. O patriarcado de alta densidade, tal como postula Rita Segato, encontra na crueldade, portanto, sua melhor expressão. Destruir está autorizado.

Em texto que busca apresentar o Ecofeminismo, a psicóloga e ativista boliviana Elizabeth Peredo Beltrán (2019, p. 114) assinala a importância da associação do controle sobre a natureza com a relação de poder desigual e violenta do patriarcado, fundada na submissão da mulher ao homem. Os ecofeminismos[5] existentes fazem a defesa da interdependência e do cuidado, assim como denunciam "os elos de dominação capitalista: a invisibilização, a desvalorização, o menosprezo, a exploração, a desapropriação e a apropriação do saber, do conhecimento, do trabalho e de todas as atividades – realizadas em sua maioria por mulheres (...)".

Desenvolve-se, a partir daí, a análise crítica da economia capitalista e do pensamento único, e, por extensão, das dicotomias "homem-natureza, bom-mau, civilizado-selvagem" que estão diretamente associadas ao domínio sobre a natureza num sistema de valores pautado em divisões como cultura e natureza, ciência e conhecimento tradicional, homem e mulher, trabalho masculino e feminino (Beltrán, 2019, p. 114). A desqualificação de práticas e saberes relacionados às mulheres é chave importante nessa discussão, afinal, o doméstico, o manual, o cuidado são profundamente desprestigiados. Esse desprestígio deve-se à negação de sua qualidade de conhecimento. Sua invalidação reside ainda na visão econômica apoiada em noções

5. Em sua diversidade de apresentação, os ecofeminismos coincidem "(...) na ideia básica de que a opressão das mulheres – e dos homens – e a superexploração da natureza são parte de um mesmo fenômeno. Denunciam uma ordem cultural-simbólica – o patriarcado – e uma ordem econômica – o capitalismo – que invisibilizam, desprezam, violentam e se apropriam do trabalho de cuidado da vida humana com a superexploração dos corpos e das mulheres, além de levar a natureza aos limites da desapropriação, mesmo que a natureza constitua a base fundamental para o bem-estar e a sustentabilidade do planeta" (Beltrán, 2019, p. 115). Quanto à diversidade de ecofeminismos, Beltrán propõe: ecofeminismos *essencialistas*, que associam a mulher à natureza de modo que a defesa desta está vinculada à identidade de gênero; *construtivistas*, que defendem ser a relação mulher-natureza uma construção social vinculada à divisão sexual do trabalho; *do Sul*, "que criticam o patriarcado e o 'mau desenvolvimento' e consideram as mulheres como portadoras de respeito à vida" (Beltrán, 2019, p. 121). Considera, então, a autora que essas diferentes apresentações dos ecofeminismos oferecem importantes contribuições para as lutas contemporâneas e, ainda nesse sentido, observa: "Transformar só é possível quando se inclui o próprio corpo, criando uma nova epistemologia e uma nova ética da natureza que nos permitam recuperar o sentido profundo de pertencimento, de empatia, necessário para criar e recriar vida, riqueza, relações, humanidade, conhecimento e cultura" (Beltrán, 2019, p. 140).

como progresso e desenvolvimento, na distinção entre mente e corpo e na superioridade que se termina por conferir àquela em detrimento deste. Quanto a esses aspectos, gostaria de me referir à socióloga argentina Maristella Svampa quando assinala que:

> El ecofeminismo y la economía feminista destacan el paralelismo entre la explotación de la mujer y la de la naturaleza, a través del trabajo reproductivo invisibilizado y no reconocido. Con esto se hace referencia a aquellas tareas asociadas a la reproducción humana, la crianza, la resolución de las necesidades básicas, la promoción de la salud, el apoyo emocional, la facilitación de la participación social, etc. (Svampa, 2015, p. 129-130)
>
> [*O ecofeminismo e a economia feminista destacam o paralelismo entre a exploração da mulher e da natureza, por meio do trabalho reprodutivo invisibilizado e não reconhecido. Com isso se faz referência àquelas tarefas associadas à reprodução humana, à criação, à resolução das necessidades básicas, à promoção da saúde, ao apoio emocional, à facilitação da participação social, etc.*].

A questão do trabalho e do seu significado econômico surge, assim, como central na constituição das relações de gênero, ao mesmo tempo que aponta para a possibilidade de uma economia e uma ecologia alternativas ao modelo vigente. Uma vez que se repensem as bases em que se constituíram o conhecimento, a exploração e as políticas de desenvolvimento, tendo em vista, em especial, a violência e a destruição da vida que acarretam, propostas que problematizem essas práticas e apontem para outras direções ganham cada vez mais relevo e urgência. E isso se observa na contribuição para o pensamento e para as relações entre seres oferecida por povos originários da América, bem como por comunidades tradicionais de outros continentes, da mesma forma que por mulheres que vêm desenvolvendo práticas e teorias atinentes a outro modelo de funcionamento das sociedades. Nesse sentido, a cultura do cuidado surge como possibilidade e necessidade

– uma perspectiva capaz de levar à apreciação mais justa de tarefas habitualmente desqualificadas por sua condição "feminina" e, por isso, "subalterna". Ou como diz Svampa (2015, p. 131): "el rescate de la cultura del cuidado como inspiración central para pensar una sociedad ecológica y socialmente sostenible, a través de valores como la reciprocidad, la cooperación y la complementariedad" [*o resgate da cultura do cuidado como inspiração central para pensar uma sociedade ecológica e socialmente sustentável, por meio de valores como reciprocidade, cooperação e complementaridade*].

Vim até aqui costurando, buscando talvez produzir suturas à maneira de Rosana Paulino, numa tentativa de enfrentar a dificuldade de tornar os discursos, em sua pluralidade, comunicantes entre si. É um desafio tecer redes que pesquem peixes. As associações que me trouxeram até aqui permitiram que eu aproximasse matérias distintas pelo fio que as atravessa ou pela estrutura vertebral maleável representada pela noção inquietante de natureza. Aprendi essa composição com Paulino. Sim, gosto de imaginar que posso imitar procedimentos de criação que artistas como Rosana desenvolveram em seus trabalhos, e, como ela, acredito poder continuar suturando. No final, o que importa é se as feridas do texto vão fazer alguma diferença para quem ler, se chegarão a *significar*.

A dor que me trouxe até aqui não me deixa esquecer que não sou uma nuvem, que a matéria das coisas, habitualmente circunscrita ao mundo natural, não está fora do pensamento. Também é essa dor que me faz colocar na mesma mesa a artista de São Paulo e Diamela Eltit. Nessa conversa imaginária, em que são as obras que falam, busco alcançar os modos como a linguagem e a criação artística problematizam e redimensionam as humanidades atravessadas por acepções de natureza e pelo corpo feminino, em sua realidade biológica concretizada como imagem-linguagem.

Também a escritora chilena me orienta nas suturas, como quando analisa a crítica produzida por Rubí Carreño e diz:

> La experiencia crítica que estructura esta obra [*Av. Independencia*, de Rubí Carreño] busca – y así lo menciona el texto – suturar, en el sentido más quirúrgico del término, tiempos y espacios separados por cortes históricos. Cortes que por su violencia son pensados en el sentido de una herida. Porque el texto no intenta negar esos cortes, sino más bien reconocer un cuerpo sin renunciar a la cicatriz que produce la sutura. (Eltit, 2016, p. 227)
>
> [*A experiência crítica que estrutura esta obra* (Av. Independencia, *de Rubí Carreño) busca – e assim diz o texto – suturar, no sentido mais cirúrgico do termo, tempos e espaços separados por cortes históricos. Cortes que por sua violência são pensados no sentido de uma ferida. Porque o texto não pretende negar esses cortes, e sim reconhecer um corpo sem renunciar à cicatriz que a sutura produz*].

Suturar é um ato de amor. Fere para juntar aquilo que foi esgarçado, mas não finge harmonias nem apaga as pegadas da violência. A sutura tem memória. É animador ver a apreciação que Eltit faz desse procedimento como trabalho crítico na obra de Carreño. Vou imitá-la, ou tentar, como venho fazendo com Paulino. Me ocorre que me aventurar a ler a ficção a partir do exercício metacrítico da própria escritora parece uma forma interessante de abordar a narrativa de alguém como Diamela Eltit. A relação solidária entre crítica e ficcionista parece óbvia diante da pluralidade de atividades desenvolvidas pela chilena. Considero significativo que, em seu instigante estudo sobre a maternidade na ficção da escritora chilena, Mary Green (2007, p. 3) declare que "Eltit is a cultural activist in the broadest sense and her work constantly challenges the status quo" [*Eltit é uma ativista cultural no sentido mais amplo, e seu trabalho desafia constantemente o status quo*]. Faz sentido, afinal, imaginar que nós, mulheres latino-americanas que atuamos como romancistas, artistas visuais, pesquisadoras, críticas, professoras, ativistas etc. nos encontremos todas num campo cultural compartilhado.

Quando Green reconhece Diamela Eltit como uma *ativista cultural*, na verdade, está levando em conta um percurso diverso e intenso que, para além de sua atuação como ficcionista, incluiu a sua participação em coletivos como o CADA (Colectivo de Acciones de Arte), entre 1979 e 1982, em que a escritora desenvolveu trabalhos de performance e videoarte; também a sua parceria com a fotógrafa Paz Errázuriz, que rendeu o fotolivro *El infarto del alma*, de 1994; e também o seu trabalho com a artista visual Lotty Rosenfeld, com quem publicou *Crónica del sufragio femenino en Chile*, de 1994. Isso somado à sua atuação como roteirista, Adida Cultural no México, ensaísta e professora. Esses entrecruzamentos fazem parte da trajetória da intelectual-artista, que viveu, desde o final dos anos 1970, a experiência neovanguardista de um grupo de intelectuais e escritores que Nelly Richard, destacada crítica cultural no Chile, nomeou de *escena de avanzada* e que se caracterizou por práticas artísticas e literárias focadas em atos não convencionais de protesto político com uso de tecnologia multimídia (Green, 2007, p. 10). Concomitantemente, a oposição ao governo militar voltou a reaparecer no campo da cultura graças à promoção de trabalhos artísticos comprometidos politicamente, como a literatura de testemunho e a música de protesto. Havia, portanto, programas distintos na cena cultural chilena da época. A posição de Diamela, que permaneceu no país durante a ditadura, se afinou à da *escena de avanzada* em sua reivindicação pela pluralidade e ambiguidade, bem como pela investida contra a compartimentalização de técnicas. Nesse contexto, é importante dizer, ela publica seu primeiro romance: *Lumpérica* (1983).

Como resposta estética e política à censura da ditadura e ao mercado editorial, o livro, assim como as publicações subsequentes da escritora, lhe renderam o estigma de ruptura com regras linguísticas e sintáticas. Além disso, as desconstruções por meio da ficção de ficções usadas para embasar o poder; a provocação e a mobilização do leitor; e a relação com a performance e o gestual são alguns aspectos elencados pela crítica a respeito da prosa da ficcionista. Sob o estigma de escritora difícil, a romancista parece exercitar ou representar em certa medida a *opacidade* defendida por Édouard Glissant. Se, como avalia Mary Green, os textos de Eltit impõem limites de compreensão ao leitor, dificultando-lhe o acesso à narrativa e frustrando tentativas de explicação global por meio de silêncios e contradições, não vejo como não pensar no que diz o filósofo e poeta das Antilhas: "Não necessito mais 'compreender' o outro, ou seja, reduzi-lo ao modelo de minha própria transparência, para viver com esse outro ou construir com ele. Nos dias de hoje, o direito à opacidade seria o indício mais evidente da não barbárie" (Glissant, 2005, p. 73).

Ainda que no ensaio ele esteja refletindo sobre culturas no âmbito do que concebe como caos-mundo, não seria leviano encarar a escrita de Eltit como expressão dessa *opacidade*, que diz respeito à afirmação das diferenças na construção de uma totalidade-mundo, na contramão da homogeneização, uniformização e silenciamento. O outro, em sua apresentação opaca, representa uma forma de sobrevivência de modos de ser e existir, contrariamente à exclusão e à destruição que marcaram historicamente os rumos dados a povos submetidos à dominação e ao colonialismo modernos. A opacidade, na realidade, se apresenta como resultado de uma contínua negociação que não reduz tudo ao mesmo e, por conseguinte, assegura a diversidade. O caos imaginado por Glissant não comporta um princípio ordenador ou um sentido que justifique a classificação hierárquica dos elementos do mundo. Arrisco dizer que a escrita de Eltit – em seus não ditos, nos movimentos em torno de estruturas sintáticas e construções semânticas, nas pautas que desenvolve – expõe o caráter político da própria construção literária, uma vez que sua *opacidade* não apenas desestabiliza práticas leitoras automatizadas, mas também atualiza relações sociais de alteridade ao provocar uma recepção em que se reconheçam os limites de se desejar apreender integralmente o texto – esse *outro*. O exercício de lidar com a diferença sem reduzi-la ao mesmo.

O questionamento da compreensão como espécie de redução da realidade à pura transparência e evidência põe em xeque discursos autoritários reconhecíveis nas textualidades e metodologias da ciência aliada ao capitalismo e à exploração de recursos. Caso dos corpos negros apresentados como estruturas vegetais passíveis de uso, objetificados e dissecados na página mortuária do livro do cientista ou no álbum de fotografias pitorescas. A artista contemporânea recupera então esse material, restos mortais exumados, para reconfigurar o estatuto da visualidade e da visibilidade que orientou e ainda orienta processos de exploração.

Quando a escritora lida com essas transparências, não necessariamente resvala para o hermético, que segrega e se vale de esferas exclusivas. A opacidade, enquanto possibilidade de diversidade, não se deixa eliminar a favor de formas únicas; o hermetismo, por sua vez, pode ser visto como a afirmação de exclusividade. Desse modo, a narrativa de Eltit, se a encararmos como opaca, funcionaria como uma pedagogia da diferença, ou melhor, como uma *contrapedagogia da crueldade*...

Em seu premiado *Jamás el fuego nunca* [*Jamais o fogo nunca*] (2007), a referência incontornável é a poesia de César Vallejo, mais especificamente seu poema "Los nueve monstruos", de onde a escritora não só tirou o título do romance como também a epígrafe que o abre: "Jamás el fuego nunca / jugó mejor su rol de frío muerto" [*Jamais o fogo nunca / Fez melhor seu papel de morto frio*].[6] Não surpreende que o poema de Vallejo, em consonância com o livro onde se fez publicar (*Poemas humanos*), seja dedicado à dor. O padecimento está no homem e no mundo; pervasivo, atravessa seres e objetos; incessante, se expande continuadamente: "el dolor crece en el mundo a cada rato" [*a dor cresce no mundo a cada momento*].[7] Nessa progressão, nos confrontamos com o inexorável da dor tal qual na estrofe de onde Diamela Eltit retirou os versos que lhe serviram de epígrafe:

6. A tradução da epígrafe foi retirada da edição brasileira do romance, com tradução de Julián Fuks.

7. A versão do poema que utilizo se encontra transcrita no artigo de María Jesús Quintana (1984).

jamás tan cerca arremetió lo lejos,
jamás el fuego nunca
jugó mejor su rol de frío muerto!
¡Jamás, señor ministro de salud, fue la salud
más mortal!

[jamais tão próximo se lançou o longe,
jamais o fogo nunca
desempenhou melhor seu papel de frio morto!
Jamais, senhor ministro da saúde, foi a saúde
mais mortal!]

Oportunos versos. Devo assinalar, antes de tudo, a total improcedência de se pensar a experiência do sofrimento como física ou moral. No entanto, não se pode ignorar o caráter perverso que a "saúde" pode assumir, especialmente quando temos em mente os modos como a racionalidade hegemônica transformou em procedimento a impessoalização e naturalizou a crueldade no tratamento dispensado às pessoas. A apologia à técnica, deusa irrefutável, está na base de uma concepção de saúde que não se traduz no alívio do sofrimento; antes, justifica a sua imposição. Isso está nas práticas coloniais e nos campos de concentração. O discurso e a ciência higienistas, sob a bandeira da saúde, impetraram atrocidades. Volto a dizer, oportunos versos.

Não é preciso muito para conjecturar que em *Jamás el fuego nunca* a dor é uma questão. Esse talvez seja um aspecto que marque o conjunto de romances que constituem, junto com o título de 2007, uma trilogia: *Impuesto a la carne* [*Imposto à carne*] (2010) e *Fuerzas especiales* [*Forças especiais*] (2013). Nessas narrativas, a violência se expressa no corpo que é biológico, individual e social. Me interessa, em particular, o livro de 2010, talvez por conta das demandas da minha argumentação... acredito, porém, que minha escolha se deva, em grande parte, ao impacto que experimentei como leitora. Argumentativo-emocional-racional, o motivo da minha escolha não cabe nas possibilidades comunicativas da língua que uso e nas bases epistemológicas em que me formei. Frustração bem-vinda, bom começo para refletir sobre a narrativa de Eltit.

O estudo de Mary Green, que já mencionei, merece elogio por sua qualidade e pertinência. Apesar de tê-lo publicado em 2007 e ter se restringido aos seis primeiros romances da escritora chilena, a discussão de Green aponta elementos importantes para uma leitura de *Impuesto a la carne*, um deles é a abordagem da maternidade tendo em vista seu uso como base material e simbólica em discursos oficiais que pautaram políticas de opressão. Contudo, não só a discussão em torno da reprodução e do papel da mãe é recorrente na obra de Eltit; como observa Green, haveria ainda uma conexão entre linguagem e maternidade:

> Through the language and structure of her novels, Eltit foregrounds the corpus of signification as emerging from the specificity of the maternal body. She privileges a form of writing that seeks to recuperate the rhythms of the primal relationship to the mother, the libidinal impulses of the maternal body and the pulsations of *the maternal unconscious* (...). (Green, 2007, p. 1)
>
> [*Por intermédio da linguagem e da estrutura de seus romances, Eltit coloca em destaque o corpus de significação como advento da especificidade do corpo materno. Ela privilegia uma forma de escrever que busca recuperar os ritmos da relação primordial com a mãe, os impulsos libidinais do corpo materno e as pulsações do* inconsciente materno (...)].

Em outras palavras, a crítica defende uma analogia entre criação literária e procriação nos romances de Eltit, ao mesmo tempo que o lugar da mãe seria uma questão da sociedade chilena. Melhor dizendo, a maternidade não seria simplesmente uma temática a ser explorada, mas uma instância criadora e, enquanto tal, se apresenta como simultaneamente política e poética, posto que uma coisa está necessariamente ligada à outra. Como criadoras e formadoras de novas gerações, moldadas ideologicamente de acordo com os princípios do regime de Pinochet, as mulheres interessavam como perpetuadoras dos "valores da nação", esta sendo gestada pela mãe, mas controlada pelo pai graças a uma noção de maternidade claramente masculina e patriarcal (Green, 2007, p. 4). Mary Green deixa claro como merece atenção a representação da maternidade como núcleo ideológico da unidade familiar na ditadura chilena, num processo de idealização e essencialização da mulher como reprodutora e cuidadora dos futuros cidadãos.

A família patriarcal nuclear é, ideologicamente, estratégica para o modelo autoritário levado a cabo por militares e por setores da sociedade civil em países latino-americanos como Chile e Brasil. O destaque conferido à mulher, como aparece estabelecido na convergência entre discurso militar e religioso (cristão, em particular), reside em sua incumbência de manter a unidade familiar, defender e transmitir os valores espirituais da pátria: "vehicle for the perpetuation of the moral values of the nation, but always within a concept of nation controlled by the father" [*veículo de perpetuação de valores morais da nação, mas sempre dentro da concepção de nação controlada pelo pai*] (Green, 2007, p. 4). Essa perspectiva de família e de maternidade foi bandeira importante por parte de setores sociais que apoiaram golpes na América Latina sob a alegação de defender a sociedade da ameaça do comunismo. Discurso que, sabemos, não caducou e continua endossando ações conservadoras de grupos políticos que têm assumido o poder em diferentes regiões do mundo nos últimos anos. A esse respeito, a historiadora Janaína Cordeiro investigou, em particular, a participação das mulheres na ditadura instaurada em 1964 no Brasil e, mais precisamente, a Campanha da Mulher pela Democracia (Camde).[8] A valoração do papel de mãe aparece associada,

8. A Camde (Campanha da Mulher pela Democracia) foi fundada em 1962 por um grupo de mulheres da elite carioca que frequentavam a Paróquia de Nossa Senhora da Paz, localizada em Ipanema, bairro da zona sul do Rio de Janeiro. O grupo contava com o apoio de empresários, bem como de setores como a Igreja Católica e a imprensa. Sua atuação pretendia-se apolítica e apartidária ao mesmo tempo que entendia ser sua missão defender a família, a pátria e a religião contra a invasão comunista. Sua

sob a aprovação da Igreja Católica e de setores da elite da época, a um discurso anticomunista e de apoio a ações contrárias ao governo de João Goulart:

> Colocando-se como *mães* e falando em nome da *mulher brasileira*, seus clamores mobilizavam sentimentos e apelavam a tradições que não se restringiam às elites brasileiras. O medo de que o comunismo destruísse a família, a pátria e a Igreja era real e partilhado pelos mais diversos setores da população. (Cordeiro, 2009, p. 51)

A existência de movimentos organizados de mulheres com pautas conservadoras demonstra a adesão à ideia de família patriarcal e a compreensão da maternidade como função natural. Esse modo de ver tem direta relação com o processo histórico em que a divisão entre trabalho reprodutivo e produtivo se mostrou decisiva no processo de acumulação primitiva do capital, como defende Silvia Federici. A autora italiana assegura o valor estratégico do controle sobre a reprodução para o desenvolvimento do capitalismo. Mais ainda, a argumentação de Federici evidencia como a questão de gênero está marcadamente atrelada à classe social. Como Mary Green assinala com pertinência, não existe uma equivalência entre a situação das mulheres abastadas e das trabalhadoras: sobre estas últimas recaem os efeitos da violência do Estado autoritário. A relevância ideológica e política da figura materna (e de uma ideia, portanto, do que seja ser

particular concepção de democracia confundia-se à ideia de "ordem" e ao anticomunismo. Sua condição de mães e defensoras da unidade familiar justificou ações contrárias ao governo de João Goulart, deposto pelo golpe de 1964, e o apoio à chegada e à consolidação dos militares no poder. As participantes da Camde tiveram atuação significativa em campanhas e manifestações, com destaque para as Marchas da Família com Deus pela Liberdade em apoio à intervenção militar. A Camde não foi o único grupo com esse perfil no Brasil da época, merece ainda destaque a União Cívica Feminina (UCF), de São Paulo (Cordeiro, 2009).

mãe) não pode ser negada, e isso torna claro como mulheres, mães e marginalizados confluem nos escritos de Diamela Eltit.

No trabalho de investigação sobre a maternidade na obra da chilena, o que Green mostra com clareza é que existe uma nítida contraposição ao modelo ideológico patriarcal instituída na caracterização de mães monstruosas, ou cúmplices de políticas violentas e autoritárias. Representações bem distintas das que foram apropriadas para fazer de Gabriela Mistral uma espécie de mãe espiritual da pátria. Bonito realmente ver como, em busca de ressignificações e desestabilizações, Diamela não optou pelo caminho óbvio e fácil de rechaçar o trabalho da poeta chilena; pôs-se, ao contrário, como sua leitora e, por isso, pôde encontrar em seus textos ambiguidades que problematizavam a sua adoção ideológica pela ditadura. O que a escritora-leitora termina por fazer é oferecer um novo tratamento à maternidade encontrada na obra de Mistral, retomando imagens que localiza em sua obra: "Such an audacious and disturbing representation of motherhood and a mother-daughter relations can also be found in Eltit's novels, suggesting a recuperation on Eltit's part of aspects of the maternal in Mistral's poetry which have been largely overlooked until recently" [*Essa representação audaciosa e perturbadora da maternidade e das relações mãe-filha pode ser encontrada nos romances de Eltit, sugerindo uma recuperação, por parte de Eltit, de aspectos do materno na poesia de Mistral que tinham sido amplamente ignorados até recentemente*] (Green, 2007, p. 9).

Diamela explora as ambiguidades que são habitualmente ignoradas na obra da poeta, em particular as que dizem respeito aos modos como a figura materna e as relações mãe-filha, presentes em poemas de sua autoria, contradizem os estereótipos que lhe foram associados enquanto pessoa pública. Isso, sem dúvida, tem a ver com uma atitude não assentada na ruptura como procedimento reflexivo e criativo, assim como mostra a sua disposição de fazer notar zonas de sombra, aquilo que foi secundarizado ou mesmo esquecido. A revisão da historiografia e da crítica é obrigatória em resposta à exigência decolonial de considerar o que norteia a eliminação da complexidade do passado. A poeta, pelos olhos da romancista, não ocupará o banco dos réus nem o das vítimas, tampouco será condenada à cristalização dos discursos oficiais.

A relação entre Eltit e Mistral é realmente interessante, pois, enquanto esta última passou a ser vista como mãe espiritual e professora, num claro recalque de sua homossexualidade, a representação da maternidade para a primeira está sujeita a um posicionamento que desautoriza a apropriação e a recodificação por discursos hegemônicos. A romancista evita, portanto, em sua ficção, um tratamento de questões como a maternidade que favoreça assimilações simplificadoras... faz muito sentido, portanto, a hipótese de Mary Green, isto é, de que as formas não estereotipadas de maternidade na poesia de Mistral têm conexão com o tratamento não convencional do tema na ficção de Diamela. Além disso, nesse encontro entre a leitora e a escritora Eltit, podemos entrever a ativista, cuja atuação cultural não é segmentada, mas organicamente constituída. O posicionamento político também é estético e crítico, desde que o investimento em formas renovadas de linguagem passe por uma interseção e interrelação permanentes com as atividades desempenhadas.

Convém considerar que a indagação sobre a forma na ficção se associa à própria discussão sobre pensamento e escrita, por exemplo, na esfera acadêmica. Eltit opõe-se ao caráter monolítico da regra técnica que desmobiliza a diversidade de modos de escrever. Isso é político ao mesmo tempo que também compreende uma questão a ser enfrentada pelos setores reconhecidos como produtores de conhecimento. Preocupada com o teor predominantemente didático tornado norma na escrita acadêmica sobre cultura, a romancista chilena compara essa normatização ao caderno de caligrafia, em sua busca por uma homogeneidade que termina por petrificar sentidos. Por isso, ela postula, em texto escrito em 2013, que "el ensayo académico le pertenece a la práctica intensa de cruces de lecturas. Le pertenece a la audacia de escribir una lectura más" [*Ao ensaio acadêmico pertence a prática intensa de cruzamentos de leituras. Pertence a audácia de escrever uma leitura a mais*] (Eltit, 2016, p. 75). A mesma prática que realiza como leitora de Mistral, o que torna evidente o atravessamento entre sua produção crítica e ficcional, premissa e prática:

> Resulta interesante pensar que todo pensamiento analítico comporta una determinada ficción, no en el sentido estrecho del delirio y su ruptura metafórica con el universo de lo real, sino más bien pensar que la operación de lectura requiere de un umbral que no puede sino provenir del resultado de la imaginación que une o desune textos para generar una superficie que, en definitiva, proponga lecturas desde un conjunto agudo de operaciones lectoras. (Eltit, 2016, p. 75)
>
> [*É interessante pensar que todo pensamento analítico comporta uma determinada ficção, não no sentido estreito do delírio e sua ruptura metafórica com o universo do real, mas sim considerar que a operação de leitura requer um limite que não pode exceto provir do efeito da imaginação que une ou desune textos para gerar uma superfície que, no fim das contas, proponha leituras a partir de um conjunto agudo de operações leitoras*].

Pautas e escritas caligráficas são o alvo de Diamela. Seu ativismo político-estético, tanto quanto epistêmico, diz respeito à articulação de temas/formas que torna bem pouco razoável tratar em separado as diferentes esferas de sua atuação. Pode-se ver como os significados da maternidade, no diálogo entre Diamela e Gabriela, têm a ver precisamente com essa perspectiva. Daí não parecer desejável interpretar a feição vanguardista de sua produção como uma adesão inconteste a princípios de vanguarda, uma vez que não abre mão da relação com a literatura chilena que a antecede, tanto ao recuperar produções pretéritas como ao propor rever um ícone literário de seu país como Gabriela Mistral. Não haveria exatamente uma ruptura com estruturas existentes, mas seu reprocessamento, inclusive quanto a escritas associadas à marginalidade. Por isso, Mary Green (2007, p. 17) observa a conexão da obra de Eltit com representações grotescas e transgressivas das mulheres nos contos de Marta Brunet e José Donoso. Afinal, a pesquisadora acredita que a romancista retrabalha temas inovadores e estratégias narrativas já previamente incorporadas à literatura realizada no Chile; por outro lado, essa atitude enquanto leitora termina por conferir estatura narrativa a vozes tradicionalmente silenciadas por discursos oficiais, especialmente ao fundir discursos marginalizados àqueles associados à "alta cultura".

Em vez da valoração moderna de categorias como "novo" e "ruptura", o experimental, para a ficcionista, surge de sua conexão com a produção literária e a sociedade em que se insere. A inscrição epistemológica e ética da diferença se dá na estrutura. Por meio de uma linguagem não domesticada, busca modos de insurgência contra a censura e o autoritarismo inerentes a regimes de governo como a ditadura de Pinochet e à lógica de mercado que, para Diamela Eltit, prevê "dominant forms of writing that the market expects, legitimates and promotes, which leads to the exclusion of other types of writing" [*formas dominantes de escrever que o mercado espera, legitima e promove, o que leva à exclusão de outros tipos de escrita*] (Green, 2007, p. 20). A escrita, por esse prisma, é uma luta pela alteridade, e a literatura se constitui como campo de disputa estética, histórica, política, social e também pessoal, ao possibilitar o confronto com modelos tornados hegemônicos, que participam de um violento processo de silenciamento de outros formatos e modalidades de produção. O seu trabalho como ativista-romancista-crítica funciona como oposição e denúncia das afinidades entre ditaduras e mercado (este, por vezes, se mostrando mais eficiente em sua ação censora) no estabelecimento de discursos únicos e modelares que condenam modos de dizer à marginalidade. Em sua inserção múltipla – motor do seu projeto literário – e inquietude, Diamela é profundamente desobediente.

Essas questões me orientam na leitura de *Impuesto a la carne* [*Imposto à carne*], ficção ainda inédita no Brasil.[9] Na narrativa, no corpo de duas mulheres, mãe e filha (escolha não casual, se pensarmos no

9. Há apenas dois romances de Diamela Eltit traduzidos e publicados no Brasil: *Jamás el fuego nunca* [*Jamais o fogo nunca*], de 2017, e bem mais recentemente, de 2021, *Fuerzas especiales* [*Forças especiais*], ambos com tradução de Julián Fuks. As obras foram levadas a público pela editora Relicário.

interesse da escritora pela representação não pacífica desse tipo de relação), se passam processos históricos de dominação. O país, no romance, é um grande hospital, os enfermos são corpos de mulheres indígenas, adoecidos e mutilados. Os médicos, em sua autoridade profissional, desempenham ação de vida e morte, infligem dor e desespero. A medicalização da vida: a submissão dos corpos a condutas higienistas que se confundem ao autoritarismo do Estado nacional que seleciona e segrega. Humanidades seletivas.

A história da mãe e da filha, unidas por uma maternidade adulterada, fundidas numa estranha simbiose em que os limites biológicos são desrespeitados, ainda que as consciências permaneçam autônomas, mistura-se à história do país, de um país-hospital que oferece a patologia, e não a cura. Na narrativa, o país é um corpo que dói.

A dor que Eltit localiza no corpo das mulheres é biopolítica como ela mesma já havia apontado na leitura sensível que fez das cartas de Gabriela Mistral. Nos termos da história a se construir tal como imagina a escritora, a força da enunciação não pode ser separada da capacidade de escuta, da sensibilidade de perceber e de agir sobre as experiências mais difíceis. Algo muito distante da indiferença que marca o individualismo que, por sua vez, faz do sofrimento alheio desimportante, abstração estatística ou realidade distante. A assunção da dor, que se realiza num corpo individual e social, é condição da escrita que existe no mundo, narrativa viva. Os olhos que se voltam para Mistral são os mesmos que recuperam na memória mulheres militantes em seu percurso de sofrimentos e esquecimentos. As trabalhadoras, a elas lhes "dolía su salud, su mala salud, su cuerpo chileno y provinciano que tenían casi un siglo atrás" [*doía sua saúde, sua má saúde, seu corpo chileno e provinciano que tinham há quase um século*] (Eltit, 2016, p. 58). E se essas mulheres escreviam suas dores, também davam voz aos gozos das conquistas de emancipação.

Na narrativa em primeira pessoa de *Impuesto a la carne*, conduzida pela filha, a crueldade salta aos olhos porque é física e simbólica, na medida em que se situa no interior de uma organização social e política definida pela violência: "Desde que nacimos mi madre y yo fuimos maltratadas por los médicos y sus fans. El aislamiento se instaló como la condición más común o más normal en nuestras vidas" [*Desde que nascemos minha mãe e eu fomos maltratadas pelos médicos e seus fãs. O isolamento se instalou como a condição mais comum ou mais normal em nossas vidas*] (Eltit, 2011, p. 10). Em artigo publicado sobre o livro, a crítica Mónica Barrientos (2013, p. 11) observa com pertinência que estão em foco exatamente aqueles que não se sentem parte da "nação" e de cuja existência advém o testemunho de uma outra história: "la de los rezagados de la fiesta nacional" [*a dos rechaçados da festa nacional*]. Por isso, essas mulheres são maltratadas, sua condição de origem é uma sociedade-hospital que as condena ao isolamento e ao esvaziamento de significado social – "Sí, doscientos años que estamos solas tú y yo, me dijo mi mamá" [*Sim, duzentos anos que estamos sozinhas você e eu, me disse mamãe*] (Eltit, 2011, p. 10). Elas são expelidas e mantidas como espécie de emblema do poder instituído, pois sua existência é uma contrariedade sobre a qual se deve afirmar constantemente a superioridade da sociedade higiênica:

> La costumbre de ensalzar y hasta glorificar las enfermedades (como parte de una tarea científica) marcó el clímax de la medicina y coincidió con nuestro precario nacimiento.
> De inmediato la nación o la patria o el país se pusieron en contra de nosotras. (Eltit, 2011, p. 10)
>
> [*O costume de engrandecer e até glorificar as doenças (como parte de uma tarefa científica) marcou o clímax da medicina e coincidiu com nosso precário nascimento.*
> *De imediato a nação ou a pátria ou o país se puseram contra nós*].

O contexto referido pela narrativa, sem que esta incorpore a referencialidade das datas e cronologias, está indicado tanto pela data de publicação do romance quanto pelas alusões à festa patriótica. Trata-se do bicentenário da Independência, amplamente comemorado no Chile em 2010. A história oficial, representada por eventos desse quilate, ganha um contraditório por meio da recriação ficcional da segregação implicada na ideia mesma de nação. Os corpos das personagens mãe e filha emergem como manifestações indesejáveis de uma patologia social, num modelo de sociedade em que os corpos "sometidos al dolor o la tortura se convierten en cuerpos consumidos por sistemas vivientes que están al servicio de la producción y la reproducción" [*submetidos à dor ou à tortura se convertem em corpos consumidos por sistemas vivos que estão a serviço da produção e reprodução*] (Barrientos, 2013, p. 11-12).

Não é coincidência que esses corpos cerzidos nos conduzam à dor e à tortura infligidas a prisioneiros políticos ou a povos originários ou a mulheres ou a trabalhadores num padrão de sociedade calcado na exploração e desigualdade cotidianas. Não espanta também que seja perceptível, nessa abordagem, a aproximação entre neoliberalismo e ditadura. De um modo ou de outro, a violência materializada nos corpos aparece associada tanto ao nacionalismo e à atuação de grupos autoritários representativos das elites locais ou de interesses internacionais, quanto ao mandato de masculinidade imperativo numa sociedade patriarcal. A tortura como prática entranhada na estrutura de um Estado policial e militarizado se realiza também por meio da medicalização das relações sociais, o que se manifesta na íntima conexão, em *Impuesto a la carne*, entre nação e hospital, médicos e generais. A domesticação do corpo produz um mundo doente em que a intervenção da ciência busca ratificar a subjugação do físico ou daquilo que contradiz a moralidade distintiva do humano em sua oposição à natureza. A violência decorrente da ação, como a dominação masculina sobre o mundo natural imaginada por Francis Bacon já indicava, está no distanciamento hierárquico e qualificativo entre o sujeito do conhecimento e o que se reduz à situação de objeto. Não por acaso, a crueldade tem identidade flagrante na narrativa: "Un médico blanco, frío, metálico, constante" [*Um médico branco, frio, metálico, constante*] (Eltit, 2011, p. 13).

A racionalidade científica é masculina e branca, e, em sua assepsia, promove a morte de uma existência plural e transbordante que a narradora resume com intensidade no seu autorreconhecimento como "anarcobarroca". Esse barroquismo – das fronteiras amorfas, da sensorialidade e corporalidade exuberantes – ofende a frialdade branca da autoridade médica. A maternidade enquanto demonstração de visceralidade biológica é uma afronta a ser controlada, uma aberração que denuncia a impureza que subverte uma ordem hospitalar – lembrando que o isolamento tem a ver com práticas asilares, com a ideia de contágio e patologia que justifica a segregação. A dimensão moral dessa relação com o corpo, em seus desdobramentos mais perversos, me leva a recuperar o estudo de Mary Douglas sobre a pureza, especialmente quando, a respeito da visão proposta pelo escocês oitocentista Robertson Smith sobre a distinção entre santo e puro como sinal de superação do estado de selvageria, afirma:

> Desta maneira, produziu-se um critério para classificar as religiões em avançadas ou primitivas. Se primitivas, então as regras de santidade e as de impureza eram indistinguíveis; se avançadas, então as regras de impureza desapareciam da religião. Elas eram relegadas à cozinha, ao banheiro e à limpeza pública, não tendo nada a ver com religião. Quanto menos a impureza estivesse relacionada com condições físicas e quanto mais ela significasse um estado espiritual de indignidade, tanto mais decisivamente poderia a religião ser considerada avançada. (Douglas, 2014, p. 24)

A impureza é apresentada como desvio de uma normatividade. Ao enfatizar o sentido simbólico que a sujeira tem também no pensamento ocidental, Douglas refuta o materialismo médico como explicação para práticas higiênicas em rituais. O sujo, circunscrito ao campo do corpo e do animal, torna-se moralmente condenável a partir de um discurso médico que oculta o valor simbólico desse tipo de especificação. Por esse viés, a presença do corpo e a manifestação da impureza que lhe é própria seriam indícios de inferioridade cultural, marca de primitivismo. Essa inferiorização, autorizada pela pecha de primitivo ou atrasado, está diretamente ligada, portanto, a um estado de brutalidade que equivale à sua identificação como natureza. E é digno de nota que sejam mulheres e indígenas as personagens do romance, atravessadas por uma sub-humanidade que se lhes atribui por critérios de gênero e raça.

Mulher negra escrava – planta estampada nos livros dos naturalistas ou nos cartões postais dos trópicos, diz Rosana Paulino. Mulher indígena mãe – doença fixada nos livros de medicina e nos hospitais, responde Diamela Eltit. O naturalista e o médico representam a ciência e o Estado – o patriarcado. A técnica consolida-se como manifestação de poder tendo em vista o impacto dos processos de medição, classificação e hierarquização que tornam possível expropriar a condição de sujeito daqueles que são vistos como inferiores ou indesejáveis. A antropometria evocada pelo crânio rasurado em *Paraíso tropical* (numa manifestação, ouso dizer, anarcobarroca da artista brasileira) endossa a desidentificação da mulher retratada: coisa a ser medida, avaliada e registrada tecnicamente. Não surpreende que esse tipo de estudo também se encontre referido na avaliação dos corpos em *Impuesto a la carne*, principalmente por sua cumplicidade com intervenções violentas sobre indivíduos:

> El médico le realizó una terrible intervención mientras le ordenaba: No grite, no grite, cállese ahora mismo.
> Y mi mamá, medio muerta por la hemorragia, se entregó a su desangramiento. En esas horas tétricas para nosotras, mi madre me dijo que el médico cuando supo que iba a sobrevivir me miró (por primera vez) como si yo fuera una producción de la medicina, un simple y prescindible insumo o una basura médica. Me observó con una indiferencia infame. Después me midió, me pesó e hizo una incursión antropométrica. (Eltit, 2011, p. 13)
>
> [*O médico realizou uma terrível intervenção nela enquanto lhe ordenava: Não grite, não grite, cale-se agora mesmo. E mamãe, meio morta pela hemorragia, se entregou ao seu sangramento. Nessas horas tétricas para nós, minha mãe me disse que o médico quando soube que eu ia sobreviver*

me olhou (pela primeira vez) como se eu fosse uma produção da medicina, um simples e prescindível insumo ou um lixo médico. Me observou com uma indiferença infame. Depois me mediu, me pesou e fez uma incursão antropométrica].

O parto se assemelha a uma violação justificada pela técnica. A experiência brutal do nascimento constitui uma alegoria poderosa da violência oficializada e normalizada contra sujeitos que gerem, em algum sentido, incômodos à ordem estabelecida; ou seja, aqueles cuja existência desmente a estabilidade das leis e de uma organização social homogeneizadora. Por isso, a narradora afirma-se como anárquica e anarquista, uma ameaça à ordem patriarcal cujo corpo-existência precisa ser a todo custo modificado e adulterado em um teatro tétrico no qual a tortura permanente parece visar à correção ou à destruição. Acompanhamos intervenções continuadas, muitas vezes incompreensíveis, mas que resultam inexoravelmente em dor e medo. O sofrimento físico-moral dessas mulheres é construído de dentro, a partir da própria experiência dos males que lhes são infligidos no corpo; a agressão é simbólica, psicológica e carnal, de modo que não restem dúvidas quanto à impossibilidade de compartimentalizá-la, pois o sofrimento não é setorial e isolado.

À maneira da borboleta ou de outros espécimes congelados em estado permanente de exposição em um gabinete de curiosidades, as personagens estão sujeitas ao aprisionamento do olhar, que vigia e controla:

> (...) solas en este mundo, vigiladas atrozmente por una serie de médicos, escudriñadas por una multitud ominosa de fans que nos han estudiado como si fuéramos una infección incandescente o un titilante y fraudulento desecho.
> Esa actitud ha tenido la historia de la medicina, los médicos y sus fans con nosotras.
> Todo el territorio. La nación. La patria.
> (Eltit, 2011, p. 20)

[(...) sozinhas neste mundo, atrozmente vigiadas por uma série de médicos, escrutinadas por uma multidão abominável de fãs que nos estudaram como se fôssemos uma infecção incandescente ou um tremulante e fraudulento dejeto.

Essa atitude teve a história da medicina, os médicos e seus fãs conosco. Todo o território. A nação. A pátria].

A alusão ao fascismo não poderia ser mais clara. O Estado autoritário e vigilante surge aqui como iatrogênico, ao construir monstros e exotismos, e as criaturas assim engendradas destinam-se a confirmar a ordem médico-social, isto é, a normatividade. Desse modo, a narradora apresenta, muitas vezes a partir de relatos que lhe foram transmitidos por sua mãe, condições que envolveram seu nascimento para revelar, por fim, que foi criada como aberração a serviço do interesse daquele que denomina "el médico primero o el médico fundador (del territorio)" [*O médico primeiro ou o médico fundador (do território)*] um produto do êxito hospitalar e, portanto, político. No entanto, esse médico primordial também vaticinara o desaparecimento de mãe e filha. A sua insistente sobrevivência se configura como um problema, mácula indesejável na racionalidade preditiva que, é preciso acrescentar, muitas vezes sustentou visões evolucionistas problemáticas. As personagens, em seus 200 anos de duração, apesar de submetidas às ações mais bárbaras, insistem em não morrer, e sua resiliência expõe o limite das ações que foram ao longo da história implementadas com a finalidade de destruí-las. Essa capacidade de sobreviver às crises é traçada em paralelo com o Chile, quando a narradora declara que sua mãe "había sobrevivido a una de las hemorragias más radicales de la historia chilena" [*havia sobrevivido a uma das hemorragias mais radicais da história chilena*] (Eltit, 2011, p. 29). A pátria se alimenta de sangue, do sangue desses sujeitos perseguidos, oprimidos, indesejáveis. Do sangue de mulheres indígenas:

(...) diagnosticadas por los médicos (y sus fans) como extremas, bajas, demasiado morenas. Ese es un aspecto de nosotras que les molesta (a los fans y a los médicos) de manera maníaca, los altera al punto que turba sus miradas y después de examinarnos se lavan y se lavan y se lavan las manos que tienen de manera agresiva. Con un ritmo majadero.
Nos dicen: Negras curiches.[10]
Clasificadas en sus archivos así: curiches, curiches, curiches, nombradas como curiches por esos hombres que proyectan un fluorescente halo médico, un halo empecinado que nos desdeña y nos margina de los asientos más cómodos de sus consultas. (Eltit, 2011, p. 33)

[(...) *diagnosticadas pelos médicos (e seus fãs) como excessivas, baixas, muito morenas. Esse é um aspecto de nós que os aborrece (aos fãs e aos médicos) de maneira maníaca, os altera a ponto de turvar-lhes a vista e depois de nos examinar lavam e lavam e lavam as mãos que têm de maneira agressiva. Com um ritmo insistente.*
Nos dizem: Negras curiches.
Classificadas em seus arquivos assim: curiches, curiches, curiches, nomeadas como curiches por esses homens que projetam um fluorescente halo médico, um halo persistente que nos desdenha e nos exclui dos assentos mais confortáveis de suas consultas].

O fenótipo que caracteriza o biotipo das mulheres classificadas como *curiches* – baixas de pele escura – é a encarnação física dos que deveriam ter desaparecido, dos que insistiram em existir. A rejeição e a repulsa, demonstradas pelos médicos diante de populações nativas das Américas, revelam que a aspiração por uma monotipia calcada em práticas eugenistas eurocêntricas e genocidas constitui um dos pilares da pátria-hospital. As personagens representam a impertinência de comunidades tradicionais e de todos aqueles que, ao não desaparecerem por completo, se mostraram insubmissos aos desígnios da civilização. Recorrentemente apontados como extintos

10. No Chile, é uma forma pejorativa de designar pessoa de pele escura.

ou em vias de extinção e continuamente atacados, povos originários demonstram uma impressionante capacidade de sobreviver, e essa resistência se tornou uma bandeira de luta. Em que pesem perseguições e ameaças de extermínio, seus corpos permanecem como contraprova da desaparição que insistem em imputar-lhes. A anormalidade e a marginalidade resultam de discursos e práticas que legitimam distinções classificatórias baseadas em categorias problemáticas como raça e em critérios relacionados a gênero, sexualidade, classe social e origem geográfica. O isolamento em que são mantidas mãe e filha na narrativa de Eltit remete à situação de quarentena que um ativista indígena como Ailton Krenak lembrou não ser uma novidade para povos como o seu.

Quando, no entanto, a narradora tenta dar conta da história – buscando, de alguma maneira, estruturar uma resistência por meio de um relato que viesse a funcionar como documento e registro histórico dos acontecimentos –, nos deparamos com as próprias ranhuras desse tipo de discurso, na medida em que ele está inscrito na lógica mesma da nação hospitalar. Para construir essa narrativa, é necessário enfrentar a impraticabilidade de ordenações e datações precisas, afinal, trata-se de "enfrentar un tiempo colmado de datos inciertos o definitivamente silenciados" [*enfrentar um tempo repleto de dados incertos ou definitivamente silenciados*] (Eltit, 2011, p. 33). Isso é fundamental, uma vez que o cuidado e o realismo pretendidos pela narradora mostram-se ineficientes ou mesmo inviáveis para narrar uma história de muitas ausências. Testemunhar seu tempo, por conseguinte, não pode se dar por uma escrita linear, de pretensa completude; antes, se dará pelo caráter *anarcobarroco* de uma realidade que desmente os sistemas classificatórios que lhe são impingidos. A linguagem na ficção de Diamela Eltit, como expôs Mary Green, realça por contraste o valor político da linearidade discursiva, visto ser esta dotada de convenções e normas que definem o "que se deve esperar" ou o que se define como "normal".

Em sua insurgência contra a censura do *normal*, a escritora chilena aposta, ao longo do livro, em limites borrados – por meio da constituição física híbrida e dinâmica das personagens, cuja individualidade é imprecisa na medida em que seus corpos são configurados, desconfigurados, reconfigurados... em um fazer e desfazer de amálgamas; também pela sobreposição de relatos que se atropelam e cuja veracidade é difícil de atestar; ou mesmo por conta da imprecisão contundente de referenciais de tempo e espaço. Parece que assim o exercício ficcional se apresenta como forma de construir uma história a partir de uma linguagem de fronteiras também imprecisas que permitam capturar o Chile-hospital situado no contemporâneo e no passado histórico. *Impuesto a la carne* não se passa em um tempo futuro imaginado, mas no presente-pretérito da dominação.

Nesse contexto, nos vemos diante do casamento entre ciência e poder indicado com clareza pela situação intercambiável que se constrói entre o médico e o general – a mesmidade da autoridade patriarcal e da ordem política autoritária. A referência à história chilena se manifesta nessa convergência médico-general ao apresentar a atividade médica como tortura, e o hospital ou o país, como o "teatro do grito". Além disso, referências ao passado político da mãe, a partir das histórias que conta e de seus posicionamentos, trazem à cena lutas sociais recentes[11] e, em especial, a ditadura militar imposta ao país nos anos 1970. A construção alegórica da narrativa apresenta-se

11. J. Agustín Pastén, em artigo que discute em particular os romances *Jamás el fuego nunca* e *Impuesto a la carne*, busca identificar neste último referências históricas. Ainda que eu considere útil à leitura crítica do texto essa identificação, faço as minhas ressalvas em relação à assertividade desse tipo de procedimento tendo em vista o caráter friável da informação na narrativa. De toda forma, reconhecer as conexões históricas é importante e, por isso, compartilho algumas daquelas indicadas pelo autor: "(...) menciona tanto 'la insurrección del norte' como 'la larga marcha del norte', una clarísima referencia no sólo a la marcha de mineros del salitre que culminará en la famosa matanza en la escuela Domingo Santa María el año 1907 en la ciudad de Iquique, sino también a las múltiples huelgas y manifestaciones de trabajadores a lo largo de la historia chilena" [*(...) menciona tanto "a insurreição do norte" como "a longa marcha do norte", uma claríssima referência não apenas à marcha de mineiros do salitre, que culminará na famosa matança na escola Domingo Santa María no ano de 1907 na cidade de Iquique, mas também às diversas greves e manifestações de trabalhadores ao longo da história chilena*] (Pastén, 2012, p. 115).

como uma opção de relato histórico, de uma história que não pode ser contada na cronologia e discursividade que subentendem uma realidade unívoca. Enquanto sobreviventes, mãe e filha trazem em seu corpo a história, daí se perguntarem "es un hito biológico o un descuido histórico que sigamos vivas, las únicas, ¿no?" [*é um marco biológico ou um descuido histórico que sigamos vivas, as únicas, não é?*] (Eltit, 2011, p. 60). Profanadas em sua existência, o sofrimento a que são submetidas encontra-se, na narrativa, expresso na materialidade do sangue que derramam, na carne manipulada, nas veias puncionadas, na constituição dos ossos...

> Y entonces el médico adquiere un verdadero volumen médico y mira a la enfermera de turno y le ordena una inyección para mi madre, una inyección a la vena. No puedo soportarlo, no quiero ver a mi madre así, subyugada por esa enfermera, oprimida por el médico, pero me callo porque si digo una sola palabra me va a inyectar, lo sé, lo he visto en innumerables películas, lo presencié en la extensión de las calles y hemos experimentado en nuestro propio pellejo las terribles represiones, las torturas (cállate, cállate) y la costumbre histórica por adormecer y matar. (Eltit, 2011, p. 72)

> [*E então o médico adquire uma verdadeira magnitude de médico e olha a enfermeira do turno e lhe ordena uma injeção para a minha mãe, uma injeção na veia. Não posso suportar isso, não quero ver minha mãe assim, subjugada por essa enfermeira, oprimida pelo médico, mas me calo porque se digo uma só palavra ela irá me injetar, eu sei, eu vi isso em numerosos filmes, presenciei isso na extensão das ruas e experimentamos em nossa própria pele as terríveis repressões, as torturas (cale-se, cale-se) e o costume histórico de adormecer e matar*].

A anarquia se estabelece no próprio corpo, na disposição e no funcionamento dos órgãos, ela é biológica e social, literalizada e simbólica. Sua materialidade exerce função central aqui, na medida em que, como pondera Barrientos (2013, p. 14), "es un elemento de re-significación conceptual que se pluraliza en cuerpos sociales marginales, son materialidades donde las formas de poder construyen un cuerpo historizado que contiene las cicatrices y heridas de la historia (...)" [*é um elemento de ressignificação conceitual que se pluraliza em corpos sociais marginais, são materialidades onde as formas de poder constroem um corpo historicizado que contém as cicatrizes e feridas da história*].

Também a geografia do país, a feição física do território e sua topografia surgem como corpo, bem como a identificação natureza-mulher ressoa ações de exploração e destruição.

> No sé vivir sin experimentar el castigo de la patria o de la nación o del país. Este país que no devuelve el mar, que se traga, se traga las olas del mar, se traga el mar. Se traga todo y por eso en cada uno de estos años y en la percepción que me provocan las horas comprendo cómo funciona el castigo de la nación o de la patria.
> El castigo interminable de un territorio que me saca sangre, me saca sangre, me saca sangre. Que me saca sangre. (Eltit, 2011, p. 80)
>
> [*Não sei viver sem experimentar o castigo da pátria ou da nação ou do país. Este país que não devolve o mar, que traga, traga as ondas do mar, traga o mar. Traga tudo e por isso em cada um destes anos e na percepção que me provocam as horas compreendo como funciona o castigo da nação ou da pátria.*
> *O castigo interminável de um território que tira o meu sangue, tira o meu sangue, tira o meu sangue. Que tira o meu sangue*].

O fluxo do mar e do sangue: os corpos dos desaparecidos políticos ou dos povos massacrados submersos no Pacífico. O mar em um país de costa tão ampla também é o sangue dos seus habitantes, ambos drenados constantemente pela pátria, organização política que autoriza a usurpação da vida e a ocupação brutal da terra. O projeto moderno de nação se constrói, nesses termos, pelo aniquilamento da diversidade, silenciamento de culturas, exploração predatória da natureza, destruição de vidas. Paradigma atrelado ao patriarcado que se ergue sobre uma racionalidade que institui e legitima a violência. A condição *anarcobarroca* da mãe-filha está na carne – manifestação complexa de uma realidade simultaneamente biológica, histórica, política, cultural, que exige imagens capazes de incluir esses diferentes aspectos a fim de contemplar contextos assimétricos e plurais. Não se pode apequenar a vida reduzindo-a a medidas e tipificações, cujo caráter definitivo e declarada limitação resultam em reducionismo acachapante. O mesmo reducionismo atacado por Vandana Shiva, visto que, para a filósofa, o conhecimento científico moderno, ao excluir outros saberes e lidar com a natureza como se fosse algo inerte e fragmentário, reduz a capacidade humana de conhecê-la.

Para uma escrita que siga na contramão desse reducionismo, Diamela Eltit nos oferece a verborragia das repetições, as retomadas e as multiplicações. Uma escrita que não cabe em si, como os corpos das personagens, que transbordam. A morte dessas mulheres significaria, portanto, o silenciamento definitivo de outras histórias. Contraditoriamente, porém, elas sobrevivem graças à invisibilidade da penumbra e do esquecimento que lhes extingue a existência: à maneira dos desaparecidos, estariam mortas, mas sem o corpo que denuncia e comprova. Talvez nessa ambiguidade resida a motivação de afirmar-se a corporalidade – inclusive pela materialidade da escrita. A pujança orgânica compreende uma linguagem e um modo de existir que se contrapõem a hierarquias modernamente constituídas, como a que situa a mulher, negros, indígenas, trabalhadores em estado de natureza. Nesse sentido, a linguagem é corpo e vice-versa, e na carne da existência é que se constrói a história: “conseguimos que la biología sea el instrumento verídico y apto para establecer el centro en el que radica el umbral de la historia. Los cuerpos, los nuestros, portan los signos más confiables para establecer el primer archivo del desastre. El más célebre y el más confiable” [*conseguimos que a biologia seja o instrumento verídico e apto para estabelecer o centro no qual se enraíza o umbral da história. Os corpos, os nossos, portam os signos mais confiáveis para estabelecer o primeiro arquivo do desastre. O mais célebre e o mais confiável*] (Eltit, 2011, p. 127). E esses podem ser os corpos dos mortos políticos, dos africanos escravizados, dos povos indígenas exterminados, das mulheres violadas e assassinadas.

A potência histórica do corpo é definitiva: "Yo prefiero hablar de un cuerpo, el mío, pero desde la mensura del tiempo, integrando la locura de los signos de los tiempos" [*Eu prefiro falar de um corpo, o meu, mas a partir da medida do tempo, integrando a loucura dos signos dos tempos*] (Eltit, 2011, p. 128). A realidade corporal, sua localização no tempo e no espaço, bem como sua identidade são uma escrita, a escrita da história:

> Entraré en mi cuerpo como en un libro para transformarlo en memoria. Quiero preparar mi cuerpo para convertirlo en una crónica urgente y desesperada. Dejaré abiertas zonas para la interpretación y no vacilaré en denunciar mis debilidades y hasta mis abyecciones. (Eltit, 2011, p. 129)
>
> [*Entrarei em meu corpo como em um livro para transformá-lo em memória. Quero preparar meu corpo para convertê-lo em uma crônica urgente e desesperada. Deixarei abertas zonas para a interpretação e não vacilarei em revelar minhas debilidades e até minhas torpezas*].

O corpo como um livro de memórias e de História permite a particularidade que não é alienação e, graças a isso, se opõe à violência nutrida pela despersonalização, pela abstração dos símbolos e do discurso técnico. Situa-se em primeiro plano a vida e o sofrimento dos sujeitos, absolutamente presentificados, visibilizados e percebidos, tangíveis enfim. A dor é uma realidade concreta, e não algo que procedimentos e discursos tornam inapreensível. Acredito que, na narrativa, o procedimento alegórico vai ao encontro dessa concretização ao funcionar como a coisa mesma-linguagem, aproximando-se da materialidade e afastando-se do discurso como representação esvaziada de seus referenciais da realidade.

A situação não é simples, muito menos as soluções. Ciente disso, Diamela Eltit evita as armadilhas das dualidades que poderiam fazer crer que a relação materna representaria um ideal alternativo à violência da nação hospitalar. A maternidade não é, em *Impuesto a la carne*, uma única coisa; a aliança entre mãe e filha é atravessada por desconfiança e sofrimento, embora seja vital para a sobrevivência de ambas, presas uma à outra como siamesas: "Sí, ella siempre ha vivido adentro de mí, agarrada con todas sus fuerzas a mis costillas" [*Sim, ela sempre viveu dentro de mim, agarrada com todas as suas forças às minhas costelas*] (Eltit, 2011, p. 95). A tensão conflituosa dos corpos fundidos leva à insurgência da filha, que se desgarra da mãe e sai do hospital disposta a esquecer sua origem anarquista. O encontro com uma prima adaptada à sociedade de consumo e aos modelos comportamentais propostos muda, porém, suas pretensões. A adaptação daquela garota fora resultado de um atroz procedimento médico em que os seus órgãos foram retirados e ela ficou praticamente vazia, reduzida a uma casca – um corpo sem órgãos. Diante da possibilidade de substituir a prima cujo pai médico, em seu amor pelas filhas, empenhava-se em alterar-lhes o físico com intervenções rotineiras de seu bisturi, a personagem conclui: "Miré la esquina y decidí que la única seguridad con la que contaba radicaba en mantener en mí el cuerpo de mi madre. Entendí que debía empaparme de las ideas y los programas libertarios que ella me inculcaba y dejé a mi prima con la esperanza destrozada (...)" [*Olhei a esquina e decidi que a única segurança com que contava radicava em manter em mim o corpo da minha mãe. Entendi que devia me encharcar das ideias e dos programas libertários que ela me inculcava e deixei minha prima com a esperança destroçada* (...)] (Eltit, 2011, p. 98). Assim, a filha desiste da fuga e retorna para a mãe diante do que lhe oferece a ordem familiar patriarcal: a tortura lenta do corpo submisso à ação desfigurante de um pai-médico-general. O assédio de um anestesista consolida o seu parecer sobre a autoridade masculina que vê no corpo feminino objeto de desejo e intervenção. A associação entre mulheres, encarnada pela relação filial no romance, se apresenta como única alternativa ao poder de morte representado pelo patriarcado. O amparo mútuo poderia mantê-las vivas! Elas, ainda que mutiladas, podem ainda resistir, perseverar na recusa ao modelo biológico-comportamental que as dissolveria em definitivo.

No âmbito das relações dessa pátria hospitalar, essas indesejáveis sobreviventes cumpriam, por outro lado, um papel na construção dos discursos oficiais. Isso é bem marcado na narrativa quando as duas mulheres precisam participar de uma comemoração cívica. É inescapável a referência da autora à comemoração do bicentenário da independência do Chile, em 2010. O historiador Sergio Grez Toso, em artigo publicado em 2011, se indaga a respeito dos festejos: "¿Qué se está celebrando?, ¿qué tipo de país se ha construido durante estos doscientos años?, ¿de qué modo Chile ha llegado a ser lo que es?" [*O que está sendo celebrado? Que tipo de país se construiu durante esses duzentos anos? De que modo o Chile chegou a ser o que é?*] (Toso, 2011, p. 70). A ficção de Diamela incorpora essas questões e as processa no âmbito da linguagem literária. A idade do complexo mãe-filha não coincide por acaso com os anos de nação, a realidade das personagens se confunde à da pátria, identidades convergentes no corpo físico consubstanciado ao corpo político do país. Os procedimentos médicos buscam domesticar esses corpos, fazê-los dóceis por meio de diferentes estratégias mutiladoras, numa alusão à história chilena que, ao longo do século XIX, se construiu por meio de violentas guerras civis decorrentes de disputas das elites, de maneira que "el 'bajo pueblo' fue incorporado a estas luchas más por represión y coacción que por convicción o persuasión política" [*o "povão" foi incorporado a essas lutas mais pela repressão e coerção do que pela convicção ou persuasão política*] (Toso, 2011, p. 71). Muito longe de ser "natural", o sentimento nacional é construído a partir de operações cirúrgicas... ainda segundo Toso, no Chile foram aplicados variados mecanismos para disciplinamento dos setores populares, o que incluía desde trabalhos forçados e castigos físicos, passando pelo controle burocrático da mobilidade dos trabalhadores e pelo alistamento militar obrigatório, até medidas de caráter mais "pedagógico", como a celebração de festividades nacionais e a difusão de símbolos pátrios como a bandeira e o hino. As comemorações do centenário da independência se caracterizaram pela grande pompa em um cenário de profunda desigualdade social, em que os setores médios praticamente não existiam e os trabalhadores viviam uma pobreza contrastante com a riqueza dos grupos que constituíam o poder. Os conflitos foram tremendos no Chile do século XX e a violência repressora continuou a ser o timbre das elites. Não é de se espantar que massacres de trabalhadores tenham se repetido historicamente: "Un ciclo de luctuosas masacres obreras entre 1903 y 1907 fue la respuesta del Estado y la clase dominante ante una 'cuestión social' cuya existencia era negada incluso por políticos 'progresistas' como el patriarca radical Enrique Mac-Iver" [*Um ciclo de lamentáveis massacres de trabalhadores entre 1903 e 1907 foi a resposta do Estado e da classe dominante a uma "questão social" cuja existência era negada inclusive por políticos "progressistas" como o patriarca radical Enrique Mac-Iver*] (Toso, 2011, p. 73).

Foi apenas depois do massacre na escola Domingo Santa María, em Iquique, no ano de 1907, que as classes dirigentes teriam buscado implementar estratégias não repressivas de controle social ao fazer algumas concessões aos trabalhadores, com a criação de leis e mecanismos de conciliação para o enfrentamento de greves. As lutas trabalhistas se tornaram majoritariamente institucionais entre a década de 1930 e 1970, paralelamente ao fortalecimento do sentimento nacional. Isso, no entanto, não significou o fim dos massacres e da violência de Estado:

> Las masacres de la población José María Caro de Santiago (1962), del mineral de El Salvador (1966) y de Pampa Irigoin en Puerto Montt (1969), junto a la irrupción militar del "tacnazo" (1969), pusieron en evidencia la fragilidad de la institucionalidad consensuada entre las clases dominantes y los representantes políticos de los trabajadores. (Toso, 2011, p. 76)
>
> [*Os massacres da população José María Caro de Santiago* (1962), *da mina de El Salvador* (1966) *e do Pampa Irigoin em Puerto Montt* (1969),

junto com a irrupção militar do "tacnazo" (1969), puseram em evidência a fragilidade da institucionalidade consensual entre as classes dominantes e os representantes políticos dos trabalhadores].

Vemos bem de onde surge todo o sangue e a miséria humana em *Impuesto a la carne*. O fio vermelho, que atravessa a pele da história em Rosana Paulino, se entrelaça ao sangramento intenso que drena os corpos das mulheres asiladas no hospital-pátria. É um corpo social sangrento que se manifesta nessas corporalidades mutiladas, fixadas como espécies mortas pelo colecionismo extrativista, como indícios indesejáveis das práticas fundantes da nação. Rosana e Diamela manejam essa realidade sofrida retirando-a da inércia do esquecimento por meio da força desestabilizadora da linguagem. A corporalidade grotesca na narrativa da escritora chilena é um enfrentamento à ordem fingida pelas versões oficiais; no excessivo da carne é dada a ver a desordem insubordinada da vida. Num modelo social que bane a dissidência e criminaliza o protesto, a noção de unidade nacional exige brutais exclusões sob o discurso de que somos todos "chilenos", "brasileiros", "peruanos"... Sergio Toso escreve seu artigo sobre o bicentenário para mostrá-lo como uma comemoração das elites econômicas, para a qual os trabalhadores são convidados apenas para legitimar a unidade forjada.

Lendo notícias sobre o que estava ocorrendo no Chile por ocasião das celebrações cívicas de 2010, sob a presidência de Sebastián Piñera em seu primeiro mandato, fui tomada pelo espanto. Já não me recordava dos 33 trabalhadores mineiros que viveram meses soterrados, gerando uma comoção internacional em torno de seu resgate, muito menos me lembrava de que, na data do bicentenário, os operários sob a terra comemoraram com a bandeira do Chile e o hino nacional.[12] Paralelamente, 34 mapuches presos faziam greve de fome em

12. Em matérias publicadas nos órgãos de imprensa internacionais, difundiu-se a ideia de superação representada pelas comemorações do bicentenário. Em notícia publicada pela BBC, assinada por Rodrigo Bustamante, correspondente na capital chilena, é possível ler: "Con diversas zonas costeras aún devastadas por el terremoto y 33 mineros

oposição ao seu enquadramento na lei antiterrorista que criminalizava duramente suas manifestações.[13] Esse conjunto de informações se cruza com a história de massacres e repressão no país e alinha aspectos históricos com as demandas à época dos 200 anos da independência. A ficção de Diamela Eltit entra nesse jogo como um vetor cuja direção é afetada por forças concorrentes tanto quanto é capaz de afetá-las, ao presentificar na carne da palavra a crueldade tratada com indiferença em registros documentais. A textura sanguínea do texto nos coloca diante de corpos reiteradamente ocultados nos discursos técnicos ou impessoais, nos confronta com as contradições de uma ideologia nacionalista que torna plausível que o hino da pátria ecoe nos subterrâneos da exploração, da morte e da injustiça. A unidade urdida com violência é desmascarada pelo procedimento da costura rude que explora a carnadura de tecidos e papel, tornando visível o que se empenhou em esconder, isto é, os avessos da história oficial.

A comemoração patriótica exigia a exposição daquelas mulheres centenárias de pele escura, era preciso que elas seguissem o roteiro definido pelos médicos, que dissessem apenas o autorizado de forma breve frente ao conjunto da nação. A instrumentalização de figuras marginalizadas e patologizadas em *Impuesto a la carne* remete ao processo de assimilação dos povos originários na construção da ideia de nação em países latino-americanos, especialmente porque eram incorporados a uma simbologia nacional ao mesmo tempo que

que en el norte de Chile sobreviven a 700 metros de profundidad, el ánimo en el país habría podido verse afectado para las fiestas patrias de este 18 de septiembre. Pero se trata del Bicentenario y los chilenos están decididos a lograr que un gran festejo les ayude a dejar atrás lo negativo" [*Com diversas regiões costeiras ainda devastadas pelo terremoto e 33 mineiros que no norte do Chile seguem vivos a 700 metros de profundidade, o ânimo no país poderia ter sido afetado para as festas pátrias deste 18 de setembro. Mas se trata do Bicentenário, e os chilenos estão decididos a realizar uma grande festa que os ajude a superar o negativo*]. Disponível em: https://www.bbc.com/mundo/america_latina/2010/09/100917_chile_celebracion_bicentenario

13. Confira notícia publicada em: https://www.elcomercio.es/v/20100919/internacional/amargo-bicentenario-chile-20100919.html

sofriam ações sistemáticas de extermínio. Essa duplicidade perversa está associada, sem dúvida, ao silenciamento de realidades culturais encaradas como obstáculos à consolidação de uma narrativa identitária comprometida com as bases ideológicas da pátria. O alinhamento entre força militar-religião-ciência aparece representado no livro de Eltit precisamente nos eventos destinados à comemoração do aniversário pátrio: "El médico director se llama Ismael, tiene un nombre antiguo, completamente bíblico, un nombre que en otras circunstancias habría resultado grotesco pero que funciona para él y su cargo nacional (o patriótico)" [*O médico diretor se chama Ismael, tem um nome antigo, completamente bíblico, um nome que em outras circunstâncias teria resultado grotesco mas que funciona para ele e seu cargo nacional (ou patriótico)*] (Eltit, 2011, p. 112). A racionalidade administrativa e médica dá as mãos aos valores religiosos na constituição de uma máquina política nacional e de uma narrativa que a mantenha em funcionamento. Os corpos e a dor são abstraídos graças à discursividade que os esvazia para que assim sirvam melhor à preservação do poder.

Na narrativa, a participação das *curiches* nas festividades do bicentenário é impedida pelo desaparecimento súbito e intencional do líder político (o médico diretor), o que provoca caos e desorientação suficientes para retirar mãe e filha de cena e, na sequência, submetê-las a mais uma intervenção cirúrgica na esperança de calá-las definitivamente. À espera da cirurgia – que terminou por ser realizada pelo próprio médico diretor, que reaparece sem explicações –, e depois no pós-operatório, as duas mulheres compartilham seu destino com mais treze outras, igualmente submetidas a mutilações. Juntas numa enfermaria, seus corpos são a massa orgânica dos bastidores da nação, dor e sangue.

> Permaneceremos acostadas testimoniando las muertes masivas de las mujeres. De no sé cuántas mujeres. Será así porque mi mamá y yo somos anarquistas y tenemos la obligación histórica de redactar las memorias de la angustia y del desvalor. Unas memorias que serán

escritas a lo largo de los próximos doscientos años con el esmero de los antiguos calígrafos que dejaron su sangre en la letra. (Eltit, 2011, p. 156)

[*Permaneceremos deitadas testemunhando as mortes massivas das mulheres. De não sei quantas mulheres. Será assim porque mamãe e eu somos anarquistas e temos a obrigação histórica de relatar as memórias da angústia e do desvalor. Umas memórias que serão escritas ao longo dos próximos duzentos anos com o esmero dos antigos calígrafos que deixaram seu sangue na letra*].

A resistência das personagens parece dever-se à luta política e à insujeição que ela permite, o que dá um sentido adicional à sobrevivência. Entretanto, a redação das memórias parece constituir a tarefa social que impulsiona a narradora e sua mãe a se manterem vivas e, consequentemente, a lançarem mão de estratégias como a aparente passividade e a clandestinidade. A sobrevivência dos corpos dilacerados é a prova irrefutável das ações violentas impetradas pelo Estado e por uma ordem social autoritária. A situação clandestina é evocada recorrentemente no romance pela necessidade permanente das protagonistas de se tornarem imperceptíveis a seus algozes, camuflando-se na estrutura espacial e burocrática do hospital-Estado. Dada a centralidade da violência em *Impuesto a la carne*, vale notar como a crueldade estatal contra a mulher passa muitas vezes pela negação ou imposição da maternidade, ou, ainda, por intervenções no modo como esta se dá, junto a práticas que incentivam a desvalorização da vida e mesmo o feminicídio.

A transmutação do vivo em coisa, o que Rita Segato vincula a pedagogias da crueldade, alicerça processos de destruição que não geram cadáveres, mas dejetos largados em lixeiras ou submersos no oceano. Nesse contexto, é preciso ter em mente ainda como a dessensibilização diante do sofrimento dos outros, em sua estreita conexão com a coisificação da vida, torna-se atitude positivada em uma sociedade em que o que conta é a monetarização das relações humanas e em que soa razoável (e mesmo desejável) a expropriação da vida.

Segato elege o "tipo psicopático", em sua incapacidade para emoções e sentimentos, como a personalidade modelo de nossa época, uma vez que é muito eficiente em fazer funcionar mecanismos de exploração. Esse tipo encerra a própria noção de eficiência e produtividade que faz com que, por exemplo, empresas como iFood, Uber e Rappi, para citar algumas bem conhecidas, sejam apresentadas como exemplos de negócios bem-sucedidos, ainda que sua lucratividade se baseie no desenvolvimento de estratégias brutais de precarização do trabalho. O grau de aniquilação do sujeito é muito importante para se compreender como a redução da mulher a coisa a ser mensurada, comercializada e desprezada está relacionada a crimes sexuais. Em relação a isso, a antropóloga argentina insiste na necessidade de se considerar o caráter social desses crimes e de não se restringir eventos desse quilate a um acontecimento individualizado. O enfrentamento a essa ordem de problema não pode se dar simplesmente via criminalização de indivíduos, mas exige o questionamento do patriarcado nuclear de nossa sociedade. Ainda a esse respeito, Rita Segato ressalta que o estupro não remete exclusivamente à relação entre agressor e vítima, mas, sobretudo, entre aquele e seus pares; isso significa dizer que o estuprador não é o sujeito anômalo estereotipado como solitário e esquisito, antes, se sente parte de uma "irmandade masculina" que lhe dá suporte por meio de um mandato de masculinidade que exige que o homem prove o tempo todo que é homem. A masculinidade é uma condição de prestígio que deve ser reiteradamente renovada, e o violador que responde a esse mandato "se instala no pedestal da lei e se atribui o direito de punir a mulher a quem atribui desacato ou desvio moral". Por isso a autora afirma que o violador é um moralizador (Segato, 2018, p. 44).

Enquanto parte de uma pedagogia da expropriação de valor, parece-me relevante destacar a conexão da violência contra as mulheres com os desdobramentos próprios da ordem patriarcal que vivemos, isto é: mandato de masculinidade, crueldade, insensibilidade, burocracia, distanciamento, tecnocracia, formalidade, universalidade, desenraizamento, dessensibilização, baixa vinculação (Segato, 2018, p. 15). A relevância dos crimes cometidos contra mulheres na sociedade atual demonstra a força do patriarcado sobre o qual assentam as estruturas sociais vigentes, o que se define, na prosa de Diamela Eltit, por meio da posse erótica das pacientes, por força da intervenção médica, e também das enfermeiras, imobilizadas em sua submissão. Está patente que, nesse contexto, o controle sobre corpos femininos é constitutivo do mandato de masculinidade, para recuperar mais uma vez a terminologia de Segato. Tortura, mutilação, estupro e assassinato convergem: "Los médicos no terminan nunca, eso lo sabemos, no lo hacen porque sus genitales se enredan y se derrumban ante la visión de órganos destrozados que no han cesado de profanar" [*Os médicos não gozam nunca, disso sabemos, não o fazem porque seus genitais se enredam e colapsam diante da visão de órgãos destroçados que não cessaram de profanar*] (Eltit, 2011, p. 136).

A sugestão irônica do gozo masculino provocado pelo manuseio pornográfico da carne viva torna incontornável o mal-estar produzido pela violação e desintegração. O saque da vida se dá muitas vezes, incontáveis vezes... mata-se quando se limita a existência a objetos esvaziados. Mata-se de novo quando a subjetividade é aniquilada pela tortura. Mata-se uma vez mais, e mais outra, e são tantas as mortes que, em sua redundância, fortalecem a cosmovisão que tem por alicerces a destruição e a crueldade. Por isso, quando Eltit, tendo por foco mulheres, explora questões políticas relacionadas à nacionalidade, ao extermínio e à exploração, busca fazê-lo a partir da constituição biológica do corpo e, desse modo, deixa à vista o seu valor social. Não há espaço na ficção da chilena para a cisão normalizada entre natureza-corpo e ordem social. Sua narrativa confronta a ideologia que sustenta a extração brutal de vidas. Em outras palavras, Diamela subverte noções embasadas na dualidade corpo e alma para expor o seu significado político, insubordina-se ao criar um universo ficcional que se constrói por meio de uma materialidade linguístico-corporal, em que os processos históricos e sociais se realizam no campo mesmo das configurações físicas individuais e coletivas. Corpos têm nome, e rosto... nesses termos, conversam os trabalhos de Rosana Paulino e a escrita de Diamela Eltit.

As obras da artista visual brasileira e da escritora chilena demonstram o caráter que a violência assume na realidade social latino-americana, como aparece contundentemente expresso em situações que envolvem mulheres. Por diferentes caminhos, isso é observável em apostas como as da argentina Selva Almada, em especial no conjunto de relatos de feminicídio *Chicas muertas* [*Garotas mortas*] (2014), ou ainda na construção de uma personagem de família rica, filha de um empresário envolvido com crimes da ditadura, no filme *Los perros* [*Cachorros*] (Chile, 2017), de Marcela Said. Nessas narrativas, o olhar ampliado sobre o microcosmo da vida privada, mais propriamente de personagens femininas e sua corporalidade, nos permite dimensionar a índole orgânica e insidiosa da violência gestada na estrutura patriarcal da sociedade.

Assim como ativistas e teóricas do ecofeminismo sugerem, a superação da dualidade humano/natureza abre novos rumos de atuação política baseados na realidade material e biológica como instância criadora de relações sociais pautadas no cuidado da vida. Esse é, sem dúvida, um pressuposto decolonial que se encontra em reflexões impactantes como as de Gloria Anzaldúa, que afirma sua condição fronteiriça de chicana e *mestiza* para daí ver nas dualidades fundadoras da colonialidade o motor de atrocidades que se repetem. A pensadora permite-se, porém, a utopia que move uma luta político-epistemológica que atravessa as existências subjetivas: "A massive uprooting of dualistic thinking in the individual and collective consciousness is the beginning of a long struggle, but one that could, in our best hopes, bring us to the end of rape, of violence, of war" [*Um amplo deslocamento do pensamento dualista na consciência individual e coletiva é o começo de uma longa luta, mas que poderia, em nossas melhores esperanças, nos levar ao fim do estupro, da violência e da guerra*] (Anzaldúa, 1987, p. 80).

Esse posicionamento encontra ressonância em *Impuesto a la carne*, especialmente quando a assimilação total da mãe à estrutura física da filha define o valor político do corpo tornado território, onde o projeto de organização de sociedades comunais mostra-se possível: "En la patria de mi cuerpo o en la nación de mi cuerpo o en el territorio de mi cuerpo, mi madre por fin estableció su comuna" [*Na pátria do meu corpo ou na nação do meu corpo ou no território do meu corpo, minha mãe por fim estabeleceu sua comuna*] (Eltit, 2011, p. 185). O caráter ambíguo dessa presença materna expõe, em um primeiro momento, a insuficiência de categorizações pretensamente exatas, como está claro na junção de vocábulos para formar "organomadre" ou "madreórgano", que visam a nomear o híbrido representado por essa mãe simbólica e fisicamente incorporada à filha. Por outro lado, privar esses corpos de existência exige que eles deixem de ser enquanto tais – não pode haver cadáveres a sepultar, é preciso invisibilizá-los até o extremo de jamais se supor que tenham existido. Somos levados a evocar os desaparecidos políticos no Chile numa paisagem que liga mar, deserto e minério, em alusão à topografia do país (seu corpo), no osso transformado em pó: "Nuestros huesos cupríferos serán molidos en la infernal máquina chancadora" [*Nossos ossos feitos de cobre serão moídos na infernal máquina trituradora*] (Eltit, 2011, p. 187). Nessa experiência, é possível aprender que, no reverso da separação entre natureza e humanidade, em seus dolorosos efeitos, os apagamentos pela aniquilação orgânica ou por obra de ações extrativistas são também concretizados na história que silencia, bem como na linguagem que se acomoda e se omite.

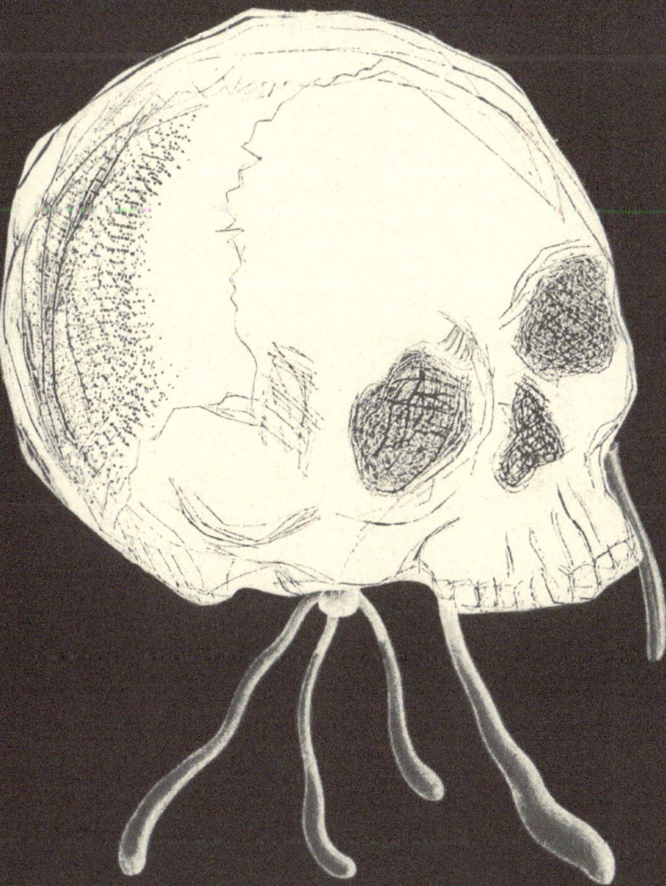

Os selvagens a serem abatidos

Desde que assisti ao documentário *El botón de nácar* [*O botão de pérola*], do chileno Patricio Guzmán, em uma sala de cinema no Rio de Janeiro em 2016, algumas imagens passaram a fazer parte da minha sensibilidade e das minhas motivações mais íntimas. Embora tais imagens não sejam exatas ou mesmo suficientemente informativas para que possam ser detalhadas ou explicadas, são vivas e posso identificá-las a partir de realidades visuais mais concretas, como a proposta pelas fotografias dos corpos pintados de indivíduos pertencentes a povos que habitaram a Patagônia. Apresentadas em passagens do filme e no material de promoção do documental exibido pelo Instituto Moreira Salles [Fig. 5], as fotos exibiam pessoas cobertas por formas abstratas e mosaicos de uma variedade e plasticidade incríveis, cujo contraste era acentuado pelo registro em preto e branco. Vim a saber depois que eram retratos conhecidos dos Selk'nam, que habitavam o sul do Chile e da Argentina e que haviam sofrido um feroz processo de perseguição e extermínio. Eu não os conhecia, nunca ouvira falar desse povo antes, algo que poderia ser justificado pelo fato de não terem sido habitantes do país em que nasci e vivo; mas a história dos Selk'nam não era muito diferente da de tantos outros povos originários desta terra. Meu desconhecimento, por outro lado, era expressão do fatiamento territorial que nos faz não integrar a nossa realidade local ao contexto americano mais amplo em que se insere.

O contato com os europeus foi marcado, entre os grupos que viviam na região, por relatos como o do veneziano Antonio Pigafetta, cronista da famosa expedição de Hernando de Magallanes, que, em 1520, descreve os habitantes locais como "gigantes de pés grandes", o que teria justificado a alcunha "patagones". Tanto Pigafetta como outros cronistas vão descrever ainda adornos, como chifres usados sobre a cabeça, e as pinturas que lhes cobriam os corpos, favorecendo a construção de uma lenda que, tendo por pano de fundo um imaginário medieval, identificou aqueles indivíduos a demônios e ao canibalismo.

De todo modo, o efeito das pinturas sobre minha imaginação se deu a partir da mediação da fotografia e do cinema. Os registros de arquivo de um povo exterminado não me permitem ver as cores que tingiam as suas peles, como, desde Magallanes, cronistas haviam registrado: tenho acesso apenas ao contraste do preto e branco em que aparecem grafismos e traços claros sobre fundo escuro. No entanto, os desenhos feitos pelos Selk'nam aparecem sobrepostos ao céu estrelado no filme de Guzmán, o que, em conjunto com a narração conduzida pelo próprio cineasta, nos faz crer que ali estariam as próprias constelações e, mais que um espelhamento, os grafismos seriam a evidência de uma conexão entre todas as coisas, uma cosmologia fundada em interconexões. Talvez esse tenha sido o aspecto que mais me impactou na ocasião: ver o céu em corpos humanos.

Divisar estrelas naquelas pinturas e corpos perdidos, preservados apenas no rastro fotográfico e em narrativas sobreviventes, me levava também a considerar a própria ilusão de um céu feito de passado, em que os brilhos dos astros nos chegam tardiamente e tudo o que enxergamos é um momento fugidio que não existe mais: como numa fotografia. As marcas impressas na pele e no papel, assim como a contemplação do céu, parecem nos levar, desse modo, ao que já deixou de existir. Aos meus olhos e sentidos, a fotografia e as estrelas formam uma espécie de epitáfio que merece ser lido, sobretudo quando revelam interconexões de tempo e espaço que o imaginário ocidental moderno se empenhou em desconsiderar.

Para além das lendas criadas pelos brancos e dos processos de generalização que borraram a diversidade dos habitantes da Terra do Fogo, os *fueguinos* – designação dada aos povos do extremo austral do que hoje conhecemos como Chile e Argentina – comportavam tanto grupos de caçadores que viviam em terra – os *Selk'nam* (ou

Fig. 5: Foto de um exemplar do folder da programação de cinema de julho de 2016 do IMS (Instituto Moreira Salles) do Rio de Janeiro, que guardei entre meus objetos pessoais. Na arte do material, está a reprodução de uma fotografia de Martin Gusinde relacionada ao filme *O botão de pérola* [fotografia do folder por Alexandre Antunes].

Ona) e os *Tewelche* (ou *Aonikenk*) – quanto grupos nômades do mar que ocupavam arquipélagos, fiordes, canais e ilhas – os *Kawéskar* (ou *Alakaluf*) e os *Yámana* (ou *Yagane*), além dos *Hausch* (ou *Mánekenk*), de constituição híbrida resultante de processos de mestiçagem (Vicuña, 1998, p. 66-67).[1]

Em filme documentário de 1977 sobre os Ona, nome com que muitas vezes são conhecidos os Selk'nam, Ana Montes de González e a etnóloga Anne Chapman nos colocam frente ao processo de desaparecimento de uma cultura. De fato, *Los Onas: vida y muerte en Tierra del Fuego* [*Os Ona: vida e morte na Terra do Fogo*] é construído a partir dos relatos dos que não sucumbiram a um processo atroz de extermínio iniciado no século XIX. Com base em texto escrito por Chapman, a narrativa parte da história de Lola Kiepja, nascida em torno de 1880 e última remanescente dos Selk'nam, que havia experimentado o modo de vida tribal e que, enquanto tal, detinha conhecimentos importantes sobre a língua e a cultura desse povo. Já em idade avançada, Kiepja vem a falecer antes da finalização da pesquisa da antropóloga, mas, ainda assim, desempenha um papel chave na realização da narrativa. Por meio de fotos suas, tiradas pela própria pesquisadora e dadas a ver cinematograficamente por movimentos de aproximação, afastamento e sequenciação, somos convidados a penetrar no que resta de uma existência, de um povo. Os registros físicos que resistiram – as imagens, a gravação dos cantos entoados por Kiepja e os relatos da própria etnógrafa – são evidências de um modo de viver que teve fim, algo ratificado pela voz em *off* de Anne Chapman ao observar que Lola havia morrido em fins do inverno de 1966 e "com ela desapareceu todo o testemunho direto de uma cultura milenar, um povo caçador paleolítico". A relevância da personagem na construção da narrativa fílmica deve-se, como não tarda em ficar claro ao espectador, ao sentido que assume sua morte: ela era a mais

1. Vicuña observa ainda que, em torno de 1935, o que seria o território atual do Chile era habitado por diversos povos, como os aymara, atacameño, diaguita, chango, pikunche, mapuche, pewenche, williche, rapanui, puelche, poya, cunco, chono, tewelche, kawéskar, yámana e selk'nam.

velha dos que permaneceram, a que havia de fato vivido tribalmente e, ademais, uma xamã que carregava consigo a memória de cantos, de rituais e da língua Selk'nam.

Ao som dos cantos executados por Kiepja, as diretoras nos oferecem um enquadramento em que é possível ver a superfície da água tendo por fundo a cordilheira e o céu em matizes azulados, num procedimento em que subjaz a intenção de acentuar a interconexão entre ambiente e música: o canto parece pertencer ao lugar, e isso explicaria a insistência em ali permanecer, ainda que solitariamente, até o fim. Água-cordilheira-céu aparecem no canto em que a xamã se comunica com os espíritos:

> Estoy aquí cantando, el viento me lleva,
> estoy siguiendo las pisadas de aquellos que se fueron.
>
> Se me ha permitido venir a la montaña del poder.
>
> He llegado a la gran cordillera del cielo,
> camino hacia la casa del cielo.
>
> El poder de aquellos que se fueron vuelve a mí.
> (Chapman, 2002, p. 40)
>
> [*Estou aqui cantando, o vento me leva,*
> *estou seguindo as pegadas daqueles que se foram.*
>
> *Me foi permitido vir à montanha do poder.*
>
> *Cheguei à grande cordilheira do céu,*
> *caminho até a casa do céu.*
>
> *O poder daqueles que se foram volta a mim*].

A voz prossegue com a inserção da experiência e da percepção pessoal da etnógrafa, que vivera algum tempo com sua informante (considerada também amiga), ao observar a felicidade com que Lola evocava cantos e relatos do seu antigo modo de viver. Mas ela sabia que ele havia desaparecido para sempre. Somente então surge na tela o título do filme tendo ao fundo o canto Selk'nam, o que não deixa dúvidas sobre o tom melancólico que marca a produção. O significado da solidão em que vivia Kiepja é reafirmado pelo apagamento das vozes que teriam restado, ou seja, as dos descendentes que ainda serviam de testemunho de que ali haviam vivido os Selk'nam.

A continuidade do trabalho da antropóloga, após a morte da anciã, só se torna possível graças à última descendente de pai e mãe Selk'nam em Isla Grande, na parte argentina da Terra do Fogo. Tratava-se de Ángela Loij, que acompanhamos ao longo do filme e que se torna também fonte importante para os estudos que Anne Chapman estava desenvolvendo. Sabemos, contudo, que Ángela também morrera, em 1974, antes da conclusão do filme, cujas gravações aconteceram em 1968, mas cuja finalização só se deu em 1977.

O filme oferece um triste e sensível retrato do extermínio de um povo. Ángela Loij nasceu no início do século XX, quando o modo de vida Selk'nam já havia sido destruído; conviveu, porém, com anciãs indígenas na missão salesiana do Rio Grande, o que lhe permitiu acessar conhecimentos importantes. Foi nessa ocasião que Martin Gusinde, etnólogo e sacerdote alemão, fez registros fotográficos importantes dos Selk'nam. Datadas de 1923, suas imagens dos corpos pintados para a cerimônia do Hain são recuperadas por Chapman e Guzmán como expressão de uma identidade cultural perdida. O interesse da antropóloga estado-unidense pelo ritual esteve relacionado à estruturação de uma sociedade patriarcal entre os Selk'nam, uma vez que, a princípio, teriam sido as mulheres que, por intermédio de pinturas e máscaras, enganavam os homens se fazendo passar por deuses e monstros a fim de controlá-los. Uma vez, porém, descobertas, foram mortas; pouparam-se apenas as meninas, que os homens passaram a educar sob os mesmos artifícios antes empregados pelas mulheres. Daí as pinturas e máscaras que vemos nas fotografias famosas de Gusinde, dentre as quais nos surpreende encontrar Ángela Loij.

Los Onas: vida y muerte en Tierra del Fuego é um documentário de cerca de cinquenta minutos em que, como já indica o subtítulo, a narração se divide em vida e morte. Na abordagem de Chapman e González, percebemos como, em um curto intervalo de tempo, entre o final do século XIX até a década de 1960, se promoveu o desaparecimento dos Selk'nam. Fica claro que, embora os primeiros registros dos viajantes datem do século XVI e tenham dado as bases da lenda dos fueguinos como "monstros patagônios", foi nas expedições realizadas no Oitocentos e, em particular, com o início da colonização da Isla Grande de Tierra del Fuego nos últimos decênios do século que se iniciou a sistemática destruição dos povos locais. A busca pelo ouro e a apropriação de terras para criação de gado motivaram expedições organizadas por colonos e financiadas por autoridades e pessoas eminentes. A ostensiva empreitada contra as populações indígenas se traduziu na mercantilização de corpos que, reduzidos a prêmios, permitiam a quantificação dos abatidos: orelhas, testículos, cabeças e mamas serviam de moeda de troca em que cada homem, mulher e criança mortos valia uma soma aos caçadores de índios. Certamente, os seres abatidos não eram humanos, eram patagônios, primitivos, selvagens, numa percepção segundo a qual, tomados em equivalência à natureza, eles poderiam ter suas vidas disponibilizadas de acordo com os interesses do *homem*. Essa perspectiva vai encontrar, em estudiosos como Gusinde, um contraponto, uma vez que, para o alemão, seriam primitivos e inferiores, mas não privados do estatuto humano. Sua posição se fundamentava no fato de que o manejo do fogo e de instrumentos, tal como observara entre eles, seria evidência de que eram seres dotados de espírito e, portanto, situados acima de atos puramente instintivos próprios dos animais, ou seja, do "verdadeiro estado selvagem" (Gusinde, 1951).

Em meio à validação ou não da humanidade desses povos, do entendimento mesmo do que seriam *selvagens*, se deram práticas de extermínio ideologicamente sustentadas que visavam, por fim, no mais das vezes, à satisfação de interesses econômicos. Por outro lado, nos relatos coletados para o filme de Ana González e Anne Chapman, os entrevistados apontam para o fato de a caçada aos indígenas ser tratada como esporte e aventura, a exemplo de Julio Popper, romeno de nascimento e líder, em 1886, de uma expedição à Terra do Fogo que representava interesses das elites de Buenos Aires. Popper é descrito como um homem estudado e um aventureiro. No massacre dos Selk'nam, preocupou-se em fotografar inclusive a si mesmo durante as caçadas; ele era o poder armado branco, o que atestava sua superioridade sobre a natureza e provava seu espírito de dominação.

A sequência em que Anne Chapman caminha sobre o que parece ser um ossuário ou a assustadora contagem regressiva que nos conduz quadro a quadro para o retrato da extinção de toda uma população[2] contribuem, ao longo do filme, para a compreensão da gravidade dos acontecimentos e da sua atualidade na década de 1970, frente a políticas de Estado e iniciativas empresariais em andamento. Não por acaso, a narradora declara: "Estamos presenciando el fin de este grupo humano y sin embargo casi nunca fueron considerados seres humanos por los blancos" [*Estamos presenciando o fim desse grupo humano e, no entanto, quase nunca eles foram considerados humanos pelos brancos*] (Chapman, 2002, p. 80). Nesse momento, a narrativa faz referência ao envio de um grupo de fueguinos à Exposição Universal de 1889, na França, para serem expostos em uma jaula como antropófagos, como acrescenta um dos entrevistados no documentário, Luis Garibaldi Honte, cuja mãe era Selk'nam.

Ao analisar fotos de fueguinos, em particular as obtidas nas exposições realizadas em Gênova (1892), Punta Arenas (1895) e Buenos Aires (1898), Christian Báez Allende discute como essas imagens

2. No primeiro enquadramento, um texto informa que, em torno de 1880, antes da colonização branca, os Selk'nam totalizavam cerca de 3.500/4.000 indivíduos; em 1900, eles eram aproximadamente 500; em 1950, 50; e em 1977, 1 ona e 5 mestiços são indicados em letras garrafais, o que empresta ainda mais dramaticidade à informação, por si só impressionante.

contribuíram para a constituição de um modelo visual do que se entenderia por indígena "fueguino" e/ou "patagônio", tendo em vista, inclusive, o controle cenográfico e de figurino envolvido na exposição e registro dos indivíduos. Concomitantemente, Allende coloca em pauta como essa documentação buscava dar conta das "raças" – tanto em seus aspectos físicos quanto culturais, em especial em relação a grupos encarados como alheios ao conceito de "civilização" – com a finalidade de divulgar informações a seu respeito. Nesse sentido, foram fortalecidos estigmas e exotismos como bem assinala o historiador:

> Este grupo de imágenes fotográficas dan cuenta de los imaginarios presentes sobre estos territorios del fin del mundo, estas tierras incógnitas habitadas por seres de habla gutural e ininteligible, verdaderos representantes de los primeros estadios del desarrollo humano según la teoría evolucionista en boga. (Allende, 2018, p. 16)
>
> [*Este grupo de imagens fotográficas dão conta dos imaginários presentes sobre estes territórios do fim do mundo, estas terras incógnitas habitadas por seres de fala gutural e ininteligível, verdadeiros representantes dos primeiros estágios do desenvolvimento humano segundo a teoria evolucionista em voga*].

A relação exposição-fotografia não pode ser dissociada, portanto, do racismo científico, ao mesmo tempo que faz parte de uma espetacularização que estimula e funda o desejo pelo exótico alimentado ainda por narrativas de viajantes e lendas difundidas, no mais das vezes, por europeus que registraram, imagética ou verbalmente, terras e sociedades distantes. O espetacular na ciência se mostra notável desde o século XVIII e se relaciona estreitamente com o crescente prestígio social dos cientistas nas nações europeias. A raça e a criação de monstros, agora não mais pelo imaginário medieval, mas por aspectos atinentes ao biológico, vão estar estreitamente interconectadas, inclusive na relação que mantêm com o colonialismo.

Diante do desaparecimento de uma cultura como os Selk'nam, resulta particularmente inquietante o papel de fotografias produzidas na construção de uma memória possível para aqueles que já não mais existem. Para Báez, uma disposição imaginativa é premente no trabalho do historiador diante da precariedade de vestígios como a própria imagem fotográfica, em particular quando se tem em mente que, muitas vezes, o que se registrou foi uma ideia de indígena que atendesse a expectativas e interesses associados ao fotógrafo e ao contexto social a que pertencia. O próprio ato fotográfico, nesse sentido, denota uma desigualdade de condições e, de certo modo, funciona como uma apropriação e uma dominação sobre quem é fotografado. Além disso, quando se trata de registrar sujeitos em estado de exposição em uma feira ou jardim, em que medida a imagem não perpetua essa condição de objeto de curiosidade?

As questões apresentadas pelo historiador apontam para a participação da fotografia na tipificação, classificação e organização da humanidade em raças, bem como para a lógica de visibilidade, estreitamente associada ao espetáculo, que está relacionada à fotografia científica, como não deixam dúvidas as orientações destinadas à produção desse tipo de imagem. Há, quanto a isso, uma ênfase no corpo das pessoas retratadas e um acentuado controle sobre sua apresentação e disposição, de maneira que era habitual que a pessoa aparecesse desnuda ou vestida com sua indumentária tradicional (ou o que assim fosse considerado), fotografada de corpo inteiro a partir de dois pontos de vista distintos: de frente, em posição firme, mão aberta e pés juntos; já de perfil, se deveria tomar a foto do lado esquerdo com o cotovelo desse braço flexionado para não interferir na visão do contorno dorsal nem no perfil da região peitoral (Allende, 2018, p. 49). Do mesmo modo, havia diretrizes para fotos da cabeça, o que incluía o uso de réguas na imagem para indicação das medidas. Como não lembrar da *Negra da Bahia* do fotógrafo alemão Henschel e de outras tantas fotografias dos "typos de pretos" no Brasil? A prevalência de interesses antropométricos no momento de se capturar a imagem e a tentativa de se estabelecer modelos explicativos e taxonômicos aparecem, por conseguinte, como parte da ênfase no visível, a qual se mostraria especialmente profícua em relação ao corpo, como João Luiz Vieira (2003) sugere quando menciona não ser mera casualidade a invenção concomitante do raio X e do cinema no final do XIX.

Essa percepção da visualidade como parte de uma política de poder, atravessando arte e ciência, é evocada nas obras de Rosana Paulino, como quando, por exemplo, recupera a imagem do fotógrafo alemão para tornar manifesta a mutilação perpetrada pela fotografia, bem como o seu funcionamento como técnica de taxidermia. Trabalhos como os de Rosana terminam por apontar que a investigação estética é também epistemológica. A dinâmica da composição, as tecnologias de registro e seus efeitos na produção das imagens atendem e alimentam formas de ver pautadas em paradigmas cognitivo-políticos. E é nesses termos que experiências como aquelas propostas por artistas latino-americanos como Paulino problematizam a violência subsumida em modelos idiossincráticos às relações de poder em que foram forjados.

São diversas as implicações de se conduzir grupos humanos a lugares específicos de exposição, recriar uma ambientação que se julgue típica daquelas culturas, reduzir os sujeitos à condição de atração e, a partir daí, construir uma memória do que, afinal, teriam sido aquelas pessoas. A afirmação da superioridade da civilização branca, identificada ao futuro em contraste com povos apresentados como expressão de estágios anteriores ao da humanidade, é, decerto, como assinala Christian Báez Allende, uma dessas implicações. Não se pode negar a força colonial dessa forma de visibilidade nem como ela está assustadoramente presente tanto nos estúdios de fotografia quanto nas jaulas usadas na exposição...

Em *Fin de un mundo: los Selk'nam de Tierra del Fuego*, publicado em 2002, estão reunidos textos, materiais e fotos produzidos por Anne Chapman, bem como o roteiro de seu filme com Ana González. Um dos capítulos é dedicado a Lola Kiepja. No relato que atravessa a experiência subjetiva da autora e os aspectos que envolveram seu trabalho de campo, Chapman (2002, p. 33) comenta que, enquanto conversava com Lola a respeito de suas memórias: "Hablando de estos espíritus y de las travesuras de algunos de los paisanos durante la ceremonia, se reía hasta que las lágrimas aparecían en sus ojos, y después me miraba aún riéndose y decía: 'Qué salvajes!'" [*Falando desses espíritos e das travessuras de alguns dos seus durante a cerimônia, ria até que as lágrimas apareciam em seus olhos e depois me olhava ainda rindo e dizia: "Que selvagens!"*].

A noção de selvagem desponta como uma questão melindrosa. Chama a atenção uma sobrevivente de povos patagônios fazer uso da designação para se referir a seus pares, quando sabemos se tratar de uma categorização recorrente na desqualificação dos povos ameríndios, especialmente como contraponto a um estado de civilização que se buscou defender como evolutivamente superior. A etnóloga, no entanto, não faz apreciações que ofereçam alguma interpretação ou tentativa de esclarecimento do que Lola quisera dizer com sua interjeição. Temos apenas a preocupação da estudiosa em registrar o episódio e uma transcrição breve do contexto em que ocorrera. Pouco sabemos, mas o que temos enquanto leitores é suficiente para provocar incômodo e gerar incertezas sobre o que, afinal, a denominação significava para aquela mulher, bem como o sentido que teria em meio à evocação de experiências antigas entre seu povo.

O antropólogo mexicano Roger Bartra sustenta que o estudo do selvagem, tomado como categoria do imaginário europeu, seria indispensável para se compreender a própria civilização branca ocidental. Ele aponta o papel que a encenação, a representação e a teatralização teriam desempenhado enquanto procedimentos necessários para salvaguardar a identidade dos homens ocidentais civilizados frente ao perigo de contaminação decorrente do contato com a selvageria, deslocada do imaginário para a realidade quando do estabelecimento do contato com os povos nativos da América. Os americanos passaram a ser vistos como a encarnação do selvagem.

Enquanto uma questão europeia, mais do que dos povos originários do continente americano, o mito do homem selvagem, em suas raízes na cultura popular medieval, irá ganhar expressividade nas esferas ditas cultas a partir do Renascimento e representará, sob o ponto de vista de Bartra, uma condição intermediária entre natureza e civilização que exerce fascínio e assusta. Diferentemente dos bárbaros, que, hostis à nobreza europeia cristã, seriam infiéis, mas não vazios de alma, os selvagens corresponderiam à definição de "un ser humano o semihumano que se ubica – ya sea de manera permanente o transitoria – en los linderos de la bestialidad en contacto estrecho con la naturaleza animal" [*um ser humano ou semi-humano que se localiza – seja de maneira permanente ou transitória – nos limites da bestialidade em contato estreito com a natureza animal*] (Bartra, 1992, p. 110). Essa condição, ao desmentir a distinção taxativa entre humano e animal, desafiava a ordem cristã; na realidade, lhe escapava, e portanto tratá-la como demônio significava submetê-la a uma interpretação religiosa e incorporá-la à cosmovisão do cristianismo.

Em linhas gerais, o que nos propõe o pensador mexicano é que o homem selvagem se constituiu, antes de mais nada, como um mito que favoreceu a consolidação da sociedade ocidental e de sua concepção de civilização. Nessa perspectiva, o selvagem não foi um mito criado no contato com os habitantes do continente americano; na verdade, os conquistadores europeus teriam trazido seus próprios selvagens ao explorar novas terras. A argumentação a favor da origem europeia do selvagem se sustenta em aspectos como, por exemplo, as diversas representações de homens e mulheres cujos corpos cobertos de pelo atendem ao biotipo branco. De todo modo, o DNA europeu do homem selvagem advogado por Bartra joga luz sobre a importância de se compreender melhor como a história pré-colombiana da Europa se relaciona com o processo colonial e as imagens que se construíram dos ameríndios, o que contradiz a acepção do selvagem como ontologicamente americano. A inconsistência de fundamentos naturais que justificassem premissas europeias também pode levar a indagar em que termos se desenvolveu uma perspectiva de diferenciação biológica tal como propõe Aníbal Quijano. Algo que, por sua vez, não pode ser separado da própria transição da sociedade medieval para a modernidade.

Ainda pensando com Roger Bartra (1992), esse mito construído no seio da cultura ocidental teria atravessado a história e ultrapassado os limites do Medievo, em parte porque foi alimentado pela busca científica de explicações sobre monstros e fenômenos não naturais que, a princípio, não poderiam ser enquadrados como sobrenaturais e, consequentemente, estavam fora do escopo da interpretação religiosa como vontade divina ou ilusão satânica. Havia um imaginário, uma iconografia e um lendário estabelecidos no contexto das narrativas populares na Idade Média que não foram eliminados para dar lugar à razão científica; esta, na verdade, pelo contrário, se alimentou dos mitos. O antropólogo mostra como uma imagem de 1486, que representa uma mulher com aparência simiesca, é reutilizada no século XVIII por Lineu e Hoppius para retratar um *homo caudatus hirsutus*, inserido em um sistema de classificação do homem que, como explora Mary Louise Pratt, comportaria manifestações monstruosas. Roger Bartra problematiza, portanto, a oposição entre *logos* e *mythos* ao argumentar a favor da incorporação do mito na ciência.

Se, no contexto medieval, os homens selvagens e os monstros foram tratados como uma ameaça, posto que dotados de realidade física e tangível; por outro lado, no Renascimento, passam a ser, sobretudo, uma ideia. Essa mudança, na argumentação desenvolvida pelo autor mexicano, se tornou possível porque o contato com a "vida selvagem" americana não ratificou o que se tomava como real. Isso, porém, não significou o desaparecimento do homem selvagem medieval, mas seu deslocamento para o campo do declaradamente imaginário e fabuloso. Ainda para Bartra, o homem selvagem do racionalismo iluminista se mostrou, portanto, muito mais fabuloso que o *homo sylvestris* medieval e passou a ter uma influência ainda mais significativa na cultura ocidental. Não houve, por conseguinte, uma decadência do mito com a ascensão da ciência, mas sua revitalização e relocação.

O contato cotidiano com homens e mulheres da América teria, sob essa ótica, se imposto como uma realidade e, desse modo, teria afetado o mito europeu do homem selvagem, transformando-o. Esse entendimento dá direcionalidade diferente do que se tornou habitual quando se trata da visão europeia sobre os povos da América. Reconhecer interferências importantes em um mito europeu não só retira os ameríndios de uma condição de passividade como também revela o caráter dinâmico de relações decorrentes do contato.

Por outro lado, a falsa oposição entre ciência e mito, como é proposta por Bartra, me faz pensar que enfrentar o valor colonial da categoria de selvagem exige questionar o realismo científico – problematizar a constituição dessa ordem de conhecimento, reconhecê-la como discurso e capturar sua constituição política e cultural. Merecem atenção os desdobramentos de se imaginar, em primeiro lugar, que o selvagem não é o americano, que se trata de um mito europeu e que a ciência o incorporou, o que está estreitamente associado a mecanismos de afirmação da civilização a partir da negação de um outro identificado à natureza. Isso me leva a concluir que apenas quando se propõe a diferenciação entre humanos e não humanos, aqueles vistos como não natureza, se torna possível a existência da categoria de selvagem tal como se constituiu – evidência da permanência, no ethos ocidental, do que é passado, primitivo, atrasado, inferior e bestial. O selvático é, por esse viés, intercorrência de um modelo de civilização que pressupõe o afastamento entre homem e natureza.

Esse ponto de vista pode ajudar a refletir melhor sobre a atitude de Lola Kiepja, não porque me permite aferir exatamente por que ela teria se referido a outros membros de seu grupo social como selvagens, mas por abrir alguns caminhos para se pensar como mito e ciência, mutuamente implicados, sustentaram práticas e concepções coloniais que tornaram plausível que, entre si, povos originários se reconhecessem nesses termos. O autorreconhecimento ou o reconhecimento do seu semelhante como selvagem talvez esteja relacionado à percepção do grau de perigo da ausência de uma noção qualquer de humanidade capaz de dar ordem a um mundo que se desestrutura. Quando Roger Bartra desenvolve sua etnografia do homem selvagem, destaca a ausência de governo como fator importante na sua definição, inclusive em diferença ao bárbaro. Concebê-lo como um "amenazador vacío de leyes, códigos e instituciones de gobierno – un verdadero desierto político y moral" [*ameaçador vazio de leis, códigos e instituições de governo – um verdadeiro deserto político e moral*] (Bartra, 1992, p. 102) tem desdobramentos notórios nas relações de dominação colonial.

> Muchos siglos después, en el fragor del colonialismo moderno, todavía se escucharon los ecos antiguos de ese asco occidental por los pueblos inmersos en la naturaleza, de ese horror al vacío político y a la ausencia de fueros y reglas. En el siglo XIX la cacería de los que Quatrefages también llamó hombres salvajes adoptó la forma brutal y sanguinaria – la llamada Guerra Negra – del exterminio de los tasmanianos por los colonos ingleses, quienes consideraban a los aborígenes como animales y los cazaban como tales (...). (Bartra, 1992, p. 103)
>
> [*Muitos séculos depois, no estampido do colonialismo moderno, ainda se escutaram os ecos antigos desse asco ocidental pelos povos imersos na natureza, desse horror ao vazio político e à ausência de foros e regras. No século XIX a caçada dos que Quatrefages também chamou homens selvagens assumiu a forma brutal e sanguinária – a chamada Guerra Negra – do extermínio dos tasmanianos pelos colonos ingleses, que consideravam os aborígenes animais e os caçavam como tais* (...)].

O temor ao estado de natureza experimentado pelo homem medieval perpassa o colonialismo. As tentativas teológicas e científicas de diferenciação do humano, sua definição em diferença à bestialidade primitiva, também asseguravam a instituição da superioridade civilizatória, que se confirmava pela insistente repulsa àquilo que se lhe figurasse ameaça. Quando conduziram a uma pequena ilha algumas centenas de tasmanianos sobreviventes do massacre que lhes vinha sendo infligido, o isolamento e a segregação foram apresentados como medidas protetivas, pois restringiriam o acesso dos colonos aos aborígenes; mas também tratava-se de medida de controle e de expropriação, pois se negava àquela população seu território, sua autonomia e sua história. Os tasmanianos foram tratados como espécimes a ser eliminados ou preservados; todavia, o confinamento imposto não evitou o fim daquela sociedade, uma vez que se registra a morte da última mulher "selvagem" tasmaniana em 1876. Difícil não enxergar nessa história um padrão que se repetiu insistentemente, como atestam as trajetórias de Lola Kiepja e Ángela Loij.

Em seu blog sobre ciência, o biólogo espanhol Pepe Cervera[3] publicou um texto intitulado "Testemunhas do fim do mundo" em que elenca casos diversos de últimos representantes de etnias que foram extintas. Estão lá a última mulher tasmaniana, Ángela Loij e outros. Como Chapman em seu livro, Cervera usa a imagem de mundos que se acabam a partir do desaparecimento de sua cultura e inclui em sua listagem o caso do "índio do buraco", indígena que vive isolado e sozinho na Amazônia brasileira e vem sendo monitorado há anos pela Funai. Sobrevivente de uma etnia que se desconhece e cujos últimos representantes, ao que parece, foram assassinados por grileiros na região, ele recusa contato e sobrevive sozinho em espaços escavados no solo à maneira do que antropólogos já haviam registrado em outros grupos indígenas. Essas escavações seriam capazes de manter condições estáveis de temperatura e umidade em relação ao ambiente externo, bem como evitariam mosquitos. O "índio do buraco", bem como os outros casos apresentados por Cervera, é testemunha de uma cultura e uma língua que morrerão com ele. E, diante disso, ecoam com insistência as palavras do poeta e filósofo antilhano Édouard Glissant (2005, p. 44): "Não salvaremos uma língua do mundo deixando morrer as demais".

Quando uma língua desaparece, vidas, memórias e saberes desaparecem. Algo próximo da maneira como, em matéria do jornal

3. Este era o nome pelo qual ficou conhecido José Cervera, professor da Universidade Rey Juan Carlos e divulgador científico responsável pelo blog *Retiarioa*. A postagem mencionada data de 29/09/2015 e está disponível em: https://blog.rtve.es/retiario/2015/09/testigos-del-fin-del-mundo.html

El País de 3 de junho de 2020,[4] são tratadas as consequências do avanço da covid-19 pela Amazônia, especialmente diante da morte dos mais velhos de povos como os Munduruku. Na reportagem, Bruna Rocha e Rosamaria Loures retomam frase proferida em reunião da Unesco de 1962 pelo intelectual malinês Amadou Hampâté Bâ: "Saiba que no meu país, toda vez que um velho morre, uma biblioteca é incendiada". Cada ancião morto numa comunidade é uma biblioteca que se queima. Para que, no entanto, se lamente essa perda, é preciso reconhecê-la enquanto tal. Há um gigante cemitério em expansão alimentado pelo desaparecimento diário de mundos, e vale considerar o que isso tem a ver com a ideia de "homem selvagem" subjacente às empreitadas coloniais. Talvez os zoológicos humanos sejam particularmente esclarecedores a esse respeito.

Zoológicos humanos é uma designação proposta por historiadores franceses para a prática de exposição de pessoas que se popularizou na Europa e foi reproduzida pelas elites e colonos americanos. Como assinala Nicolas Bancel em entrevista concedida à *Folha de São Paulo* em 14/07/2002 – por ocasião da publicação na França de uma reunião de textos sob o título de *Zoos Humains*, da qual é um dos organizadores –, esses "espetáculos antrozoopológicos" assentados no interesse pelo exótico

> (...) permitem fixar o estatuto da alteridade, da diferença, do "outro", em toda a sua diversidade, hierarquizando-a. Essa função identificatória, que está nas origens do racismo e permeia toda a nossa cultura popular e mesmo científica, foi constante ao longo de toda a colonização e, mesmo depois dela, ressurge constantemente na história da França e da Europa. (*Folha de São Paulo*, 14 jul. 2002)[5]

Bancel associa a expansão dessas formas de exposição no século XIX à consolidação de fronteiras e limites na constituição dos Estados

4. Disponível em: https://brasil.elpais.com/opiniao/2020-06-03/na-amazonia-as-bibliotecas-estao-sendo-incendiadas.html

5. Disponível em: https://www1.folha.uol.com.br/fsp/mais/fs1407200210.htm

nacionais, e isso explicaria como a construção de uma figura arquetípica, que permite estigmatizar o "outro", ressurge a cada crise como parte de políticas xenofóbicas.

A associação entre zoológico e espetáculo não se limitou à exposição de fueguinos, houve uma difusão desse tipo de exibição que incluiu experiências brasileiras, como a apresentação de Botocudos na Exposição Antropológica de 1882, promovida pelo Museu Nacional. Anunciada com uma "festa da ciência", a exposição teve como atração principal sete indígenas que foram levados do Espírito Santo para o Rio de Janeiro. A exemplo dos eventos internacionais promovidos na Europa e nos Estados Unidos, bem como de iniciativas como a que se deu em Buenos Aires, há uma celebração da ciência e da civilização por meio da exibição do selvagem como um contraponto.

"Botocudos" era a forma como foram chamadas pelos colonizadores portugueses as etnias que usavam alargamentos labiais (botoques). Tais indivíduos eram ainda tidos como exemplo de selvagens que subsistiam nos sertões ocultos, inferiores ao índio histórico "tupi por excelência" e "extinto de preferência" (Monteiro, 1996, p. 15). O ambiente político e cultural do século XIX no Brasil, segundo a tese de John Manuel Monteiro, estabeleceu alguns condicionantes que conferiram particularidades à introdução da discussão sobre raça no país, como a diferenciação entre tupis e tapuias, segundo a qual, aos primeiros, representados como o índio dócil do passado histórico, se atribuía participação na construção de uma matriz nacional, enquanto os segundos seriam os que sobreviveram e chegaram ao Oitocentos como expressão de uma raça degenerada de selvagens. Interessavam, portanto, os povos já extintos em detrimento do "traiçoeiro selvagem dos sertões que atrapalhava o avanço da civilização" (Monteiro, 1996, p. 16). Esse "mau selvagem" trazia também a marca do canibalismo como traço de sua ferocidade e apelo à curiosidade. O interesse e a mobilização de um grande público ávido são respostas ao exótico representado por esses primitivos, tão distantes do mundo civilizado que poderiam ser encarados como um elo perdido, resíduos de uma condição primordial que, por fim, estaria fadada ao total desaparecimento.

A designação "Botocudos" decorre, por meio de caracterização pejorativa, da apropriação de identidades variadas. Se os Selk'nam ficaram muitas vezes conhecidos como Ona graças à difusão de uma designação que lhes era alheia, os sete indígenas expostos em 1882, como informa Marina Cavalcante Vieira em sua pesquisa sobre a Exposição Antropológica Brasileira, se denominavam Nak-Namuk e pertenciam ao tronco linguístico Krenak. Num contexto em que etnografia, comercialização e espetáculo orientavam a concepção dessa qualidade de eventos, buscava-se reproduzir o ambiente original dos nativos e, por isso, além de se incluir a exposição de objetos associados, a princípio, ao modo de vida daquelas pessoas, era desejável que elas fossem vistas executando atividades como dançar, cantar, empunhar o arco e a flecha. Triste esse encontro de fueguinos e botocudos.

A exposição em si e o formato em que se dava tinha um sentido pedagógico bastante significativo presente também na exposição do Museu Nacional. As grades da jaula ou os limites que separam o observador do observado seriam capazes de estabelecer uma fronteira definida entre humano e não humano: este, objeto de curiosidade e estudo, passado e natureza; aquele, o branco civilizado. Por isso, no caso do evento ocorrido no Brasil, é bastante esclarecedor saber que o público à época, como o trabalho de Marina Vieira nos elucida, se avolumava e se empurrava para ver os Botocudos. Por conta desse tipo de comportamento, os citadinos aparecerem caricatamente apresentados na imprensa como talvez mais selvagens que os selvagens. No entanto, a importação do modelo dos zoológicos humanos por localidades ainda em vias de modernização servia à afirmação de diferenças que dariam ao colono no Rio de Janeiro ou em Buenos Aires ou em Santiago do Chile, ou em qualquer outra região da América Latina, o atestado de humano. Afinal, diante dessa população local indisciplinada, talvez soasse ainda mais necessário reforçar as fronteiras entre cidade e sertão, civilizados e selvagens. E quando, após a exposição promovida pelo Estado, ocorreu uma inusitada segunda viagem dos Botocudos para Londres, dessa vez por iniciativa da família Barata Ribeiro, houve uma grande reação contrária que se valia, com alguma frequência, de justificativas humanitárias, mas "o argumento mais comum era, de fato, que o Brasil não poderia ser representado 'lá fora' por 'silvícolas' botocudos, afinal, o que pensariam de nós na Europa?" (Vieira, 2019, p. 338).

A equação que divide e desiguala internamente os povos circunscritos pelas fronteiras nacionais aparece tratada de maneira sensível no filme de Ana González e Anne Chapman, quando acompanhamos a participação melancólica de Ángela Loij em um programa de televisão em Buenos Aires que, sob o pretexto de fazer conhecer a diversidade de etnias que povoavam o país, levou ao ar representantes de povos originários que habitavam o território argentino. A ausência de interesse real pela história das pessoas que ali estavam, como não deixa margem de dúvida a entrevista lacônica conduzida pelo apresentador, mostra a aposta no exótico e o apagamento de realidades a favor de uma visão integradora de nação. O estúdio de televisão apresenta-se como espaço de exibição em que importam os rendimentos de uma audiência contabilizada política e economicamente. Essa experiência, no entanto, é ainda aprofundada no documentário quando Ángela vai visitar o jardim zoológico da cidade e se encanta ao ver animais que lhe pareciam excepcionais, como o elefante ou a girafa. Mais uma vez, Chapman opta por não fazer uma intervenção interpretativa que dê um parecer sobre a situação apresentada; deixa-se ao espectador a compreensão do episódio, que remete, inevitavelmente, à exposição de povos indígenas ali mesmo, do outro lado das grades, em Buenos Aires há menos de um século.

Provavelmente, nunca poderei saber com segurança por que Lola Kiepja chamou os seus de selvagens e em que sentido empregou o termo, no entanto, a indagação persistente que resultou daí me mostrou a potência do desconforto gerado... acredito que o relato de Chapman cumpriu seu objetivo ao provocar as conjecturas que me deixaram mais próxima de entender os desdobramentos que uma designação como "selvagem" pode assumir em contextos de conquista, exploração e extermínio. Quando me volto novamente às fotografias sobre as quais Christian Allende (2018, p. 26) desenvolve seu trabalho como historiador, ficam mais evidentes os efeitos capazes de provocar a recuperação de experiências como as representadas pelos zoológicos humanos, principalmente quando se considera que, à maneira do que o autor defende, "el contenido de la imagen fotográfica – en su calidad de intrigante documento visual – puede ser al mismo tiempo revelador de informaciones y detonador de emociones" [*O conteúdo da imagem fotográfica – em sua qualidade de intrigante documento visual – pode ser ao mesmo tempo revelador de informações e detonador de emoções*]. Está aqui, a meu ver, o incontornável da minha reflexão... a emoção provocada pelo passado evocado, transformado ou presentificado em objetos antigos ou fotografias transpassa o exercício de criação que tem a memória como matéria-prima – a vivência afetiva que podemos reconhecer em Rosana Paulino e Patricio Guzmán particulariza sua condição de leitores e artistas que capturam e propõem narrativas. As imagens funcionam como relatos e tornam possível o trabalho criativo que sonda sua narratividade.

A emoção conta pontos importantes nesse contexto e, certamente, está por trás do que senti diante das fotografias dos fueguinos, das obras de Paulino, dos romances de Eltit e da cinematografia de Guzmán. Ao chegarem até mim as imagens de corpos pintados durante um ritual que, por fim, desapareceu com os Selk'nam, uma dimensão do seu imaginário me atingiu e provocou. Digo isso não apenas porque me vi pessoalmente envolvida pelos retratos, mas porque, sem dúvida, estou longe de ser a única, como comprova a disseminação das fotografias de Gusinde. Esse imaginário que nos afeta pelo que dele sobreviveu como testemunho está na própria motivação, por exemplo, do projeto editorial do grupo *Cuerpos Pintados*, uma iniciativa que começou em 1991, com a reunião de artistas chilenos convidados a pintar corpos nus, e que se desdobrou depois em uma exposição multimídia itinerante, em 2001, chamada *Cuerpos Pintados 2*. Financiado pela Fundación América, o grupo apresenta como seu objetivo "estimular una percepción del cuerpo humano más libre de prejuicios, para valorarlo en su infinita diversidad" [*estimular uma percepção do corpo humano mais livre de preconceitos, para valorizá-lo em sua infinita diversidade*] (Chapman, 2002). Não é de se estranhar, portanto, que a eles tenham também fascinado as imagens dos corpos pintados dos Selk'nam, em especial os retratados pelo padre alemão, como é explicitado no prólogo de Roberto Edwards à publicação do *Fin de un mundo*, livro de Chapman:

> Nadie queda indiferente ante la belleza y la fuerza documental de las imágenes de Gusinde; menos aún, cuando sabemos que él estaba consciente de estar fotografiando los últimos vestigios de pueblos en avanzado proceso de extinción. (Edwards, 2002, p. 11)
>
> [*Ninguém permanece indiferente diante da beleza e força documental das imagens de Gusinde; muito menos quando sabemos que ele estava consciente de estar fotografando os últimos vestígios de povos em adiantado processo de extinção*].

Essa declaração explica muita coisa, inclusive a iniciativa editorial no âmbito do Centro de Estudios Culturales del Taller Experimental Cuerpos Pintados e como o interesse pelas experiências corporais dos fueguinos, sua realidade estética e humana, levou grupos como esses a incorporar a contribuição deixada por Anne Chapman. Parece assim se estabelecer uma rede de recepção alimentada pela produção de trabalhos investigativos e experimentações estéticas em que a linguagem e o conhecimento são mobilizados a partir de uma experiência indissociavelmente cognitiva, estética e afetiva. Algo bem próximo do canto de Lola Kiepja e das imagens no filme de Chapman e González, ao situarem o humano no entrelaçamento das águas, montanhas e céu.

Posso assegurar que o impacto que a visão das fotografias dos Selk'nam teve sobre mim não pode ser compreendido se não se levar em conta o conjunto de articulações em que se encontravam essas imagens; em outras palavras, a experiência que vivi não me autoriza tratá-las isoladamente, a custo de converter artificialmente o que se vê em categorias estagnadas. As narrativas, em suas diferentes modalidades, deixam claro o quão perigosa é a partição intrínseca à taxonomia, uma vez que a pulsão classificatória é, muitas vezes, exercício de taxidermia. Como ocorre com a planta exsicada pelo naturalista, o isolamento do espécime, a deslocalização (temporal e espacial) e a catalogação são uma espécie de morte, necessária para a criação de uma discursividade fundada no fragmento. Ainda que no interior do pensamento moderno tenha havido correntes contrárias,[6] a perspectiva não relacional se estabeleceu como hegemônica. Por outro lado, o esgarçamento do pensamento também repercute nos afetos de modo a se estabelecer uma visão rota de mundo, cujas consequências se manifestam por meio da violência. Por isso, acredito que a restituição do relacional se apresenta como alternativa urgente e necessária ao que vivemos.

Ainda nesse sentido, a poesia, ao aproximar universo e corpo, passado e história, aciona a sua função de memória. Graças à capacidade de relacionar, o exercício poético da linguagem associado ao narrar se apresenta como força de intervenção no mundo. Eu sempre adorei histórias, mesmo as mais tristes. Isso pode explicar o encantamento que me provoca a poética audiovisual de Patricio Guzmán.

O diretor chileno expõe a capacidade que a linguagem tem de burlar convicções e estimular sensibilidades, uma vez que a história do menino que lia Júlio Verne e gostava de astronomia, no que tem de biográfica, não deixa de ser também a da luz que atravessa galáxias

6. Refiro-me, por exemplo, a modelos propostos por cientistas como Alexander von Humboldt, caracterizados pela defesa de uma visão mais holística da natureza. A concepção de que se deveria apreender o contexto e estudar o espécime de forma não isolada levou a práticas como a viagem para estudo *in loco*, bem como a representação visual do ambiente em suas múltiplas interligações. A inclusão da paisagem tornou-se, então, exercício recorrente nos desenhos realizados em expedições. Como já dito a respeito das representações da natureza, a perspectiva ecológica aí representada fazia parte de um conjunto de práticas que, entre o final do século XVIII e o início do XIX, tem sido reconhecido por alguns pesquisadores como uma "ciência romântica", designação que ainda permanece, contudo, controversa. O exemplo do romantismo é importante para que se compreenda que não foi sem disputas nem dissonâncias internas que se estabeleceram concepções hegemônicas.

e que se reflete na pele tingida de sujeitos já desaparecidos para ser, então, capturada em uma superfície sensível pelo ato fotográfico. O fio luminoso (que viaja pelo universo e pela memória pessoal e coletiva do cineasta) move os dispositivos técnicos de imagem e a própria produção audiovisual. Sua capacidade narrativo-relacional nos oferece retratos de uma existência desaparecida ou intencionalmente submersa para nos confrontar com os sentidos diversos que afloram da reprodução documental das pinturas rituais dos povos fueguinos.

Aprendo com Guzmán e, sem receio de imitá-lo, começo por seu *Mi Julio Verne* (2005) [*Meu Júlio Verne*], porque o meu ponto de partida é a imaginação. Escuto-vejo o menino criado no Chile que adorava livros de ficção científica, especialmente os de Verne: no olhar da criança que se atualiza na narrativa cinematográfica, convergiam o fascínio pela ciência, principalmente a astronomia, e a aventura das viagens extraordinárias. Guzmán junta-se, assim, a uma comunidade de leitores de diferentes gerações que tiveram sua visão de mundo afetada pelas histórias do autor francês, e é exatamente isso que constitui o fio condutor do roteiro de seu filme de 2005. Daí apresentar aventureiros, cientistas, artistas que vivem e produzem realidades que remetem o espectador àquelas criadas por Júlio Verne. Antes de tudo, assim como o diretor, os personagens do documentário são leitores, logo, o documentário passa a se configurar ele mesmo como uma realização – ou uma aventura, se preferir – decorrente de uma imaginação açulada pela literatura.

A força da imaginação infantil e os interesses que passam a acompanhar toda a trajetória de Guzmán se somam ao seu envolvimento com a política e a história de seu país natal. A memória pessoal, por sua vez, lhe permitiu forjar, na encruzilhada do subjetivo e do social, uma linguagem própria que o aproxima da estética do filme-ensaio notabilizada por Chris Marker. Em *Meu Júlio Verne*, por exemplo, os planos iniciais convidam o espectador a entrar na infância do documentarista por intermédio da aproximação progressiva às esferas íntimas de suas experiências: do geral para o particular, o filme simula e situa relações do contexto com vivências pessoais. Para isso, parte de uma tomada externa de Viña del Mar, cidade onde havia morado quando tinha 10 anos, para, progressivamente, alcançar a intimidade do lugar em que vivera. Do mar para a orla, daí para a rua e, na sequência, o enquadramento da fachada externa de uma casa para assim chegar a seu interior. Enquanto isso, a voz em *off* de Guzmán conta que ele havia sido um menino sonhador e que não gostava de estudar, motivo pelo qual sua mãe havia contratado uma professora particular duas vezes por semana. Não demoramos a compreender que a habitação em que entramos era a que o menino costumava frequentar para ter suas lições. O movimento gradativo de particularização, de fora para dentro, nos conduz ao retrato da antiga professora pendurado na parede, e um *close* da fotografia se faz acompanhar da narração que nos faz saber o seu nome – Carmem. A voz nos conta ainda que aquela casa sempre parecera misteriosa ao pequeno estudante, o que o narrador atribui à insistente ausência de pessoas e aos muitos livros que ali encontrava. Esse percurso para dentro da memória pessoal do diretor nos revela as impressões profundas que sua antiga mestra lhe deixara ao ensinar-lhe a viajar pelo mundo com os dedos tateantes sobre os mapas e a apreciar os livros de Júlio Verne.

Percorrendo o globo por meio da cartografia e da escrita, o menino de então experenciou viagens imaginárias que lhe marcaram profundamente. Sentiu, assim, despertar, ainda criança, a paixão pela aventura. Por outro lado, a viagem pela imaginação aparece associada à elaboração literária e ao contar histórias. O filósofo francês Michel Serres (2007, p. 17), ao ser entrevistado por Jean-Paul Dekiss sobre suas reflexões em torno da obra de Verne, declara não ser mais possível separar a história das ciências daquela que se constrói sobre a filosofia, a literatura e as religiões. Isso exige também novas formas de escrever, capazes de incluir "diversas vozes" e "beber em muitas fontes ao mesmo tempo". O caminho indicado pelo filósofo é o da problematização do pensamento ocidental modernamente instituído, fundado na segmentação e imposto como único, o que tem a ver de igual maneira com o que Serres assinala acerca do poder de encantar próprio ao conhecimento, especialmente quando podemos efetivamente compreendê-lo. Essa compreensão, por sua vez, é possibilitada pelas narrativas, e a obra de Júlio Verne seria uma demonstração de que: "O mundo revela tantos milagres vistos, depois sabidos, que somente uma narrativa fabulosa pode relatá-los, melhor, cantá-los" (Serres, 2007, p. 162).

Da articulação entre conhecer e narrar sobrevém o encantamento, e isso tem tudo a ver com as viagens. Serres (2007, p. 163) declara, tendo em vista sua definição de "terceiro instruído" e, particularmente, no que diz respeito às narrativas, que: "O verdadeiro viajante, esse terceiro homem, sim, esse *Tiers-Instruit* tem três cabeças e três corações. Ele olha com os olhos, compreende com o cérebro e com o corpo, por fim, canta esse encantamento. Compreender aumenta a beleza visitada que, então, é cantada".

A viagem, em suas múltiplas possibilidades, pode ser encarada como uma modalidade narrativa, pois exige um deslocamento que é também um sair de si e confrontar-se com o que não se sabe. Ao mesmo tempo, a prática de narrar, enquanto modo de saber, remete à contribuição de povos originários cuja cosmologia se expressa na assunção da narrativa como forma de conhecimento. Vale relembrar como Anne Chapman e Ana González constroem um relato audiovisual em que os antigos cantos Selk'nam entoados por Lola Kiepja são também a conexão entre água, cordilheira e céu. Essa interligação, que inclui os antepassados, estaria subjacente a modos de dizer que significam uma mudança epistemológica. Quem sabe por isso Ailton Krenak (2019) afirme que, para adiar o fim do mundo, seja preciso seguir contando histórias.

No caso de Patricio Guzmán, o fascínio pelas viagens e a própria condição de viajante do cineasta, que se desloca intensamente para fazer seus filmes, parecem catalisar a imaginação ficcional, o interesse pela ciência, o encantamento pelas paisagens (sobretudo as de seu país natal), o desenvolvimento de uma linguagem cinematográfica e do gênero documental, bem como a preocupação política. Desse modo, como um explorador desconfiado das margens que separam o pessoal e o político, Guzmán aguça, como artista, sua sensibilidade em relação às experiências humanas, aprofundando a escuta e conectando-a a uma realidade política, histórica e natural. Isso só é possível pelo exercício de uma narratividade estabelecida a partir da subjetividade do narrador-autor, ponto de partida para um documentário que se define como linguagem e reflexão.

Em trabalho fundamental sobre a obra do documentarista chileno, Jorge Ruffinelli (2008) explora minuciosamente a produção fílmica de Guzmán do período de 1965 a 2005 para concluir, em vista da análise de *Meu Júlio Verne*, que, em sua obra, o documental se multiplica e coletiviza. Algo identificável na estrutura do documentário de 2005, segundo Ruffinelli, em virtude de que o "meu" Júlio Verne – que supõe tanto o escritor da infância do narrador quanto aquele sobre o qual o diretor desenvolve uma visão cinematográfica – se projeta também no das aventuras de outros leitores tornados personagens no filme. O crítico nota com pertinência que a maturidade criativa que o chileno alcança aqui está assentada em "su propia convicción de que el documental es un género narrativo" [*sua própria convicção de que o documentário é um gênero narrativo*] (Ruffinelli, 2008, p. 237).

Assim compreendida, a narrativa dá ênfase ao relacional e, por isso, possibilita que a imagem se apresente em seus desdobramentos, negando-a como existência isolada. Essa narratividade da relação se apresenta como configuração do filme-ensaio, que se desenvolveu a partir de premissas as quais um autor como Timothy Corrigan (2015, p. 33) sistematiza nos seguintes pontos: "(1) um teste de subjetividade expressiva por meio de (2) encontros experienciais em uma arena pública, (3) cujo produto se torna a figuração do pensar ou pensamento como um discurso cinematográfico e uma resposta do espectador". Mas cujo exercício é também assinalado pela flexibilidade herdada do ensaio literário, o que justifica "a mistura e a correspondência de estilos, gêneros e materiais estéticos". A feição múltipla e móvel favorece tremendamente a experimentação, que se torna aspecto importante do filme-ensaio e que, em suas realizações como documentário, lhe permite afastar-se dos formatos tradicionais do gênero, identificados muitas vezes à busca de explicações definitivas da realidade. O que entendo, portanto, como uma "narrativa-relacional" fala de perto com o que certa tradição no cinema entende como filme-ensaio, com a diferença, contudo, de que estou particularmente interessada em enfatizar uma noção de narratividade que se aproxime da força expressiva do contar histórias e da sua dimensão como conhecimento, inclusive quando se trata da contribuição de cosmologias como as ameríndias. Como procedimento estético e epistemológico, esse narrar-relacionar se pauta no estabelecimento de vínculos, conexões e interrelações capazes de superar dualidades como natureza e cultura. Essa formulação, contudo, parte de obras latino-americanas contemporâneas que, em suas diferentes modalidades, têm almejado estabelecer formas de linguagem-pensamento aptas a restituir ou instituir conexões que se oponham à descontextualização atrelada, muitas vezes, a silenciamentos. O relato audiovisual não se configura, por esse aspecto, como mero registro ou evocação de um momento e contexto, mas encerra uma multiplicidade de significados interpostos que nos revelam formas de desaparecimento e processos de invisibilização. Logo, a imagem isolada e descontextualizada que seria, a princípio, superfície (e realidade) plana, achatada, bidimensional – planta exsicada, borboleta fixada, corpo fatiado –, graças à articulação em uma narratividade, surge como relevo.

A força do trabalho de Guzmán estaria, em grande parte, em suas convergências, em sua constituição como o que entendo por uma narrativa-relacional. Isso, no entanto, não pode ser desarticulado do cinema como linguagem; por isso, convém considerar, por exemplo, o significado da cinematografia de Chris Marker para o desenvolvimento do trabalho do diretor chileno. Assim, quando Corrigan analisa a produção do cineasta francês, vejo pontos evidentes de contato e que perpassam a concepção de documental de Patricio Guzmán: "(...) seus interesses permanecem notavelmente consistentes: memória, perda, história, comunidade humana, e como nossa frágil subjetividade pode reconhecer, representar, render-se e sobreviver a essas experiências" (Corrigan, 2015, p. 41). Embora o autor esteja se referindo a Marker, não seria difícil reconhecer aí princípios importantes ao documentarista chileno.

O botão de pérola (2015), outro de seus filmes, catalisa o que penso a respeito de uma narrativa-relacional. O desafio de leitura exige que eu volte à pedagogia das suturas de Rosana Paulino, aos corpos anarcobarrocos de Diamela Eltit e que eu me aproxime da narratividade de diferentes fios que o cinema de Guzmán me ensina. Para ler o seu filme, se impõem: sua trajetória como cineasta, sua relação com a história política do Chile, seu fascínio pela ciência e pela aventura do viajante, sua imaginação narrativa e sua memória pessoal e coletiva.

A narrativa no filme de 2015 se desenvolve a partir de um início duplo intercomunicante: a epígrafe tomada ao poeta Raúl Zurita – "Todos somos arroyo de una sola agua" [*Todos somos córrego de uma só água*] – e a imagem de um cristal de quartzo, exposto em diversos ângulos sobre um fundo escuro. Graças à ampliação do *zoom* da câmera, podemos notar que ali se encontra uma gota de água aprisionada. As conexões se estabelecem de imediato, uma vez que a entrada da voz de Patricio Guzmán informa um procedimento narrativo. Ao dizer que aquele cristal fora encontrado no deserto do Atacama, de imediato somos remetidos à película anterior – *Nostalgia de la luz* (2010) [*Nostalgia da luz*] –, que se passa no deserto de sal do Chile. O bloco de quartzo conservado nas condições particulares de um lugar tão seco, aspecto amplamente explorado no filme de 2010,[7] permite ainda outra conexão: a que leva ao cosmos. Pois a água encontrada em pleno deserto é indício da descoberta que os astrônomos fazem sobre a existência da substância em todo o universo. Da imagem do quartzo somos encaminhados aos telescópios voltados para o céu no Atacama, que desempenham, em *Nostalgia da luz*, uma função narrativa importante. Esse desdobramento permite, desde os primeiros minutos do filme, estabelecer uma rede de significações e encadeamentos, o

7. A respeito de *Nostalgia da luz*, desenvolvo uma leitura no artigo "Narrar o deserto: experiências latino-americanas" (2020a).

que inclui a sua vinculação com o documentário anterior do diretor e, portanto, a sua preocupação com uma cesura interna à própria obra do autor. Vale lembrar que os dois filmes fazem parte de uma trilogia que comporta ainda *La cordillera de los sueños* (2020) [*A cordilheira dos sonhos*] e que tem como base a conformação espacial do Chile, representada pelo deserto ao norte, pelas águas geladas ao sul e pelos Andes a leste, que Guzmán identificará como espécie de "coluna vertebral" da América do Sul. Por outro lado, outras conectividades são construídas, uma delas central no desenvolvimento da narrativa de *O botão de pérola*: a relação cosmos e água. O poeta já sabia aquilo que os astrônomos descobrem com seus instrumentos: a onipresença da substância no universo. Ciência e poesia se encontram como modalidades de conhecimento e percepção do mundo.

Em seus deslocamentos pelo tempo e pelo espaço, a água é uma viajante do cosmos que se tornou essencial à vida na Terra. Essa centralidade se traduz no seu papel como principal elemento articulador da narrativa do filme. O emprego, repetidas vezes, do *dissolve*[8] para as transições sugere certa continuidade de significados, como na sobreposição gradual que faz o cenário desértico povoado por máquinas voltadas para o céu dar lugar a gotículas brilhantes de água. A mudança não é apenas de uma imagem à outra, mas também de escala, o que assegura a percepção de que moléculas e cosmos são, como Zurita já antecipara, fluxo da mesma água. Essa concepção é visualmente explorada pelos pontos brilhantes em movimento que paulatinamente se transmutam na superfície móvel do oceano. Na

8. De acordo com o glossário de cinema da Universidade de Columbia: "A dissolve is a transitional device in which one shot fades out while the next shot fades in, so it is briefly superimposed over the first and then replaces it altogether. Dissolves are also called 'lap-dissolves' or, in England, 'mixes'. The first use of the dissolve in film may be in the Georges Méliès film, *Cendrillon* [*Cinderela*], 1899" [*Um dissolve é um dispositivo de transição no qual uma tomada desaparece enquanto a próxima surge, mas esta se sobrepõe brevemente à primeira e então a substitui completamente. Dissolves também são chamados de "lap-dissolves" ou, na Inglaterra, "mixes". O primeiro uso do dissolve em um filme provavelmente foi em* Cendrillon (Cinderela), *1899, de Georges Méliès*]. Disponível em: https://filmglossary.ccnmtl.columbia.edu/term/dissolve/

sequência, a luz dos reflexos dos cristais, das estrelas e das gotículas aparece sob a forma de um feixe saído de uma lanterna submarina, evocando seu caráter de recurso fundamental também ao cinema, uma vez que sem a iluminação produzida pelo instrumento teríamos apenas uma tela escura. Os dispositivos audiovisuais à disposição do cineasta lhe permitem construir visualmente similaridades necessárias ao prosseguimento do filme, como, por exemplo, os pontos brilhantes dispersos e móveis capturados na água consoantes com a visão de estrelas e astros.

A vista aérea da Patagônia que se segue constrói novo nexo. O narrador comenta a grande extensão da costa chilena e observa que, graças à sua geografia – delimitada, de um lado, pela cordilheira dos Andes e, do outro, pelo oceano Pacífico –, o país teria se caracterizado pelo insulamento. A questão do Chile como uma ilha é recorrente na reflexão de Guzmán e está presente em muitas de suas falas em público, em entrevistas e textos. As tomadas aéreas enfatizam os significados que assume a topografia particular do território nacional, visualmente identificado à Patagônia com suas muitas ilhas. Enquanto o narrador afirma que aquele era um lugar "sem tempo", entendemos que o isolamento é indissociadamente geográfico e histórico.

É interessante, porém, considerar como o viajante não se submete a essa ausência de porosidade e contato, pelo contrário. E mais ainda, é instigante pensar sobre isso quando se considera a relevância que a viagem assume não apenas na formação de Guzmán, mas também na sua experiência de chileno que vive na Europa e que faz filmes sobre o Chile. Esses elementos ainda ecoam o destaque dado ao trânsito no cinema, tanto na ficção quanto no documentário, bem como a forma como esse trânsito é ressignificado no filme-ensaio, em sua abordagem da experiência do subjetivo e do público em permanente investigação. A mobilidade ensaística encontraria na viagem uma expressão privilegiada: "os ensaios de viagem se movem por ambientes diferentes, novos ou bem conhecidos, para criar ensaios em que a experiência de espaço redefine um eu em um 'outro lugar' em constante mudança" (Corrigan, 2015, p. 106). Diante disso, parece válido dizer que a opção pela imagem gerada a partir do sobrevoo em *O botão de pérola* tanto explora a ideia do país-ilha experenciada pelo artista em exílio quanto remete ao olhar estrangeiro de quem viaja e percorre regiões, à maneira do que ocorre com as vistas aéreas em *Meu Júlio Verne*, em sua alusão ao voo de um balão que, como nas aventuras dos livros, reporta ao conhecimento de terras distantes.

Contudo, a abordagem da água como tema estruturante da narrativa traz à cena outras manifestações da substância, numa perspectiva em que a materialidade audiovisual comparece também em decorrência da evocação da memória pessoal do diretor. É sob esse prisma que a filmagem da chuva vem acompanhada do relato da lembrança que tinha o cineasta do som que ouvia, quando menino, do bater das gotas no telhado de zinco. A captura da imagem e do som das gotículas em queda funciona, desse modo, como recordação de uma experiência vivida na infância e que permanece interiorizada no sujeito. Essa chave da memória subjetiva subsiste, no entanto, na água-fluxo que remete, por sua vez, à observação do céu, porque o movimento dos conjuntos de água é evidência material de um complexo trânsito de forças que envolve planetas e astros. É assim que a água corre no filme, este também fluxo, bem como a memória – instâncias de um mesmo cosmos, em todas as suas múltiplas e pungentes conexões.

A subjetividade construtora se dá, em *O botão de pérola*, tanto pela condução da narrativa pela voz do autor em *off* quanto pelo entendimento progressivo de que as experiências pessoais do documentarista estão incorporadas a aspectos mais amplos da realidade natural, histórica e política. Essa incorporação, por fim, orienta os rumos dados ao narrar e, por conseguinte, aos usos da linguagem cinematográfica, posto que não se trata simplesmente de abordar tematicamente os caminhos pelos quais se constroem nexos, mas de atualizar esse processo de construção na narrativa; afinal, vale questionar a possibilidade de uma perspectiva relacional sem uma expressão também construída por meio de relações. O documentarista chileno aposta fortemente no recurso poético e compreende que a produção documental interessa na medida em que se estabelece como exercício da linguagem e da imaginação. Para tanto, Guzmán postula a ampliação do que se designa como documental e assume, como fundamento criativo, a diversidade de existências e culturas. Porém, o mais interessante é como essa concepção de base do cinema que ele pratica aparece atrelada ao próprio contexto latino-americano, que, conforme declaração sua, não cabe em propostas de realidade única (Guzmán, 2016, p. 111). O documentarista defende, em textos, uma ideia coerente com o trabalho que busca desenvolver: "El contacto entre géneros diferentes asegura el descubrimiento de algo distinto. Permite alcanzar un enriquecimiento, una apertura, el hallazgo de otras posibilidades" [*O contato entre gêneros diferentes assegura o descobrimento de algo distinto. Permite alcançar um enriquecimento, uma abertura, a descoberta de outras possibilidades*] (Guzmán, 2016, p. 110).

A discussão sobre a linguagem é realmente importante para se compreender o que está em jogo no formato dado a um filme como *O botão de pérola*, tendo em vista os seus desdobramentos, principalmente no que concerne a povos e regiões da América Latina. Melhor dizendo: trata-se de pesar a extensão política dessa proposta estética. Para que eu possa avançar mais nessa questão, trago a contribuição de Jorge Ruffinelli em seu estudo de 40 anos da filmografia de Patricio Guzmán. Seu trabalho é preciso para a identificação dos aspectos envolvidos no curso da elaboração de uma linguagem própria pelo diretor. Isso se deve, em parte, ao fato de o percurso artístico de Guzmán desenhado pelo crítico uruguaio não resvalar na proposta de uma linha evolutiva, segundo a qual teríamos uma progressão allcerçada na superação de estágios até se atingir um "patamar" qualitativamente superior. Na verdade, apesar da franca admiração pelo documentarista chileno, Ruffinelli não se rende a simplificações e enfrenta a heterogeneidade da trajetória do cineasta, o que lhe permite apurar de forma sensível o seu processo de individualização estética. Tendo a considerar que, precisamente por isso, *El cine de Patricio Guzmán* (2008), apesar de não incluir a análise da trilogia mais recente, contribui para o reconhecimento de elementos que conferem singularidade a documentários como *Nostalgia da luz* e *O botão de pérola*.

A trajetória do diretor me leva a considerar a relevância da definição de uma concepção de cine documental para o tipo de filme que ele passa a realizar, e isso está explícito não só em sua filmografia, mas também nas suas declarações, entrevistas, cursos e textos dedicados a pensar a sua prática como documentarista. A declaração aberta das opções que fez tem implicações imediatas, como talvez se possa perceber em pontuações como:

> Mis ideas se apoyan en el cine de autor, en los cineastas independientes. Nuestra inspiración nace de la subjetividad. Fabricamos obras porque nos empuja una visión poética del mundo. Admiro desde luego el trabajo del periodismo y los medios audiovisuales. Pero nosotros somos inmensamente libres y nos movemos en el ámbito del instinto y la imaginación. (Guzmán, 2016, p. 11)
>
> [*Minhas ideias se baseiam no cinema de autor, nos cineastas independentes. Nossa inspiração nasce da subjetividade. Criamos obras porque nos impulsiona uma visão poética do mundo. Sem dúvida, admiro o trabalho do jornalismo e dos meios audiovisuais. Mas nós somos imensamente livres e nos movemos no âmbito do instinto e da imaginação*].

Enquanto confesso defensor do gênero documental, a afirmação de um cinema de autor ou do "documental de criação" significa, nesse contexto, conferir uma posição central à imaginação e ao exercício da linguagem. Por esse ângulo, diferenciar-se do jornalismo e de outras modalidades de discurso comprometidas com a exposição "fiel" da realidade não equivale a negar um compromisso com o real, mas significa encarar aquilo que se faz, antes de mais nada, como *filme* e, portanto, como uma forma narrativa cuja riqueza está no emprego dos recursos expressivos de que se dispõe numa operação criativa ancorada na relação intrínseca entre fazer e pensar. Ou seja: "la mirada da forma a lo que mira" [*o olhar dá forma ao que olha*] (Guzmán, 2016, p. 23). O ponto de vista orienta o artista diante do múltiplo que a vida oferece sem limitá-la a uma verdade monolítica. Consequentemente, ao dar vazão à sua própria percepção, o cineasta assume a existência de outras perspectivas que, representadas pelo público, encontrarão espaço para sua própria sensibilidade. A objetividade e o didatismo do dizer tudo não interessam a Guzmán, porque *o filme não se conta*, ele só existe a partir de uma subjetividade que, por sua vez, se insere numa rede múltipla.

A esse respeito, Ruffinelli destaca a inserção subjetiva ao longo da carreira cinematográfica de Guzmán e recorda o interesse original deste, quando ainda jovem, por filmes de ficção. Vale acrescentar que o diretor havia também se aventurado na literatura, com particular interesse pela ficção científica; contudo, na concepção do crítico, a realidade intensa e convulsionada do Chile se impôs, de modo que uma das obras mais importantes do percurso profissional do documentarista, assim como da história do cinema documental, é precisamente *La batalla de Chile* (1975-1979)[*A batalha do Chile*]. A estrutura de relato que se institui nesta obra – dividida em três partes – se associa ao testemunho e à vivência da violência de uma crise política documentada em tempo real. Na ocasião da ascensão ao poder de Salvador Allende, Guzmán estava em Madri estudando cinema; no entanto, a situação particular representada pelo governo Allende e o horizonte de mudanças que despontavam fizeram com que o jovem cineasta retornasse ao Chile e decidisse filmar o que acontecia no país naquele momento. Isso o tornou, junto àqueles que trabalharam com ele, testemunhas privilegiadas do golpe de Estado que derrubou o governo eleito e instituiu uma violenta ditadura.[9] A dramaticidade do momento vivido está ainda na incorporação da sequência em que o cinegrafista argentino Leonardo Henrichsen, que não participava

9. Recuperar *A batalha do Chile* assume, enquanto escrevo, ainda novos sentidos quando penso que Patricio Guzmán deixou sua casa em Paris para voltar ao seu país natal a fim de, mais uma vez, acompanhar de perto um momento crucial em sua história. Refiro-me ao plebiscito de 8 de outubro de 2020, que, num campo de disputa intenso pela direção a ser dada ao país em meio a protestos e movimentos que exigem revisões importantes do modelo econômico e da constituição chilena, teve resultado favorável à realização de uma constituinte.

da produção, registra tragicamente seu próprio assassinato. Também está na própria história da filmagem do documentário, que não se separa da prisão e homicídio de um dos membros da equipe e de sua namorada. Parece claro, portanto, que a complexidade e a projeção de *A batalha do Chile* estão ligadas ao itinerário de sua própria realização, ao mesmo tempo que partem da percepção da realidade como uma narrativa que exige do documental a captura dessa narratividade do real. Essa visão é importante para uma abordagem que se diferencie de experiências mais didáticas e de propaganda ideológica.

Tão distante no tempo e com características tão diversas dos filmes realizados na última década, intriga notar como alguns elementos presentes na trilogia da década de 1970 podem ser pinçados como distintivos da estética que Patricio Guzmán imprimiu em seus documentários mais recentes. Estou me referindo, em especial, à proposta de "filmar lo que no se ve" [*filmar o que não se vê*], ou, nas palavras do próprio diretor: "Nosotros, los cineastas, lo intuimos... Sabemos que filmar la realidad nos aproxima a esos hechos invisibles. Formamos parte de un grupo de testigos privilegiados de la historia local" [*Nós, os cineastas, intuímos isso... Sabemos que filmar a realidade nos aproxima desses fatos invisíveis. Fazemos parte de um grupo de testemunhas privilegiadas da história local*] (Guzmán, 2016, p. 103).

Explorar o visual para filmar aquilo que não se vê expõe a realidade como trama que exige do cineasta o exercício de uma narratividade essencialmente relacional.

Na construção de uma linguagem cinematográfica própria ou de formas de experienciar esse tramado de relações, *La cruz del sur* (Espanha, 1991) [*A cruz do sul*], como sugere a análise de Ruffinelli, representou o amadurecimento de algumas preferências do documentarista dirigidas a práticas renovadas do gênero, como: a "navegação fluida" que opera entre lugares e tempos diferentes, o que permite o transitar sem aviso por México, Brasil, Equador, Guatemala e Peru, bem como pelo passado da conquista e o presente da América Latina; a movimentação dada à câmera, cujo deslizamento horizontal propõe visualmente o deslocamento no tempo, o que assegura a introjeção da fluidez na linguagem; o posicionamento que não se confunde com o da etnografia tradicional, uma vez que o cineasta não se coloca como intérprete do outro ou como aquele que irá explicar, preferindo o testemunho que dá palavra a quem não a tem; e o emprego de dispositivos clássicos de narração como o paralelismo, a justaposição e o contraste (Ruffinelli, 2008, p. 169-171).

De fato, o documentário produzido para a TVE (rede de televisão da Espanha) é marcado por deslocamentos intensos – o vai e vem entre presente e futuro, assim como entre diferentes localidades e povos da América Latina, é explorado na edição que, por exemplo, nos conduz dos colonizadores espanhóis a soldados latino-americanos em trajes camuflados; dos devotos religiosos aos militares; de retratos de miséria a cenários de riqueza. As aproximações sugerem ligações importantes, enfatizando o caráter relacional da construção da narrativa. De outra parte, se *A cruz do sul* consolidou algumas direções que depois se tornarão marcas do cinema de Guzmán, foi em *Pueblo en vilo*[10] (1996) que se firmou a prática do relato em *off* na voz do próprio diretor. Essa opção, como declarações de Guzmán atestam, significou o estabelecimento de um ritmo particular para os seus filmes – mais próximo da contemplação –, ao mesmo tempo que, evidentemente, deu mais visibilidade à subjetividade que estrutura suas narrativas. A esse respeito, creio que Jorge Ruffinelli é preciso, ao declarar que o autor não está atrás da câmera, mas dentro do filme (2008, p. 182), o que me parece estar subentendido na mutualidade entre memória pessoal e coletiva no trabalho do documentarista, algo determinante em obras de destaque da sua filmografia, como *Chile, la memoria obstinada* [*Chile, a memória obstinada*] (1997).

10. A tradução para o português oferece algumas dificuldades, portanto, proponho apenas uma aproximação de significado com *Povoado em suspenso*, título que, na verdade, é o mesmo do livro que serviu de referência a Patricio Guzmán e que fora escrito pelo historiador mexicano Luis González y González nos anos 1960. Em resumo, a proposta de González foi escrever a história de "lugares sem história", como o povoado onde nascera e que tinha participado da Cristiada (1926-1929), conflito ocorrido em meio a uma onda de fanatismo religioso antigovernamental no México (Ruffinelli, 2008).

Impressiona, todavia, como Guzmán faz essa perspectiva convergir com uma imaginação que se alimenta da ciência, como em sua recuperação das viagens extraordinárias de Júlio Verne. Vejo a chave para esse encontro no exercício poético-reflexivo que torna possível abordar a realidade a partir de um ponto de vista que não se submete a uma organização de mundo fundada em dicotomias, antes, as problematiza. As narrativas de Guzmán caminham na contramão da separação entre cultura e natureza, à qual se vinculam outras partições como subjetivo/objetivo, observador/observado, razão/imaginação. O reconhecimento da multiplicidade como inerente ao contexto latino-americano nos impele a reconhecer os limites de abordagens segmentadoras, num processo que assume a mediação da experiência pessoal do artista como um potente catalisador do trabalho de criação artística e também da construção de conhecimento. Isso está bem claro no modo como a história do Chile, as questões políticas e os processos autoritários são questões que emergem em *Nostalgia da luz* como parte de uma visão somente possível por meio da centralidade conferida às paisagens naturais e à ciência. Isso, porém, exige a particularização do olhar por meio da memória vivida.

Em iniciativas que não tiveram recepção crítica favorável, como a sua incursão pela ficção, em 1982, com *La rosa de los vientos* [*A rosa dos ventos*], podemos flagrar, por exemplo, a relevância da natureza para uma compreensão da realidade social, na medida em que: "Guzmán apostó al poder de las imágenes, que en varios momentos son impresionantes y efectivas, y al poderío natural del paisaje, que suele decir más sobre la condición latinoamericana que el discurso ideológico" [*Guzmán apostou no poder das imagens, que em vários momentos são impressionantes e verdadeiras, e no poder natural da paisagem, que costuma dizer mais sobre a condição latino-americana que o discurso ideológico*] (Ruffinelli, 2008, p. 139).

Quem assiste a *Nostalgia da luz* e *O botão de pérola* dificilmente não compreende esse poder natural das paisagens; sua eloquência visual é garantida por seu processamento poético, como quando a terra seca do Atacama se confunde à poeira estelar que nos desloca para as estrelas. Uma vez que os objetos, e não apenas as pessoas, estão prenhes de história e sentido – em aguda observação de Ruffinelli –, a região desértica e o céu, em suas diversas temporalidades, se vinculam à busca dolorosa pelos restos de desaparecidos políticos durante a ditadura de Augusto Pinochet. Esse caminho, porém, é o de um elemento químico: o cálcio dos ossos e do pó das estrelas.

Para um trabalho de criação relacional, uma perspectiva crítica igualmente relacional. Como fazê-lo? Peço ajuda. O fato de Guzmán não apenas declarar sua concepção de documental, mas de defendê-la abertamente, revela o quão importante para o cineasta é a opção por um cine de autor, ou pelo que, como ele mesmo afirma, se passou a designar documental de criação. Quero pensar em conjunto a poética das relações de Édouard Glissant e a proposta de documental de criação como *poesia*. Incorporar o desafio do *como dizer* – que a conjunção epistemologia-estética supõe – me fez aprender sobre suturas e constituições imprecisas – corpos, plantas, *organomadres* fora dos catálogos, insubmissos a uma abordagem crítica que isola e cala. Também esse cinema das relações múltiplas que bebe do ensaístico me ensina a dor dos estados fixos. Se sigo indiferente a esses modos de dizer, me mantenho na triste tradição dos sujeitos e materiais violentos, corro o sério risco de reduzir a contribuição artística, cinematográfica e literária sobre a qual me debruço à condição de espécimes exsicados, congelados e descontextualizados exatamente como os que enriquecem as coleções dos naturalistas. Nessa conversa que inventei, estão juntos à mesa interlocutores muito distintos, o arranjo que posso dar a esse concerto de vozes depende da minha capacidade de escuta.

Para ler o cinema de Guzmán, imitá-lo. Olhar de perto, buscar o que não se vê. Para espelhar a experiência criativa do cineasta, preciso partir da mediação construída em *O botão de pérola*, ou seja, da *água*, que funciona como "um órgão mediador entre as estrelas e nós", como declara o narrador no filme. A cosmologia que propõe essa aproximação entre humano e cosmos, na perspectiva elaborada pelo cineasta, implica outras relações cuja efetividade se encontra na expressão audiovisual construída. Para escrever, espelhar o vai e vem das aproximações e distanciamentos. Relacionar.

Do som da água em movimento, passamos por tomadas diversas em que um espelho de água refletindo o céu dá lugar a nuvens em deslocamento, enquanto o vento se concretiza sonoramente no filme e a câmera dá a ver os Andes, o gelo, as montanhas, o céu. E então: o granizo, a chuva e o vento sobre o mar. Os impressionantes glaciares surgem em suas amplas estruturas de gelo e também em sua constituição mais particularizada em cristais, que, graças à maneira como são registrados, devolvem o espectador ao quartzo transparente do início do filme. As diferentes manifestações da água são cinematograficamente exploradas e ganham sua significância por intermédio do aproveitamento estético de sua existência visual e sonora, e esse convite à experimentação com as manifestações físicas da água é favorecido pela sondagem das escalas levada a cabo por processos sucessivos de distanciamento e aproximação. Vamos das gotas ao universo por meio da associação de imagens, da multiplicação de ângulos e do emprego narrativo da sonoplastia. A agitação, representada muitas vezes por ruídos atribuídos ao vento e à tempestade, dramaticamente explorados ao longo de todo o filme, cede espaço a estados de calmaria materializados em cenários mais serenos, em um movimento sempre acompanhado por sucessivas mudanças de escala que permitem ir das partes mínimas constituintes até o sentido mais amplo que encerra a própria ideia de paisagem. O plano em que água, formações de gelo e montanhas compartilham e compõem um mesmo enquadramento paisagístico encerra a mobilidade da contínua busca de contextos interrelacionais, sem que haja algum tipo de gradação fundada numa lógica sequencial que vai do menor para o maior. O que há é um vai e vem, uma inconstância que expressa o dinamismo da coexistência de diversas dimensões e que busca nos situar diante delas. O emprego narrativo da música, que não está ostensivamente presente e tem papel bem demarcado na condução do filme, dialoga com os sons naturais, de modo que a transição das formações de gelo (evocativas do cristal, cuja materialidade se constitui como elo entre tempos e espaços) para a visão do planeta a partir do universo é sustentada pela sutil introdução da música associada aos estalos que a edificação glacial produz. Mas a imagem do planeta é substituída pela de uma pedra; a conexão garantida por similaridades de forma sinaliza para uma associação central do filme e que a narração esclarece: "Antes da chegada do homem branco, os primeiros habitantes da Patagônia viveram em comunhão com o cosmos".

Após mais de 10 minutos de filme, vislumbramos um encaminhamento que, à maneira do que se observa em *Nostalgia da luz*, aproxima arqueologia e astronomia para dar a ver outras possibilidades de percepção e existência. Os artefatos de pedra exibidos teriam por finalidade, de acordo ainda com o narrador, assegurar o futuro, o que está intrinsecamente associado aos vínculos que esses povos mantinham com a água. O enfoque relativiza a oposição pedra-água ao apresentá-las conjuntamente: a gota dentro do quartzo.

As fotos dos fueguinos têm, a essa altura da narrativa, uma atribuição importante na conferência de alguma materialidade àqueles que desapareceram: são provas de que existiram e, ainda mais, de sua extinção. As fotografias, assim como os objetos que sobreviveram ao tempo, são testemunhos, como também o são as pessoas que Guzmán entrevista, à maneira do que já fizera Anne Chapman. Por outro lado, as imagens fotográficas também são paisagem, não pelo apagamento dos sujeitos retratados, mas por não ser possível dissociá-los do mundo em que viveram, daí o cineasta intercalar fotos e cenários – ilhas, mar, montanhas, neve, cataratas. Dos registros dos patagônios às paisagens e, de novo, aos registros. Vale lembrar que, no documentário de Chapman e González, os cantos de Lola Kiepja são entoados como parte da paisagem que inclui a água, os Andes e o céu, expondo a necessidade de se acercar da realidade sem descuidar da indissociabilidade humano-natureza ou, principalmente, sem render tributo a esse tipo de distinção. Em *O botão de pérola*, a ênfase está na relação orgânica entre população e realidade natural, o que permite à narrativa se encaminhar para a topografia chilena tratada como uma questão.

Por que, na história do país, se negou sua própria constituição natural? Essa negação decorre, certamente, da imposição de parâmetros externos à realidade do lugar e, portanto, se deve à negação mesma de uma constituição local com base na dissociação hegemônica entre natureza e cultura. Os povos patagônios dizimados exemplificam formas de conhecimento que o Chile, enquanto país, desconhece ou optou por desconhecer, pois ignora a potência marítima representada pela extensa costa e adota práticas econômicas voltadas ao cultivo da terra, apesar de contar com uma restrita faixa de terreno agricultável entre o Pacífico e a cordilheira. Soa muito mais razoável o modo de vida dos antigos patagônios, que faziam do mar sua fonte principal de sobrevivência. A partir dessa reflexão e a fim de recuperar a memória desses povos desaparecidos, Guzmán coordena documentação histórica, conhecimento arqueológico e exercício poético. A imagem de uma canoa deslizando sobre a superfície das águas é evocação imaginária que se atualiza na materialidade audiovisual e que, somada ao texto da narração, nos apresenta esses antigos povos da região que, conforme palavras do narrador, "caminhavam sobre o mar". A elaboração ficcional responde, sem dúvida, às ausências, modo de construir presenças. Para isso, fontes documentais são submetidas a um exercício da linguagem cinematográfica que recruta outras expressões artísticas. Não espanta que a informante que oferece ao documentarista a vivência mais profunda da dor do desaparecimento lhe tenha sido apresentada pela fotografia de Paz Errázuriz, em sua exposição *Los nómadas del mar* [*Os nômades do mar*] (1996).[11] Como declara em sua narração, foi nessa ocasião que Guzmán viu pela primeira vez Gabriela Paterito, descendente dos Kawéskar, povo que vivia em canoas. O cineasta não se furta a compartilhar a imagem que, sob a sensibilidade da fotógrafa chilena, lhe fez, por fim, encontrar em Gabriela o testemunho agudo da situação a que foram submetidos os patagônios. As fotos de Errázuriz têm em comum com as imagens

11. Para ver as fotos, acesse o catálogo da exposição, disponível em: http://www.kawesqar.uchile.cl/exposicion/paz/nomadas.pdf

documentais realizadas entre o final do século XIX e início do XX o registro de expressões de sofrimento e desamparo, manifestas em tensões e marcas nos rostos fotografados. Há, contudo, uma diferença importante: a dignidade dos sujeitos retratados.

Ao passar os olhos pelo conjunto de retratos que compõem a exposição em que Errázuriz reuniu os últimos membros da etnia Kawéskar, encontro a foto de Atáp (Ester Edén Wellington). Em sua canoa, mantém o rosto erguido com a altivez de quem está no domínio do seu espaço. Diferentemente das diversas imagens fotográficas em que os patagônios são enquadrados como degenerados e primitivos, não vejo nenhuma mão alheia desviando à força o rosto na direção da câmera (à maneira do que muitas vezes policiais fazem com presos que evitam exibir o rosto) para que se dê ao fotógrafo o ângulo desejado. A mulher fotografada por Errázuriz é dona da sua mirada. Antes desse projeto, contudo, a fotógrafa havia realizado, em 1994, um trabalho com Diamela Eltit que deu origem à publicação do livro *El infarto del alma* [*O infarto da alma*]. Após ver algumas fotos que a artista havia feito em um hospital psiquiátrico na cidade de Putaendo, a poucas horas de Santiago, Eltit acompanha Errázuriz em uma visita aos internos e escreve uma espécie de diário de viagem que comporá, junto com as imagens, o volume publicado. Em seu texto, a escritora chilena conclui que as fotografias são "imagens que comprovam, inclusive para eles próprios, que estão vivos" (Errázuriz; Eltit, 2020, p. 10). Talvez isso também seja válido para os Kawéskar retratados por Errázuriz. Loucos ou povos originários aparecem tratados como aberrações a que se destinam a segregação ou a destruição dos que não são donos da própria visibilidade. Seu confinamento e exposição servem para ratificar uma normalidade pretendida, e, por isso, suas imagens são, muitas vezes, artefatos de um discurso comprobatório de pretensa inferioridade ou relativa humanidade. Assim como no caso dos patagônios, prevalece, nas fotografias que Paz Errázuriz faz dos internos, a empatia e o recurso à criação de imagens afirmativas dessas existências que se quer a todo custo apagar.

O que leva Guzmán aos Kawéskar é o Chile, a água, a astronomia, a arqueologia, o extermínio, os desaparecidos. Ao mesmo tempo, o cineasta chega até eles pela sensibilidade de Errázuriz, que, conforme diz o narrador, se interessou por esses rostos muito antes dos livros de história, pois "durante anos, durante séculos, os fueguinos foram pessoas invisíveis".

É a Gabriela Paterito que o documentarista pergunta se ela se sente chilena, ao que responde: "*No, por nada*". É com ela que descobre ainda que palavras como "deus" e "polícia" não existem em sua língua, mas há "mãe", "pai", "chuva", "canoa", "tormenta", "sol", "lua"... A importância da canoa como lugar de cultura é enfatizada tanto pelo conteúdo das entrevistas quanto por opções narrativas, como a elaboração poética da imagem da pequena embarcação solitária sobre o mar. Outro exemplo é a representatividade da canoa para Martín Calderón, um dos descendentes Kawéskar, percebida pelo seu cuidado com a peça que ele mesmo construíra, mas que estava proibido de usar pela marinha chilena por considerá-la inadequada para a navegação na região. O objetivo, segundo a corporação, era "protegê-lo", como afirma Calderón; contudo, o veredicto é desmentido por relatos de que eram embarcações como aquelas que os Kawéskar usaram para superar até mesmo zonas mais turbulentas. Ao declarar que até hoje não se sabe como esses povos previam as condições climáticas, o narrador destaca ainda a existência de um conhecimento náutico que foi desprezado.

Alguns aspectos na apresentação dos modos de vida dos fueguinos e do extermínio a que foram submetidos ecoam, por sua vez, da estrutura narrativa de *Os Ona: vida e morte na Terra do Fogo*, de Chapman e González. De alguma forma, Gabriela Paterito nos remete a Lola Kiepja e a Ángela Loij, mulheres mais velhas associadas fortemente a uma identidade de cujo desaparecimento se tornaram prova viva. Do mesmo modo, há convergências entre o formato de entrevista pelo qual opta o cineasta e o que adotava Chapman, em especial por conta da escolha de estratégias pautadas na empatia e na evitação de tentativas bruscas de extração de informações, que terminam muitas vezes em silêncio. Isso deixa clara a influência de reflexões contemporâneas desenvolvidas pela etnografia e sua repercussão em gêneros como o cinema documental no que diz respeito à abordagem do entrevistado. Convém notar ainda que a divisão entre a apresentação de costumes (a vida) e a denúncia das ações sistemáticas de destruição (a morte) também é de certo modo incorporada por Guzmán, na medida em que, ao entrevistar Gabriela Paterito, explora seus relatos sobre vivências com seu povo, que são seguidos de imagens de arquivo em que aparecem situações correspondentes, para, em momento posterior, cuidar dos modos como se perseguiram e mataram povos originários da Patagônia.

O diálogo de Guzmán se dá tanto com sua própria filmografia como com uma produção documental da qual participa a obra de Anne Chapman e Ana González. Não se pode esquecer, porém, que a maneira como se vai da vida para a morte, em *O botão de pérola*, recebe a mediação da memória pessoal. Ao apresentar o relato de Gabriela, que testifica sua relação orgânica com a água, o cineasta insere sua experiência pessoal para declarar: "Em troca, eu, que me sinto chileno, não convivo com o mar. O oceano me causa admiração e ao mesmo tempo medo. Isso tem a ver com a minha infância". A entrada do relato de vida do próprio diretor é visualmente tratada por meio de um novo *dissolve*: a imagem da superfície brilhante, móvel e volumosa do oceano se transmuta em uma fotografia do documentarista quando criança. Nela, está também um amigo que teria sido seu "primeiro desaparecido", pois, tragado pelo Pacífico, nunca mais aparecera. O valor documental da foto da infância é antes sugerido do que declarado, dado que não existe legenda ou indicação direta de que Guzmán seja uma daquelas crianças no retrato, assim como uma delas seja seu amigo. Mas a inferência se constrói a partir do exame da imagem, com diferentes enquadramentos e ênfases, paralelamente à narração que nos informa do episódio da vida do autor. Esse procedimento está de acordo com o desenvolvimento de uma narrativa que não fecha todas as pontas e que aciona a imaginação e a emoção do espectador, aproximando-o ainda mais do universo narrado.

O primeiro desaparecido, enquanto experiência pessoal do cineasta, é a ponte que conecta povos patagônios e desaparecidos políticos ao longo do filme.

Essa direção dada é parte também do desejo do próprio diretor – em que pese a condição de exilado que perpassa a maior porção da sua vida – de compreender a realidade do seu país e a sua própria. Para isso, Guzmán parece necessitar da interlocução com linguagens e processos criativos diversos, de uma espécie de rede de materiais e significados que o auxilie a se orientar. Desde a epígrafe tomada ao poeta Raúl Zurita, é possível dimensionar o interesse desse tipo de dialogismo na promoção de encontros como o que lhe propiciou a exposição de Paz Errázuriz. Esse *modus operandi* contrário à solidão criativa mobiliza ainda a mediação de outra artista; dessa vez, é a Emma Malig que Guzmán pede que lhe mostre algo que ele nunca pôde ver: o seu país integralmente.

A narração mantém o seu fio na mudança aparentemente brusca de cenários: dos ambientes marinhos para um ateliê. A interrupção momentânea da narração e a ênfase no som ambiente favorecem a imersão no trabalho incessante da artista e sua equipe até que a música entre para modalizar a experiência imersiva. Ao mesmo tempo, um rolo de papel é desdobrado no chão. A câmera inicialmente se situa rente ao chão e de frente ao rolo para, então, se movimentar no ritmo do desdobramento daquilo que não demoramos a descobrir ser um imenso mapa do Chile. O efeito alcançado permite que o espectador concretize a extensão longitudinal daquela faixa de terra, representada pela textura e coloração do papel repousado sobre um uniforme fundo azul claro. O posicionamento da câmera à maneira de uma tomada aérea e a lentidão com que ela desliza vão enfatizar essa extensão. A opção do diretor é, aqui, aprofundar, em termos visuais e reflexivos, a situação natural negada pelo próprio país, retomando assim a ideia de que os patagônios pareciam pertencer mais àquele lugar do que os que se reconhecem como chilenos. Esse pertencimento dependeria, portanto, de se tomar a realidade natural como princípio de identidade, ou ainda, como nos diz o narrador: "Meu país nega o

Oceano Pacífico, o maior de todos. Desconfia de sua imensidão, que corresponde à metade da superfície da Terra. Porém, para os indígenas e os astrônomos, a água é uma ideia, um conceito que é inseparável da vida". Tal declaração é significada ainda pela sucessão de imagens que percorrem uma escala ampla em que se vai do universo, das estrelas e do planeta até os detalhes de superfícies vegetais por onde escorrem gotas de água. Constrói-se, assim, a perspectiva de cada gota como um mundo; por sua vez, o dimensionamento cósmico das gotículas se relaciona também à amplitude das paisagens marítimas ou à massa de água representada pelo oceano. No filme, se operam redimensionamentos constantes. A oscilação entre escalas funciona como um princípio estético-cognitivo de construção da linguagem fílmica, expressão material de uma ideia, da interrelação entre o micro e o macro, o individual e o coletivo, o subjetivo e o social, a memória pessoal e a história.

Não poderiam faltar, entretanto, as fotos de Gusinde, dessa vez apresentadas de forma a realçar as pinturas nos corpos em seu valor artístico-cultural. Tomadas em equivalência a monumentos e cidades, são vistas como provas contrárias aos diagnósticos da inferioridade dos povos patagônios. O cineasta pergunta-se, então, se aqueles indivíduos não teriam assimilado a adaptabilidade da água e, em função disso, se moldado, tal qual ela se comporta, àquele lugar. Os traços que eles delineavam sobre a superfície de suas peles faziam parte de sua capacidade de viver em região tão fria e despovoada, e essa capacidade de acomodação aparece no filme como propriedade da água e do pensamento. A fluidez adaptativa dos corpos, encarnada nos desenhos, é conhecimento porque também é artístico. O cineasta, sensível a isso, explora essa plasticidade ao transpor as pinturas para imagens astronômicas, de maneira que o corpo no céu, ou vice-versa, revela a interrelação entre astros e sujeito: "Depois da morte, acreditavam que poderiam transformar-se em estrelas".

O que a princípio se tomaria como mitologia se apresenta também como conhecimento científico, uma vez que a associação gráfica entre pinturas corporais e as constelações comprovaria a capacidade desses grupos de identificar padrões no céu. A relação corpo-universo está integrada aos redimensionamentos realizados ao longo do filme, como quando descobrimos que imagens que nos parecem constelações ampliadas, com o afastamento da câmera, se revelam a pintura Selk'nam. O corpo é o cosmos.

O canto indígena e as pinturas são confluências de um modo de viver que, como Chapman já denunciara, havia desaparecido. Diante, porém, da impossibilidade de saber o que significavam aqueles desenhos, o documentarista recorre ao poeta, e não aos cientistas, incapazes de acessar efetivamente o imaginário extinto. A participação de Raúl Zurita ratifica a percepção do trabalho de criação artística como forma de conhecimento. Zurita postula que, para aqueles povos, o universo era algo familiar, ao passo que as tecnologias voltadas à pesquisa espacial se esforçam por torná-lo mais próximo. A ciência busca com insistência aquilo que os Selk'nam já sabiam por meio da poesia.

A partir daqui, a retomada da questão dos povos patagônios se dirige para a exposição de seu extermínio, seguindo a organização vida e morte já comentada. Essa opção tem efeitos claramente dramáticos, pois estabelece o vínculo do espectador com aquelas vidas desaparecidas, o que, certamente, é decisivo para fazer com que o genocídio não chegue como uma informação simplesmente, mas como uma experiência sensorial, afetiva e reflexiva. Sem isso, não se poderá reavaliar e, por conseguinte, rever nossas posições.

"Depois de conviver séculos com a água e as estrelas, os indígenas sofreram o eclipse de seu mundo" – assim marca o narrador os efeitos irreversíveis da chegada dos colonos à região, garimpeiros, militares, criadores de gado e missionários católicos. Declarados como ladrões, degenerados e bárbaros, os povos indígenas tiveram de recorrer às missões para sobreviver, mas ali, ao receberem roupas contaminadas pelas doenças dos brancos, pereceram. Acessamos um conjunto de imagens de arquivo que também são utilizadas por Chapman e constituem referências documentais importantes. No encadeamento narrativo, todavia, subsiste a impressão provocada pelo contraste entre os corpos pintados, ressignificados em sua cosmologia, e os indígenas vestidos como ocidentais, perfilados e uniformizados. A persistência, em nosso olhar, das constelações corporais produz uma resposta emocional importante diante da rigidez mortuária infligida pelas roupas. O recurso ao som dos disparos das armas, do gatilho sendo puxado e do retumbar de um trovão confere dramaticidade adicional às fotos em preto e branco onde aparecem homens empunhando armas. Algumas são as fotos de Julio Popper, troféus da sua caçada.

O espectador é colocado na cena do massacre graças ao tratamento cinematográfico das fotos. Como fotogramas que se sucedem, cada troca de imagem se faz acompanhar do som do gatilho acionado, num desfile de atiradores e vítimas. Assistimos à simulação de uma caçada, como a que Kleber Mendonça Filho imaginou em Bacurau. Gente pobre, sertanejos, negros, mulheres, militantes políticos, indígenas... – a caça. O valor documental das imagens é transposto por recursos narrativos que fazem com que a experiência se atualize e as fotos não sejam encaradas como remanescentes de um passado já vencido. Essa concepção, inclusive, é orgânica ao filme.

O extermínio, no entanto, não está restrito à eliminação dos indivíduos, está também no violento processo de destruição dos sujeitos, que, vítimas do alcoolismo, da miséria e de doenças, passam a ser tratados como seres monstruosos. Na verdade, a destruição do seu modo de vida, que se considerava primitivo, os condena ao abandono, que serve como ratificação da sub-humanidade que lhes imputaram. Nas fotografias, a exposição compulsória humilha e desumaniza, não há qualquer afirmação de si: seu paroxismo são os zoológicos humanos. A forma como eles são expostos está embrenhada nos discursos coloniais que os nomearam patagônios e os identificaram como monstros.

Monstros, aberrações, selvagens. O retrato de um homem idoso de cabelos emaranhados, olhos assimétricos e adoecidos, lábios entreabertos que revelam restos da dentição, marcas profundas no rosto, o cenho franzido: no rosto postado frontalmente, os olhos que se dirigem à câmera parecem olhar sem ver, uma mirada vazia, desinteressada, sugada para dentro do dispositivo fotográfico sem autorização. A imagem fotográfica produzida nesses termos encarna a apropriação dessas existências, dá a ver a truculência, a ausência de empatia e a exibição desumanizadora comprometida com parâmetros civilizatórios. Os mesmos representados por caçadores de índios como Popper.

O horror do que se fez com os Kawéskar e os Selk'nam, bem como com outros povos que habitaram originalmente o Chile e diferentes regiões da América, ganha uma resposta especulativa, filosófica e poética a um só tempo. De um ponto de vista imaginado, em que, de fora da Terra, em algum lugar do universo, podemos observá-la, o narrador se pergunta se episódios como aqueles também teriam acontecido em outros mundos. Ele põe-se então a conjecturar se talvez uma das estrelas ou um dos planetas descobertos a partir dos observatórios localizados em seu país teria um oceano de grandes dimensões, e se pergunta: "Terá seres vivos? Terá árvores para fazer grandes canoas? Teria sido este um planeta de asilo para que os indígenas pudessem viver em paz?". Acontece então um dos planos mais poéticos do filme: a consolidação visual e musical do mundo imaginado em que se refugiariam os povos da água que desapareceram. A predominância do filtro azul, o aspecto noturno e o som do mar compõem um cenário onírico e melancólico, em sucessivas transições por *dissolve* que garantem a sobreposição imaginativa de planos. A canoa sobre o oceano, a silhueta de pessoas ali, e, no céu, duas luas – uma fabulação que permite ressignificar os modos como lidamos com as tragédias, um exercício de criação que também é processamento, sem ser jamais apagamento. A possibilidade de que pudessem em outro lugar viver em paz reelabora os acontecimentos de modo a capturar emocionalmente o espectador, nos convoca a compartilhar o sentimento irremediável de perda diante de mundos que desaparecem.

Gabriela Paterito, instada a narrar em sua língua o episódio em que, ainda criança, navegara com sua mãe, nos reconduz por sons que não nos são familiares à obra de Emma Malig; o convite parece ser à viagem que é também a do cineasta. Da fotografia da mulher Kawéskar feita por Errázuriz à vista de Viña del Mar, temos um paralelo que se funda num radical isolamento das realidades coexistentes, pois, se Guzmán assinala que vivia na costa na mesma época em que Gabriela Paterito fazia sua travessia pelo mar, é porque reconhece que tão próximos ao Pacífico estavam na mesma medida que profundamente distantes, pois havia, segundo o cineasta, séculos entre eles. Apesar de próximos geograficamente em suas experiências no litoral sul do Chile, impunha-se entre as duas crianças um distanciamento de caráter temporal. No cerne dessa constatação, está uma pergunta: como se explica que essas existências se ignorassem? A volta para o íntimo e pessoal pelo desdobramento da foto de Gabriela na vista da cidade, das ruas, casa e janelas, em movimento semelhante ao que Guzmán realiza em *Meu Júlio Verne*, promove o encontro, por meio da narrativa, de memórias tão diferentes como as da descendente Kawéskar e as do cineasta chileno. O movimento da câmera revela o fluxo entre dentro e fora, uma vez que a interiorização que nos leva ao espaço interno da casa não propõe um confinamento em um si mesmo autolimitado; as janelas abrem às paisagens e às viagens, ao mesmo tempo que a literatura também oferece horizontes mais amplos do que permitiriam, a princípio, as paredes do edifício.

Todavia, o mergulho nas reminiscências do autor e o retorno aos livros de Verne, ainda que recuperem o encantamento que as obras do escritor francês exerceram sobre o menino que Guzmán fora, dessa vez, vêm acompanhados de outra preocupação: "Naqueles anos, eu preferia ler as novelas de Júlio Verne e nem sequer conhecia o único nativo que havia deixado uma pegada na história. Seu nome é Jemmy Button". Nas palavras do narrador, compreendemos que histórias incríveis que se davam perto dele foram ignoradas porque lhe eram invisíveis os povos patagônios. Os vários planos que se seguem, que incluem o desenho de Button na página de um livro, constroem um mosaico da formação letrada do documentarista. As leituras do menino coexistiam com esquecimentos imperdoáveis graças à constituição de uma memória literária chilena ou latino-americana caracterizada pela exclusão. As estantes das bibliotecas são a confirmação do desaparecimento a que se condenaram os povos fueguinos, sua definitiva extinção e apagamento.

A passagem dos livros de Verne à história de Jemmy Button se constrói também por meio da recuperação das narrativas de aventura, com o adendo de que, naquele caso, se tratava de uma história verdadeira. Nesse momento, Guzmán opta pelo desenho e, assim como fizera com Malig, se concentra no processo mesmo de criação das imagens: acompanhamos de perto a produção dos traços como uma experiência sensorial assegurada pelo *close* no lápis e pela captura do som do seu contato com o papel. A opção pode se explicar, sem dúvida, pela carência de registros fotográficos do fueguino, mas funciona muito bem como forma de aproximação com o universo imaginativo das aventuras de Júlio Verne. Além do mais, a ênfase na elaboração expõe a relevância que Guzmán confere aos processos de criação em seu próprio fazer como cineasta. Desse modo, como em outros momentos do filme, especialmente os que exploram a sonoridade da água, o som presentifica, dá corpo e materialidade à ação, bem como empresta dramaticidade.

Esse universo imaginativo ligado à prática leitora da infância, no entanto, recupera um tema que é também princípio: o da viagem. No caso, os viajantes e seus relatos, já recuperados em momentos anteriores do filme, especialmente ao mencionar a descrição dos povos da Patagônia como monstros, remetem a expedições como a encabeçada pelo capitão FitzRoy. O imaginário relacionado às viagens de exploração supõe uma visualidade que inclui desenhos e mapas, numa articulação recorrente entre cartografia e ilustrações tanto de pessoas quanto de espécimes vegetais e animais. Os traçados que acompanhamos afirmam a paisagem como elemento narrativo – o mar, a embarcação e a costa –, ao mesmo tempo que remetem à tradição visual derivada das viagens de exploração. Como Mary Louise Pratt (1999, p. 69) já assinalara: "Evidentemente, o mapeamento associado à navegação também exerceu o poder de nomear". A mostra de fueguinos e mapuches em Paris, que se deu em 1891 e 1889, mais precisamente no *Jardin d'Acclimatation*, revela como indivíduos e plantas foram objetificados e submetidos a uma ideia de "aclimatação", que, no caso dos povos, poderia ser traduzida como "civilizar" (Mason, 2018, p. 8). Isso subjaz à leitura que realiza Rosana Paulino das fotografias de mulheres negras e da ilustração dos livros de história natural. Não surpreende, portanto, que Lineu, após criar seu sistema de classificação das plantas, tenha também proposto a tipificação dos humanos. Pratt ajuda a compreender esse processo:

> a) Homem selvagem. Quadrúpede, mudo, peludo.
> b) Americano. Cor de cobre, colérico, ereto. Cabelo negro, liso, espesso; narinas largas; semblante rude; barba rala; obstinado, alegre, livre. Pinta-se com finas linhas vermelhas. Guia-se por costumes.
> c) Europeu. Claro, sanguíneo, musculoso; cabelo louro, castanho, ondulado; olhos azuis; delicado, perspicaz, inventivo. Coberto por vestes justas. Governado por leis.
> d) Asiático. Escuro, melancólico, rígido; cabelos negros; olhos escuros; severo, orgulhoso, cobiçoso. Coberto por vestimentas soltas. Governado por opiniões.
> e) Africano. Negro, fleumático, relaxado. Cabelos negros, crespos; pele acetinada; nariz achatado, lábios tômidos; engenhoso, indolente, negligente. Unta-se com gordura. Governado pelo capricho. (Pratt, 1999, p. 68)

A monstruosidade ou a condição selvagem tipificadas constituem-se como fundamentação ideológica e política para o extermínio, a coleta e a apropriação da vida. A autoridade para designar, na medida em que também é para classificar e hierarquizar, sem dúvida, esteve na base da iniciativa do capitão FitzRoy ao levar um grupo de fueguinos para a Europa a fim de civilizá-los e devolvê-los posteriormente ao seu habitat para que atuassem como difusores dos ensinamentos adquiridos. Essa experiência foi o que notabilizou Jemmy Button como personagem na história do contato entre os povos da Terra do Fogo e os brancos europeus. A racialização do discurso dialoga com a separação entre homem e natureza, uma vez que a distinção e a hierarquia entre raças supõem processos de aproximação e afastamento do mundo natural. Ou seja, não é civilizado aquele que é selvagem por se encontrar próximo dos estratos mais baixos da condição instintiva e animalesca que a civilização se encarrega de eliminar.

Nesse instante, Guzmán nos apresenta uma personagem fundamental da sua narrativa: o botão de pérola. Num fundo preto, em *close*, surge uma mão cheia de botões. Segundo o que nos conta, o fueguino foi nomeado Jemmy Button pelos tripulantes porque teria subido na embarcação em troca de um botão de pérola. Na verdade, o jovem era um Yámana e se chamava Orundellico. Os desenhos seguem como apoio para a tradução visual da transformação do rapaz, principalmente por evocarem as referências que servem à sua descrição e tipificação, pois a civilização a ser internalizada pelo indivíduo encontrava sua evidência no modo como publicamente se apresentava. Por outro lado, a declaração de que Button teria vivido quase um ano em "um planeta desconhecido" – em referência à sua passagem pela Europa – restitui fluxos que congregam a astronomia, a arqueologia, a história, a antropologia, as ciências da vida, a poesia e a política, o que se realiza cinematograficamente quando o desenho do Yámana com roupas inglesas dá lugar às estrelas. É significativo ser a ligação entre espaços tratada como uma questão também temporal, algo presente em mais de um momento do filme. O espaço-tempo da narrativa problematiza segmentações e cronologias fundamentalmente lineares, ainda que Guzmán conserve uma concepção de temporalidade que reserva aos povos patagônios o passado, quando assinala o contraste entre a proximidade espacial e a distância de tempo que havia entre Gabriela Paterito menina e ele mesmo, ainda garoto. A ideia de uma viagem espaço-temporal se faz acompanhar, nesse sentido, da identificação do futuro com a Inglaterra da Revolução Industrial, enquanto o modo de vida dos fueguinos corresponderia a um passado longínquo, espécie de idade da pedra. A jornada espacial, no entanto, serve para configurar a distância profunda que se interpõe entre os modos de viver, à medida que o diretor realiza um exercício poético-visual que explora os matizes e texturas da madrepérola – suas tonalidades em amarelo e rosa – para construir identidades visuais que tornem plausível enxergar aí uma nebulosa. O nácar é uma galáxia, literal e simbolicamente. A aplicação de recursos audiovisuais que permitam relacionar o que muitas vezes tomamos como totalmente distante, criando nexos e plausibilidade, ao mesmo tempo que se ampliam os horizontes de conexões, constitui o eixo da narrativa-relacional de Patricio Guzmán.

O cineasta chileno já havia afirmado que não se deveria esperar de um documentário conhecimento especializado ou preocupado simplesmente com a transmissão de informações técnico-científicas. Assim, embora busque a informação e faça um trabalho de pesquisa porque reconhece o vínculo necessário do cine documental com a realidade, o resultado final não se confunde com um estudo de ciência ou mesmo com uma reportagem. Ainda que compartilhe aspectos com esses gêneros, interessa-lhe a abordagem criativa que expressa um ponto de vista. Além disso, seu *modus operandi* não se coaduna a estruturas discursivas fundadas na referencialidade e na transmissão de informações; ao contrário, concebe que a dimensão reflexiva é mais importante que a objetividade. Em declaração sobre a operacionalização de seu trabalho de criação, podemos entender melhor as opções que são feitas ao longo do filme e também significá-las:

> En cada lugar de la ciudad, en las calles, en las casas, en todas partes, a todas horas, hay incontables átomos dramáticos que reflejan un pedazo de vida, una escena microscópica de la existencia humana. Esos átomos son como las letras sueltas de un enorme abecedario. Y con esas letras sueltas el cineasta construye palabras.
>
> Y con esas palabras construye frases. Y poco a poco el cineasta (el poeta) va fabricando historias con aquellos átomos que vuelan por el aire.
>
> Este es el secreto documental. (Guzmán, 2016, p. 18)

[Em cada lugar da cidade, nas ruas, nas casas, em todas as partes, em todas as horas, há incontáveis átomos dramáticos que refletem um pedaço de vida, uma cena microscópica da existência humana.
Esses átomos são como as letras soltas de um enorme abecedário. E com essas letras soltas o cineasta constrói palavras.
E com essas palavras constrói frases. E pouco a pouco o cineasta (o poeta) vai criando histórias com aqueles átomos que voam pelo ar.
Este é o segredo documental].

Os átomos correspondem a unidades dramáticas submetidas a uma fraseologia a partir da qual se constrói a narrativa. O processo de criação assim posto diz muito sobre como um botão de pérola pode representar um povo e uma região, na medida em que supõe o tratamento conjunto daquilo que o pensamento moderno cuidou de segmentar. Diante de uma realidade que se mostra instável e caótica, o diretor concebe o cine documental como um modo de organização (e, portanto, de conferência de sentidos), que não se confunde, contudo, às tentativas de supressão do diverso. A ordenação do turbilhão oferecido pela vida seria alcançável por meio de duas direções: o ponto de vista e a distância. Tendo por referência Gilles Deleuze, Guzmán entende que, na fabricação de um território, se pode urdir a distância, o que assegura um deslocamento necessário para que se acerque com mais perspectiva do assunto que o move; ao mesmo tempo, para que isso seja possível sem que se perca a dimensão apaixonada do artista por aquilo que o impulsiona a criar, seria preciso modular esse afastamento, submetê-lo a diferentes intensidades, num movimento apenas possível pela articulação entre intuição e questionamento crítico.

Seu interesse por seu país natal, no entanto, encarna as dificuldades desses deslocamentos de perspectiva que seu trabalho como documentarista exigiria. O cineasta declara olhar para o Chile como um estrangeiro, e é esse ponto de vista exterior que lhe daria a vantagem de minimizar os efeitos de sua identidade como chileno sobre as imagens que constrói. Todavia, embora evite desse modo a reprodução de imagens estereotipadas e de lugares-comuns, reconhece a decorrente perda dos detalhes que apenas a vivência cotidiana poderia lhe oferecer. Na captura daquilo que "os chilenos não veem", assegurada pelo distanciamento consequente à condição de visitante em seu próprio país, restam, para tudo aquilo que ainda assim lhe escapa, a intuição, a dedução ou mesmo as metáforas (Guzmán, 2016, p. 21).

Essa condição limítrofe do exilado vivida por Guzmán (tendo em vista seu fascínio pelas viagens, a mobilidade inerente a seu trabalho com o cinema e a motivação política de sua saída definitiva do Chile, nos anos 1970) o aproxima de Jemmy Button e de Gabriela Paterito. Essas personagens e o cineasta partilham uma ambiguidade que muitos latino-americanos se viram obrigados a vivenciar. Apesar dos rumos distintos em cada caso, me parece acertado dizer que eles têm em comum o diagnóstico que, em *O botão de pérola*, o narrador faz em relação ao jovem Yámana quando do seu retorno à Patagônia: "Mas nunca voltou a ser o que era".

Educado para ser civilizado, ele porém não se torna um, nem é reconhecido enquanto tal; por outro lado, não pode mais viver como antes. A ambiguidade que a tentativa de civilizar legou a Orundellico se mostra dilemática, marcado que é pelo sofrimento de uma mestiçagem que não se constitui pelo encontro e pela troca, mas por apagamentos. Aquele fueguino deixa de existir, como cogita o narrador quando anuncia que, a partir daquele momento, se deu início ao fim dos povos do sul. O enquadramento do desenho do jovem fueguino após o seu retorno simula as fotografias de patagônios a que tivemos acesso anteriormente. Soa clara a proposta de vincular a violência e a destruição operadas pelos colonos no século XIX à experiência de Button. A ativação de conexões na trama do filme mobiliza emocionalmente o espectador, e a emoção processada como reflexão sentinte alude à consideração de Ailton Krenak (2019) sobre a capacidade que a narrativa tem de acionar afetiva e cognitivamente os indivíduos. O tratamento dado à materialidade é realmente importante nesse sentido, porque a exploração sensorial, dentro da concepção de Guzmán, faz parte da maneira singular com que evoca a realidade, tomada como o conjunto da matéria. Esses diferentes vetores se tornam visíveis nos modos como o botão de pérola vai articulando o relato fílmico – o objeto não é uma materialidade inerte e vazia.

Os desenhos de Button funcionam, a partir das descrições contidas nos relatos, como espécie de animação que cobre os diferentes momentos e as transformações por que passa desde que embarca no navio inglês até o seu retorno, assinalando a transitoriedade de sua apresentação como *gentleman* e a impossibilidade de restituição por completo do que havia sido antes de partir com FitzRoy. Mesmo que tenha se desfeito das roupas inglesas e deixado os cabelos crescerem, Button estava preso a uma fronteira linguístico-cultural que lhe fora imposta. Orundellico não existe mais, e Jemmy Button, como está evidente na nomeação que lhe destinaram, corresponde a uma frágil composição, como quiçá muitos de nós, latino-americanos.

Ainda que, como viajante experimentado, tenha se fixado em Paris e isso lhe confira um estatuto cosmopolita, Guzmán não necessariamente escapa à ambiguidade desses mestiços, que, à maneira do que propõe Édouard Glissant (2005), exemplificariam processos orientados de mistura para obtenção de um determinado resultado, normalmente identificado à civilização branca. A *mestiçagem*, assim concebida, seria desfavorável à diversidade, esta alcançável apenas, na visão do ensaísta antilhano, pela *crioulização* enquanto processo imponderável e incontrolável de encontros. A situação desconfortável de fronteira vivida pelo intelectual latino-americano no Norte global tem um potencial reflexivo-criativo que foi explorado, por exemplo, na escrita contundente de Gloria Anzaldúa em seu *Borderlands/La frontera* (1987).[12] Isso está posto no modo como Guzmán converte sua situação móvel e fronteiriça em solo criativo, bem como explora o ponto de vista heterogêneo e a distância como formas de deslocamento

12. Importante dizer que o *mestizo*, para Anzaldúa, diverge do que Édouard Glissant vai compreender como mestiçagem. Para Anzaldúa, o conceito passa pela própria afirmação de sua condição fronteiriça de *chicana* e pela afirmação da fronteira como lugar de cultura.

que lhe permitam ressignificar sua inserção como sujeito e como chileno no mundo.

As diversas conotações que o botão assumirá no filme, por sua vez, permitirão que vejamos como interligadas as trajetórias do exilado político, dos desaparecidos durante a ditadura chilena e dos povos patagônios perseguidos. Novamente, a variação de escalas é fundamental para garantir que a regulação da distância e do ponto de vista nos possibilite perceber a heterogeneidade e a complexidade da realidade. Daí o enquadramento de um botão de nácar sob a água apontar para a conexão entre os povos nômades do mar e os corpos ocultados no Pacífico pelo regime autoritário do Chile. Essa projeção é endossada ainda pela condução da narração, uma vez que, ao se dizer que "os mapas de FitzRoy abriram a porta aos colonos" e, então, que "durante 150 anos um grupo de homens brancos governou com mão firme um país silencioso", não restam dúvidas quanto aos significados que o botão concretiza e evoca. A acepção de tempo surpreendida na narrativa se aproxima, nesse sentido, a uma organização espiral que revela processos de não superação, pois não se trata de se repetir o passado, mas de o passado ainda estar por aqui. Em outras palavras, estruturas sociais permanecem de modo que as mudanças históricas ocorram nos limites de determinadas relações de poder – melhor dizendo: de uma colonialidade que perdura.

Para Guzmán, em consonância com sua experiência em filmes como *A batalha do Chile*, entre outros destinados a refletir sobre a ditadura e seus efeitos, o governo Allende teria sido um curto intervalo numa longa história de dominação. Essa posição é declarada por meio dos usos que faz da música, do som ambiente e dos planos que, em substituição ao mar turbulento, mostram árvores, folhas e galhos sob a luz do sol. A evocação do idílico tem efeito representativo dos bons dias e segue padrões estéticos e filosóficos europeus habitualmente associados ao aprazível e harmônico. O valor narrativo dessa sequência é confirmado pelo corte intempestivo representado pela explosão de uma supernova. A virada súbita busca reproduzir a violência do golpe para assinalar, a um só tempo, o seu valor de ruptura e de distúrbio.

A atribuição de sentido político ao fenômeno astronômico, possível apenas pelo agenciamento do olhar particular do cineasta, é endossada pela declaração de que a breve liberdade que se desfrutara havia sido "aniquilada por um golpe financiado pelos Estados Unidos" e mais: de que, nessa mesma época, a desintegração de uma estrela supernova foi vista por um observatório chileno. Viajamos por distâncias substanciais do universo e voltamos à realidade terrena do Chile.

Estar em solo chileno ganha a contextualização da crise, que é visualmente encenada por novas tomadas de árvores, mas, dessa vez, encontramos troncos distorcidos, mutilados pelo calor de erupções vulcânicas. O vigor vegetal dá lugar a instantâneos semelhantes a esculturas em que se congelou o momento de agonia das plantas que se interpuseram ao caminho da lava. As contorções e sinuosidades que deformam os troncos, assim como os bosques ou a supernova, funcionam como metáforas e possuem, obviamente, função narrativa. A força dramática dos sons da natureza, a exemplo da tempestade e do mar, bem como daqueles correlacionados a cortes e transições, se soma a outros procedimentos que vão concorrer para a construção de encadeamentos, associações e contrastes. Os múltiplos recursos empregados (como o discurso verbal, o som, os truques de transição e a produção de imagens) aparecem articulados na composição das paisagens enquanto unidades narracionais, no contrafluxo do caráter parcial e limitante de perspectivas que insistem na separação entre natureza e cultura.

O aproveitamento semântico da materialidade de imagem, som, cenários e objetos torna possível as associações por meio das quais Guzmán desenvolve seu relato. É notável, por exemplo, como a sensibilidade visual e a imaginação do cineasta lhe permitem que associe a sinuosidade dos troncos retorcidos aos fios dos equipamentos de choque usados para a tortura de presos políticos no Chile. A continuidade de sentido é garantida não apenas pelo aspecto similar de uns e outros: o mesmo movimento de câmera com que percorremos a extensão da madeira danificada é utilizado para seguirmos o caminho da fiação entre onde estaria o corpo do preso e a máquina controlada pelo torturador. À ausência do corpo, Guzmán responde com materiais capazes de corporificar a agressão sofrida ou com o flagrante da dor que as árvores congeladas no instantâneo de sua destruição representam.

As investidas no sentido de construção de vínculos empáticos do público com as vítimas passam por dar visibilidade e concretude à crueldade. Para isso, o diretor faz coincidir a informação de que presos foram esquartejados com a imagem da vegetação que lembrava de perto corpos mutilados. Do mesmo jeito, diante do aparato de tortura, o narrador trata de dizer que geralmente a informação que os torturadores almejavam obter já a conheciam. Por outro lado, a reflexão sobre a aliança entre técnica e violência de Estado se inscreve nos detalhes e significados que vão sendo trabalhados nos modos como é exibido o instrumento usado para tortura. A exploração visual das formas geométricas, linhas e traçados, por meio da ênfase no estrado da cama onde ficava o prisioneiro torturado, e a exposição dos emaranhados dos fios coloridos sob um fundo desfocado fornecem a tradução estética da técnica a serviço da dor.

Assim como já havia feito em *Nostalgia da luz*, o documentarista demonstra a continuidade de práticas de extermínio a partir dos espaços. Naquele filme, alojamentos destinados a trabalhadores explorados pela mineração no século XIX, em pleno deserto do Atacama, são transformados em prisão pela ditadura de Pinochet, e essa identificação funcional do espaço revela ações sistemáticas de violência. Em *O botão de pérola*, voltamos às ilhas da Patagônia onde a missão salesiana se estabeleceu. Em Río Grande, esteve Ángela Loij, e a ilha Dawson, na qual centenas de patagônios morreram, posteriormente se tornou um campo de concentração para onde foram enviados os ministros de Allende e outros presos políticos durante o regime autoritário no Chile.

Paralelamente, a importância do registro fotográfico na construção da memória atravessa o filme e vai ao encontro de uma frase de Guzmán frequentemente citada em estudos sobre a sua obra: "um país sem cinema documental é como uma pessoa sem álbum de fotografias". O interesse em explorar cinematograficamente as fotos se manifesta na sua capacidade de erguer pontes temporais entre imagens antigas e do presente. Sobreviventes de Dawson, dessa vez ex-prisioneiros políticos, são reunidos para reencenar uma foto da época em que foram conduzidos para a ilha. A apreensão cinematográfica mimetiza o ato fotográfico e exibe as circunstâncias em que são produzidas as imagens, enfatizando, concomitantemente, os olhares que encaram a câmera. Descobrimos já termos uma memória visual que nos permite ver nesses sujeitos ecos dos patagônios fotografados. Como nas fotos de Errázuriz, está em jogo uma abordagem que ressalte a humanidade de seus modelos, em contraposição à desumanização que caracterizou o modo como essas pessoas tiveram suas vidas e identidades apropriadas. Novamente, a presentificação se torna uma exigência para a constituição da memória, para conferir realidade ao ocorrido e seus efeitos, para não condenar as vítimas a novos desaparecimentos.

A suspeita de que o oceano havia se tornado um grande cemitério, como assinala o narrador, se mostra pertinente diante do cadáver de Marta Ugarte trazido à tona pela corrente oceânica de Humboldt. Esse achado revela um esquema montado para dar fim a prisioneiros políticos e que acessamos através da inquietação do cineasta que, diante dos olhos abertos da mulher morta, se pergunta o que ela teria visto antes de morrer. Essa pergunta o move e nos convida para uma simulação que, estranhamente, evoca, por meio de sua fotografia de arte, o Chile de Emma Malig. Os tons de terra, laranja, em complementaridade com o azul, usados na composição da cena que reconstitui, com a ajuda de um jornalista investigativo, todos os procedimentos para a preparação do corpo a ser lançado no Pacífico, parecem tomados do trabalho de Malig. As cores informam uma identidade que está presente em um fazer contido no espaço e que acresce significados ao país construído pelo papel feito pele, à maneira de um manuscrito, de textura rugosa e aparência irregular. A reconstituição atende, por fim, à necessidade que o narrador declara ter de acreditar no que se deu.

A vítima é um corpo, e o país também. Tentar refazer o que acontecera com aquelas pessoas e, em especial, refazer o que teriam sido os últimos instantes da vida de Marta Ugarte para assim, talvez, saber o que ela vira antes de morrer. Diferente do que se poderia pensar a princípio, não há frieza na opção por refazer os procedimentos técnicos. Em vez de tentar suprir o que não se sabe com um docudrama que nos fizesse "ver" como as coisas de fato se deram, Guzmán prefere recuperar instrumentos e métodos utilizados e, ao fazê-lo, permitir que nós possamos materialmente experienciar o comprometimento da racionalidade técnica com processos de extermínio.

Diante de seringas, pinças, luvas, drogas, barbantes e os carris que serão amarrados ao corpo para assegurar que não boie, entendemos, enfim, que os olhos abertos de Ugarte e seu corpo são testemunhas. Acompanhar passo a passo o que se fazia exibe a crueldade subjacente à frieza de planejamento, à busca pela eficiência, e à execução sem emoção. Em tudo isso podemos reconhecer práticas do Estado nazista, e se torna oportuno lembrar o seu sentido e sua relação com o colonialismo. As minúcias tornam tudo tão improvável quanto concreto, e as informações que se acrescem dão um acabamento mórbido e triste: a participação de civis, os quase 1.400 corpos eliminados dessa forma, o lançamento ao mar mesmo dos que ainda estivessem vivos... Ao encontro da nossa perplexidade, vem, mais uma vez, Raúl Zurita, a quem Guzmán recorre para aquilo que não se pode compreender. "Não há limites para a crueldade", diz o poeta.

Ironicamente, os carris usados para garantir que não houvesse vestígio dos corpos, pela natureza do ferro, permitirão que pequenos objetos se incorporem à sua superfície ferruginosa para contar histórias que se quiseram apagar. O ferro submetido à corrosão e incrustado de formas marinhas parece ter se tornado área em que se escreveu parte da história. As barras metálicas também são testemunhas que resistem ao silenciamento que buscou cumplicidade na imensidão oceânica. A face ferruginosa do metal lembra o mapa de Emma Malig.

Os objetos falam; o botão de pérola incrustado em uma das peças de ferro fecha o circuito da narrativa que reúne patagônios e desparecidos políticos, colonos e militares. "Os dois botões contam a mesma história, uma história de extermínio", explica o narrador. O que as lentes nos permitem ver é, em parte, aquilo que se procurou apagar e, assim, expõem práticas não superadas, relações de poder perpetuadas. Torna-se mais claro, então, como é fulcral, no desenvolvimento da narrativa de Guzmán, a amplificação ou as variações de escala como metodologia, pois oferecem perspectivações que auxiliam no esforço de ver o invisível. Se a poesia é conhecimento importante nesse processo, retirar do silêncio sujeitos e objetos exige uma atitude arqueológica que recupera os pedaços soltos e incompletos para montar um quebra-cabeça condenado à incompletude.

Zurita se torna, na parte final do documentário, uma presença essencial, pois expõe a importância da linguagem e da imaginação para determinadas compreensões sobre o mundo. Se, como afirma, ao contemplar o mar, contemplamos a humanidade inteira, então a história da água, do gelo e dos vulcões também é a da morte, da matança, do abuso e do genocídio. Logo, a memória está em todas essas coisas, porque estão todas em diálogo. Já o narrador diz que, se a água tem memória, ele acredita que tenha também voz e que, se chegarmos perto, poderemos escutar as vozes dos desaparecidos. Isso traduz, de certa forma, a amplificação como desdobramento e expansão, mas também como uma aproximação – um olhar e um escutar mais de perto para perceber aquilo que não se nota muitas vezes de imediato. Esse processo de ver-escutar atentamente tem a ver com a atitude, a um só tempo, poética e investigativa. É esse indagar-se insubmisso e imaginativo que situa o documental, como o concebe Guzmán, num limiar particular que lhe faculta o exercício da fantasia e o cuidado informativo. Esse encontro só se pode realizar de forma a constituir um discurso plausível e de potente capacidade comunicativa por meio de uma subjetividade concretizada na linguagem, nos modos de dizer e de narrar. [13] Nesses aspectos, reside um ponto de vista relacional

13. Não posso deixar de dizer que entendo que essa percepção é alcançada graças à mediação das mulheres, responsáveis, no trabalho de Guzmán, por parâmetros

desenvolvido no documentário, expressão, por fim, da compreensão da poética como conhecimento.

Dissolve.

Do Pacífico ao Atlântico.

O mar da Patagônia toca a crueldade atlântica dos abismos que Édouard Glissant enumera quando evoca o ventre prenhe do navio negreiro, a voracidade do oceano que traga corpos que se fossilizam fundidos a corais e dejetos na profundidade obscura das águas, assim como o sepultamento definitivo das vidas perdidas no esquecimento. Compartilham os dois oceanos sua participação e testemunho na massiva expropriação de existências invalidadas de que fora episódio cabal o tráfico de corpos negros para alimentar a máquina colonial. Esse é o cemitério abismal que o poeta Edimilson de Almeida Pereira conjura em seus versos para fazer dos desaparecidos poesia e memória. Ele institui a palavra poética também como um abismo, este, porém, o das possibilidades inumeráveis.

O "Cemitério marinho" do poeta mineiro desdobra-se em sete cenas que retomam a diáspora negra – o tráfico cruento que converteu as vítimas e seus descendentes em "uma ponte de ossos submersa". O poema se constrói sobre redes de intertextualidade tecidas na convergência entre poeta negro, ativista e pesquisador cuja aposta é na linguagem, sem desarticulá-la do histórico e do antropológico que lhe mobilizam como escritor.

A criação poética, nesse caso, resulta da experimentação e investigação, assim como se dá no cine documental de Guzmán. Filme e poesia refletem, cada qual à sua maneira, o artístico como um conjunto imponderável de possibilidades e, enquanto tais, exigem a coragem

significativos. Talvez, para começar, no exemplo de Anne Chapman e Ana González, mas principalmente no encontro emocionante com duas mulheres-memória – Lola Kiepja e Ángela Loij. Gabriela Paterito tem muito dessas duas mulheres, e a entrevista que Guzmán faz não deixa de recuperar a empatia construída entre Chapman e as descendentes Selk'nam. Não há como ignorar, de igual maneira, Paz Errázuriz e Emma Malig em sua contribuição para o desenvolvimento estético e narrativo de *O botão de pérola*.

da desestabilização cotidiana de modos de fazer. O mar-cemitério dos povos patagônios e dos perseguidos políticos encerra um desafio estético, político e histórico também presente na experiência do poeta brasileiro. O modo como esses oceanos, Pacífico e Atlântico, se encontram, em que pesem suas declaradas diferenças, me conduz, mais uma vez, à constituição de um sistema-mundo onde os mares são espaços-tempos que nos desafiam e afetam. Vale lembrar a importância dessa concepção no desenvolvimento da noção de colonialidade do poder por Aníbal Quijano, tendo em vista o estabelecimento, desde os anos 1970, de uma perspectiva claramente sistema-mundista cujas bases residiram na busca pela superação das barreiras disciplinares, bem como na substituição do Estado-nação, enquanto unidade de análise, pela categoria de sistema-mundo (Wallerstein, 2004). Nesse sentido, o aproveitamento da contribuição de Fernand Braudel (1965, p. 272), ao propor o que chamou de *longa duração* enquanto continuidade de realidades estruturais, foi fundamental para a operacionalização do conceito de sistema-mundo. A superação da história factual, nos termos do historiador francês, impunha o desafio das diferentes durações numa estrutura em que o "tempo de hoje data, às vezes, de ontem, de anteontem, de outrora".[14] Se, na linguagem da história, como a concebeu Braudel, a suspensão das durações em uma sincronia perfeita era vista como uma impossibilidade, disciplinas como história, geografia, economia e antropologia não poderiam eximir-se de relações mútuas. Como Immanuel Wallerstein adverte, a principal obra do historiador francês foi baseada no estudo do Mediterrâneo do século XVI como uma "economia-mundo", concepção que ganhará nova formulação no conceito de *sistema-mundo moderno*. O Mediterrâneo de Braudel ecoa no Atlântico negro de Paul Gilroy e no vermelho de Rosana Paulino.

Espaço é tempo.

A tradução (e atualização) de poemas de Paul Valéry no volume *Feitiços* [*Charmes*], por obra de Roberto Zular e Álvaro Faleiros, traz

14. Artigo originalmente publicado em Annales E. S. C., em 1958.

"O cemitério marinho" do poeta como parte de uma experiência de temporalidades. Assinalando a inserção contextual no pós-Primeira Guerra Mundial dessa publicação de 1922, os tradutores exploram o significado da opção do poeta por uma escrita "antimoderna" em poemas que "aspiram a um horizonte histórico mais amplo, uma *longue durée*, que possibilitou a invenção de um futuro bastante diferente daquele calcado em uma linha reta que leva da ordem ao progresso" (Zular; Faleiros, 2020b, p. 15). A experiência do tempo rebelde ao mundo forjado como técnica, lucro e destruição em massa exige outra relação com a materialidade das coisas: uma relação distinta da prática do descarte e do abandono movida pela redução de tudo ao cálculo da utilidade e à quimera do novo absoluto. Isso, porém, não se daria sem que houvesse também uma mudança na concepção de história. A longa duração entra, aqui, na chave crítica do trabalho de tradução, que revela a experiência do tempo como vital para uma relação diversa com a realidade, tal como se dá na linguagem da poesia de Valéry, na medida mesma em que as temporalidades cruzadas se associam à restituição do encantamento com o mundo tornado inerte pela exploração do capital.

Desse modo, os avessos da instrumentalização urdidos nos versos escritos na Europa do início do século XX são novamente dimensionados no Brasil das primeiras décadas do XXI. São as questões e lutas de uma dada geopolítica e determinado momento histórico que vão balizar a leitura-recepção que se estabelece no trabalho de tradução. Por isso, é preciso atentar-se para o *Feitiços* do título, que, como declarado pelos próprios tradutores, "são ao mesmo tempo um 'feitio', algo feito, construído, fabricado, e uma 'feitiçaria', um canto, um encantamento, algo mágico, imaginário" (Zular; Faleiros, 2020b, p. 15).

Na carta-comentário dirigida a Zular e Faleiros que integra a publicação de *Feitiços* [*Charmes*], o músico Tiganá Santana (2020, p. 234) declara: "Sendo eu negro, é que, ancestral e diuturnamente, falo sobre feitiço como vida...". Sua identidade é indissociável de uma visão de mundo. Nessas águas, Tiganá desenha aproximações entre

Valéry e Dorival Caymmi, ao que soma ainda referência dos versos de Edimilson de Almeida Pereira com seu "Cemitério marinho". Na recuperação dos encantamentos associados às cosmologias africanas ou ameríndias, por meio da materialidade mesma das coisas do mundo, Tiganá aponta para a particularidade de uma tradução de Paul Valéry feita a partir dessas lentes banhadas em conhecimentos e pareceres que agregam outros elementos à leitura dos versos escritos há um século por um francês. O compositor faz isso, porém, junto com a leitura de versos do poeta mineiro:

> Talvez, os negros "outros além-outros", e somente eles, no Brasil, possam retomar uma doçura mais antiga que qualquer ideia de alteridade, numa queda que se faz tradução de um corpo-natureza na natureza-corpo. Esses "além-outros" vão além da morte porque se exprimem, propriamente, no infinito do corpo. *Ku mpemba* no corpo, "calunga" no corpo, o escuro no corpo. (Santana, 2020, p. 237)

A prerrogativa de perspectiva não deve ser confundida à exclusividade. Afinal, no sistema-mundo do Atlântico, que não comporta, como sustenta Gilroy, uma noção única e totalizante de "cultura negra", nos confrontamos com disparidades e dinamismos que desafiam os esquemas de pensamento a que estamos habituados. Por outro lado, a exigência de revisão epistemológica se estabelece a partir da afirmação da validade de outras cosmologias que não a moderna, o que as converte em uma óptica privilegiada, como propõe Tiganá Santana. Gostaria de acrescentar que essa revisão, que lança dúvida à disjunção entre o estético, o epistemológico e o político, ganha materialidade nos trabalhos de Rosana Paulino, na ficção de Diamela Eltit, no cinema de Patricio Guzmán e na poesia de Edimilson Pereira.

Assim como a tradução de Zular e Faleiros, o que a publicação por um poeta de Minas Gerais, em 2010, de um poema intitulado "Cemitério marinho" nos faz ver na poesia de Valéry? Feitiços:

> Seus versos retomam uma prática antiga, alquímica, artesanal, que cria uma outra relação com o tempo. Apostam na sedimentação lenta das palavras que buscam a voz, ou melhor, as vozes que reverberam em muitas direções e entre muitos seres (plantas, animais, humanos, seres míticos, arquitetônicos, imaginários). São versos que se colocam como uma pedra no meio do caminho da compressão do tempo, da ansiedade por um futuro que nunca chega. (Zular; Faleiros, 2020b, p. 15)

A duração não disruptiva do tempo resiste ao esquecimento que se apoia no discurso de que algo é passado e "já foi há tanto tempo"; também nos discursos conciliadores que fazem do colonialismo, da escravidão e das ditaduras algo remoto e superado, quando podemos senti-los na vida cotidiana, no dia a dia da convivência íntima ou do trabalho. A colonialidade postulada por Quijano manifesta essa duração, uma vez que, desfeitos os apetrechos administrativos do colonialismo, se preservam práticas de poder que não são simplesmente circunstanciais, mas intrínsecas à modernidade. Nesse sentido, a destruição de povos, seres e biomas está vinculada a uma determinada experiência de tempo e espaço que favorece a eliminação de um pretérito vaticinado: "existiu" e não mais. Na linguagem, artistas vêm, porém, afirmando outras experiências espaço-temporais.

Em certa entrevista,[15] Edimilson de Almeida Pereira declara sua relação com escritores do Caribe, a exemplo de Derek Walcott. Nascido na ilha de Santa Lúcia, Walcott estabeleceu em sua obra, assim como outros antilhanos, uma relação visceral com a realidade geográfica e natural, que incluía o mar e a ilha. É de sua autoria o poema "The sea is history" ["O mar é história"],[16] que servirá de epígrafe a Édouard Glissant em sua *Poética da relação*. O mar de Walcott, "gray

15. A entrevista foi concedida a Maria José Somerlate Barbosa em 1996, e a passagem em questão ganhou versão ampliada no artigo "'Dançar o nome com o braço na palavra berço': a relação vida e obra poética de Edimilson de Almeida Pereira" (Barbosa, 2011, p. 245).

16. Publicado originalmente no livro *The Star-Apple Kingdom* (1979).

vault" [jazigo cinza], constitui o repositório da história sepultada dos povos africanos submetidos à diáspora. A recuperação pelo poeta de narrativas do descobrimento entrelaçadas ao discurso bíblico coloca em questão os rumos dados à historiografia na medida em que assinala, a um só tempo, o imaginário cristão e a monumentalização implicados na construção da história. Colonialismo e Gênesis surgem na associação irônica da caravela como a luz da criação, enquanto o Êxodos se traduz no tráfico de corpos que deixa "botões de pérola" pelo caminho:

> Exodus.
> Bone soldered by coral to bone,
> mosaics
> mantled by the benediction of the sharks shadow,
>
> *Êxodo.*
> *Osso unido a osso pelo coral,*
> *mosaicos*
> *cobertos pela bênção das sombras eusseláquias,*
> (Bezerra, 2011, p. 97)[17]

O esvaziamento da verdade histórica como realidade e sua configuração como ato de fé concorrem, no poema, para a contra-historiografia que Walcott visualizava como necessária e que pressupunha a recusa da separação natureza/cultura. Sob esse aspecto, a categoria de humano, em face à sua colonialidade, mostra-se uma impossibilidade, e a própria história exige outros termos. Isso está expresso, por exemplo, na ideia de que o caribenho estaria suspenso numa "sopa de signos", tanto natural quanto cultural, que lhe possibilitaria ler a paisagem por meio de metáforas de textualidade,

17. Optei por usar a tradução feita por Antony Cardoso Bezerra e disponibilizada em seu artigo: "O homem e o mar: 'Ode marítima', de Álvaro de Campos, e 'O mar é História', de Derek Walcott" (2011).

como ressalta Paula Burnett (2000). O seu comprometimento com uma contra-historiografia se refletia na produção épica que situa "the poet as articulator of the collective narrative, which makes story of the past, rather than history, with the emphasis on the 'present of living memory'" [*o poeta como um articulador da narrativa coletiva, que faz estória do passado, mais do que história, que enfatiza o "presente da memória vivida"*] (Burnett, 2000, p. 64).

É contundente perceber como o cinema em *O botão de pérola* está afeito a uma poética da história nas Américas, à maneira de como se percebe em Walcott ou de como compreendia o ensaísta antilhano Édouard Glissant. Conforme pontua Michael Dash, Glissant enfatiza a importância da história, da paisagem e da linguagem no romance produzido no continente. Assim, ao mesmo tempo que aponta que a paisagem se inscreve no texto como pintura ou música, externalização da profusão e caos de uma estética americana, tal como Walcott, considera problemática a visão de história linear e progressiva (Dash, 1995, p. 151). Instigante perceber que a configuração de espaços-tempos em poéticas e narrativas de diferentes expressões têm, na América Latina e Caribe, indicado a vitalidade política da linguagem. Algo próximo à oposição que Glissant faz à acepção triunfante e totalizante de história como processo único, quando, como diz Dash (1995), aposta na *opacidade* de histórias para subverter o paradigma estabelecido.

Essa disputa pela definição do passado se acerca do "Cemitério marinho" de Edimilson, em que o mar-história de Derek Walcott se presentifica na medida mesma em que o poema desdobra as investigações poéticas, etnográficas e históricas do autor mineiro. Objetos e corpos, cuja materialidade resiste ao tempo ou modela novos formatos, têm implicações na construção de histórias que tornem tangíveis os silêncios e seus significados, que incorporem como elementos narrativos restos submersos e esquecidos, como o botão de pérola de Guzmán. Essa arqueologia não repõe, todavia, o passado, mas oferece a oportunidade de confrontar a hegemonia de um discurso histórico que perpetua processos de dominação, ao subscrever narrativas que evidenciem o caráter parcial e violento da História.

Assim, familiares ao botão de nácar chileno, os ossos fundidos aos corais nos versos do poeta caribenho ganham a forma de uma ponte submersa no poema do escritor brasileiro:

> uma ponte de ossos
>   submersa
> eis o que somos – [18]

A modelagem e a consistência do gesso são ainda evocadas pelo poeta, o que assinala a transformação que a passagem do tempo e as condições naturais produziam ao agir sobre a matéria. Ainda na Cena 2 do poema, o cadáver surge em sua realidade orgânica, resultado da decomposição que dá ao rosto do corpo lançado aos tubarões o tom esverdeado de um "fruto-memória" – um *strange fruit*,[19] quiçá, e também o fruto dos versos de Paul Valéry.[20] O mar que sepulta vidas e histórias ganha a geografia dos abismos, enquanto a violência da experiência do corpo esquartejado cuja face se converte em fruto-memória ganha, no uso da primeira pessoa do plural, a afirmação inclusiva de um reconhecimento:

18. O livro *Homeless*, de 2010, me serviu de base para a citação dos versos do poema "Cemitério marinho", de Edimilson de Almeida Pereira (p. 87-100). Assim, a partir daqui, as menções a ele não serão referenciadas.

19. Canção de Abel Meeropol sobre linchamento de dois homens negros nos Estados Unidos e gravada por Billie Holiday em 1939.

20. Em "O cemitério marinho" (tradução de Roberto Zular e Álvaro Faleiros):

> E assim como em gozo se derrete a fruta,
> Como em delícia sua ausência se transmuta
> Numa boca onde morre o que ela formou,
> Eu aqui fumo o meu futuro que se esfuma,
> E o céu canta à alma que toda se consuma
> A transformação das margens em rumor. (Valéry, 2020, p. 161)

eis o que somos – apesar
do abismo e sua colônia
de entalhes

apesar do abismo onde
a forma informe (a
            linguagem)
        nos experimenta

O caráter plástico do corpo-osso-gesso congrega-se às formações abismais na ação escultórica impressa em seus entalhes, nas marcas e sinais que vão sendo construídos pelo trabalho de artistas-natureza. Nesse contexto, na última estrofe da cena, é reiterada a atuação opositiva dos abismos – "apesar do abismo" – à afirmação "eis o que somos", situando em primeiro plano a linguagem enquanto uma forma sem forma, ao mesmo tempo que abrindo "outra relação com o passado, com os antepassados e com a família que se confunde com o próprio corpo, uma ética da relação com os que vieram antes e com o planeta que herdamos" num "alargamento das temporalidades" (Zular, 2019, p. 19). Na articulação tempo-linguagem, a inversão da relação que *nos* sujeita à experimentação da linguagem, e não o inverso, evoca os abismos de Paul Valéry.

A conexão com o poema "O cemitério marinho", do poeta francês, soa óbvia, não só pela semelhança do título, mas também por conta dos significados que a linguagem e a ação escultórica (modeladora, portanto) vão assumir nos versos. Algo como a relevância da "dependência entre dizer e fazer" observada por João Alexandre Barbosa em edição brasileira de 1974 do poema. É o crítico ainda que observa: "Poema: linguagem em movimento. Signo imantado que, de modo inevitável, arrasta para a sua viagem o que a reflexão abstrata pode manter entre parênteses" (Barbosa, 1974, p. 59). No entanto, as conexões entre o cemitério marinho de Edimilson Pereira e o de Paul Valéry ganham a extensão elástica e dinâmica de um diálogo atravessado por experiências geopolíticas distintas que se encontram na experiência marítima do tempo. Zular e Faleiros reconhecem, nos poemas de *Feitiços* [*Charmes*], um exercício da linguagem que não tem um fim em si mesmo, dado que se realiza como política e história. Seu mistério e opacidade (em consonância com o encantamento das coisas) seriam, nesses termos, expressões de demandas não tão distantes daquelas que Diamela Eltit persegue em sua escrita. Assim dizem os tradutores:

> Essas variações ontológicas, atravessando a historicidade (tanto da história quanto da linguagem), e a possibilidade de se inscrever uma outra linguagem na linguagem, como uma outra história na história, não são para Valéry meras "questões de linguagem", mas a linguagem pondo em questão a ética e a política que levaram a Europa a uma guerra fratricida. (Zular; Faleiros, 2020a, p. 198)

Se, à maneira de outros poetas no Brasil, Edimilson é leitor de Valéry, uma leitura linear e genealógica de "Cemitério marinho" seria no mínimo frustrante. O poeta brasileiro está em rede, e seu trabalho não deve ser reduzido a estudos de fonte e influência, que pautaram durante muito tempo os estudos comparativistas. E essa rede é um Atlântico à maneira do que propõe Gilroy, porque se constitui de movimentações múltiplas e complexas que, assumindo os prejuízos do esquemático, eu gostaria de apresentar como um conjunto intercambiável entre espaços-tempos representados pelo interior de Minas Gerais – a Ilha de Santa Lúcia – a Martinica – o Atlântico – a França – o Mediterrâneo – o Brasil. Esse esquema imperfeito (a ordem e a linearidade devem gerar desconfiança) responde à ansiedade comunicativa indissociável do meu percurso de anos de docência.

Quando lemos "Cemitério marinho" em *Homeless* (2010), volume no qual o poema foi publicado pela primeira vez, o encontramos na "passagem do meio" – referência à expressão inglesa *Middle Passage*, usada para designar a travessia atlântica de escravos –, num livro organizado em três seções (os antílopes; passagem do meio; o mestre-sala). A organização do livro parece simular a diáspora, e a situação intermediária do poema se justifica em mais de um plano: de estar no meio, de ser em si mesmo a passagem do meio, de também ser o meio. Já em sua republicação em 2019, em *Poesia +*, antologia que reúne poemas escritos desde 1985, "Cemitério marinho" está entre as "Ideias do mar". Com propostas bem diferentes, as duas publicações revelam a situação de "Cemitério marinho" ora como parte de uma produção sobre trânsitos que têm o mar como imagem privilegiada, no caso de *Poesia +*, ora como dramatização do sequestro e transporte de pessoas pelo Atlântico, no caso de *Homeless*. Sem dúvida, não há aqui uma relação autoexcludente, mas uma ênfase, digamos, elucidativa. Além do mais, a errância da linguagem, que se autonomiza na agência da experimentação, como aparece no verso do poeta de Minas Gerais, se associa ao trânsito compulsório dos povos submetidos à travessia do Atlântico, de modo que seria plausível considerar que a linguagem também é uma ponte. Esse sentido ganha força, a meu ver, quando se considera que os vetores de significação e intertextualidade acionados por Edimilson Pereira incluem sua experiência enquanto pesquisador do congado e do candombe.

Em uma publicação como *A saliva da fala*, de 2017, o poeta e professor, ao expor a importância de estudos que considerem a dimensão estética dos cantopoemas do congado, discute categorias fundadas na hierarquia natureza/cultura. Ele argumenta que tal distinção sustenta a aplicação do conceito de "*natura*" ao outro, o que assegura o desprestígio de grupos humanos e suas expressões culturais. Dessa maneira, diante do que se estipula como "selvagem" e "espontâneo", habitualmente vinculados ao popular e à oralidade, restariam somente duas vias: domesticação ou exílio. Nesse contexto, a afirmação da poeticidade dos cantos e a indicação da existência de um valor estético neles exigem um conjunto de critérios críticos que não se restrinjam aos já cristalizados pelo estudo do texto escrito. E mais: que tenham em vista o trabalho de criação que envolve os cantos, normalmente negado por enfoques que restringem essas textualidades à condição de objetos de estudo. Em vez da concepção dos grupos sociais relacionados a manifestações como o congado enquanto repetidores mecânicos de versos perpetuados pela tradição e transmissão oral, Edimilson de Almeida busca divulgar – a partir de um trabalho de investigação de 10 anos – a complexidade de um processo dinâmico que ele reconhece como resultado da associação e complementaridade entre preservação e mudança. Isso está claro na publicação *Os tambores estão frios: herança cultural e sincretismo religioso no ritual de Candombe* (2005), em que defende a existência de um "ponto de vista afrodescendente" caracterizado por uma memória coletiva formada por uma pluralidade de perspectivas compartilhadas por um grupo de pessoas com experiências em comum sob a "lógica do preservar-mudando e do mudar-preservando" (Pereira, 2005, p. 377). Na contramão de purismos, a dialética entre preservar e mudar tem a ver com uma perspectiva do mar-história mais próxima do Atlântico de Gilroy (2012, p. 42), quando este avalia a necessidade de superar perspectivas nacionais e nacionalistas que, no seio do Estado moderno e tendo por base a vinculação entre nacionalidade e etnia, redundaram na "popularidade trágica de ideias sobre integridade e pureza de culturas". A fim de superar essa ordem de coisas, o Atlântico negro surge como uma categoria que se opõe a noções homogêneas e essencialistas de cultura "negra", de forma a acentuar "as formas culturais estereofônicas, bilíngues ou bifocais originadas pelos – mas não mais propriedade exclusiva – dos negros dispersos nas estruturas de sentimento, produção, comunicação e memória". Além disso, tal noção "tem como raiz e como rota o esforço envolvido em tentar olhar para (pelo menos) duas direções simultaneamente" (Gilroy, 2012, p. 35). Na contramão das abordagens nacionalistas ou etnicamente absolutas, o historiador propõe uma história que assuma o Atlântico como um sistema cultural e político, tendo como foco os fluxos. A questão, para ele, é epistemológica e, portanto, política: não acredita que se possa superar a modernidade, que se alicerçou na escravidão, mantendo as estruturas dicotômicas do pensamento moderno nas lutas contra o racismo.

Os versos de Edimilson de Almeida Pereira se definem na estrutura reticular em que o poeta se insere, de modo que também ali vivenciamos inquietações manifestas em trabalhos como os de Paul Gilroy, que, junto com Raymond Williams e Stuart Hall, no ponto de vista de James Clifford (2013, p. 8), pertenceria a uma tradição teórica ligada a abordagens etnográfico-históricas a partir da antropologia cultural.

Na esteira da ideia de que à diáspora corresponde a concepção do espaço "em termos de um circuito comunicativo" (Gilroy, 2012, p. 20 e 23), segundo o que diz o autor no prefácio à publicação de *O Atlântico negro* no Brasil, interessa pensar – ainda para apreender os processos alavancados por Edimilson de Almeida Pereira em sua produção poética – como também o mato ou a floresta podem ser vistos, à feição do mar, como um sistema político-cultural. Essa discussão se apresenta, em *A saliva da fala*, quando o escritor desenvolve a leitura dos cantopoemas coletados em sua investigação etnográfica a partir de uma "arqueologia da memória escrava", tendo por base o trabalho de Martin Lienhard. Sob o prisma do arqueólogo, o poeta, na função de crítico, concebe os cantos do candombe e do congado como uma narrativa fílmica da história:

> O texto dos cantopoemas funciona como roteiro para uma leitura da outra história costurada a partir de fragmentos e instauradora de um contradiscurso (o do oprimido) que reduplica e também rejeita o discurso dominante. Ao mergulhar nesse roteiro, o olhar arqueológico reencontra a sequência que se pode considerar como a versão da diáspora elaborada na perspectiva da poética banto-católica. O filme visualizado através dos cantopoemas é feito de lacunas e reconstruções (...). (Pereira, 2017, p. 79)

A percepção dos cantos como um conjunto narrativo de feição cinematográfica dá ainda a ver uma organização em duas fases dos três séculos da história que envolve África, Europa e América, de modo que na primeira se dispõem episódios de acordo com a seguinte sistematização: "Prólogo: Tráfico e angústia da viagem para a América"; "Intermezzo: Ambiente do cativeiro no Brasil"; "Epílogo:

A abolição da escravatura" (Pereira, 2017, p. 79-80). Já a segunda fase compreenderia o período pós-abolicionista até a contemporaneidade, mas, diferentemente da primeira, os cantopoemas destacariam mais a simbologia de atitudes, ainda que pretéritas, do que os acontecimentos:

> O filme adquire aspecto conceitual, as sequências apelam para o olhar analítico dos protagonistas e espectadores a fim de apreenderem as funções dos *poietés*, a leitura do passado, os confrontos ideológicos e o reconhecimento das especificidades dos afro-brasileiros, traços, enfim, que ressaltam o caráter metalinguístico do filme histórico. (Pereira, 2017, p. 81)

Difícil não lembrar, aqui, das discussões sobre o formato tradicional do cinema documental em contraposição às experimentações que tomariam a linguagem como central, recorrendo, para pensar nos termos de Guzmán, à poesia. Por outro lado, também parece inescapável ponderar o que significa o poeta e pesquisador propor uma sistematização dos cantopoemas que, em primeiro lugar, constrói uma narrativa histórica e, em segundo, se apresenta como filme. Sem dúvida, a fragmentação, decorrente principalmente das lacunas de um passado que muitas vezes oferece apenas objetos rotos, justifica essa aproximação. Todavia, não posso deixar de considerar que "Cemitério marinho" é um poema constituído em sete partes numeradas, sob o título de "cenas", e que trata, em particular, do tráfico negreiro e da travessia do Atlântico, não coincidentemente um dos episódios que, em sua percepção, seriam contemplados pelos cantopoemas.

O início súbito que suprime um antes a ser subentendido determina onde o filme-poema começa, como indica o uso da pontuação no verso que abre a Cena 1: ": embarcados, como / avaliar a tempestade.". A situação de confinamento é confirmada pela câmera posicionada internamente, de modo que a tempestade existe apenas por indícios, como sons e balanços apreensíveis nos porões dos navios. Esse ponto de vista que se situa nos corpos aciona, por aproximação e empatia, uma coletividade que é confirmada pelo uso da primeira pessoa do plural, agregando povos escravizados do passado ao poeta e intelectual negro que, no século XXI, descobre o presente no passado.

A lâmina comparece como imagem e realidade, posto que textualmente nomeada – "não fora que a lâmina / arruína, mas / nas veias" – e atualizada nos seus efeitos verificáveis no si mesmo dos corpos. No esquartejamento dos versos e dos sujeitos se concretiza a mutilação tornada visível pela câmera em sua apropriação das partes:

onde uma perna
          outra
lista de mercadorias
que valessem
          peça
          por
          peça

O corpo desmembrado aparece como mercadoria, transformado em itens contabilizáveis, num processo de objetivação que se opõe a objetos cuja existência material é também sagrada. Assim, em contraponto ao encantamento inerente aos tambores do candombe, os indivíduos são reduzidos a uma não humanidade instrumentalizadora que justifica o descarte impune daqueles que são desembarcados "como sacos de aniagem" e "entregues ao calunga grande" (Pereira, 2010a, p. 88). Lançados ao mar, ao Calunga grande: referência frequente nos pontos e cantos do candombe e que expõe a matriz semântica em que navega o poeta. Ou, ainda, como a obra *Os tambores estão frios* já nos ensina à guisa de glossário:

> 1) Mar (...). 2) Calunga grande: mar, oceano; Calunga pequeno: cemitério (...). Nesse sentido, Calunga se apresenta como uma face da morte, a que os negros recorriam pedindo o retorno à terra de origem: "– Calunga, me leva pra minha terra". Provavelmente o sentido do mar como força cósmica divinizada tenha se ampliado para o significado

de o que transporta, passando a abranger a ideia de morte. 3) "o fundo da terra, o abismo: divindade poderosa" (...). (Pereira, 2005, p. 342)

Aí está o mar, cemitério, morte, abismo: o cemitério marinho de Edimilson Pereira. E na primeira cena do seu poema-filme, "entregues ao Calunga grande", compartilhamos a experiência do navio negreiro, compreendido também como parte de uma relação social, econômica e política que se estabelece no seio do colonialismo. O tratamento poético atualiza a situação do barco prenhe de gente deslizando pelo Atlântico ao lhe dar materialidade gráfico-visual, coisa em si:

          à
superfície um brigue
          é
          o
          que
          é

faca alisando a bandeira
do mar   país
sem continente
garden of the world

O barco "corta" as águas do oceano e o verso, repousa sobre a superfície das palavras coisa em si, afinal, "é o que é". E esse barco que é faca elimina as rugas da lâmina de água do mar, país sem continente, ou ainda: "garden of the world". A partir do século XVII, estabelecimentos coloniais ingleses no Caribe ocidental deram as bases das sociedades açucareiras e escravocratas do século XVIII e início do XIX, de maneira que a paisagem representada pelo *plantation* difundido em ilhas tropicais do Caribe no Seiscentos foi concebida por escritores ingleses como "the garden of world" [o jardim do mundo] (Hicks, 2007). O presente ativado na escrita nos faz ver o agronegócio (e o trabalho escravo ainda existente no Brasil) representado pelo tapete verde das propagandas que atrelam a monocultura e o latifúndio à prosperidade e ao desenvolvimento, escamoteando o sentido extrativista voltado para o comércio internacional e o enriquecimento de grupos econômicos em detrimento dos interesses de boa parte da população do país.

E na conexão mar-*plantation*, tráfico negreiro e sistema de produção colonial, as marés devolvem às praias aquilo que se tentou ocultar nas águas profundas: pedaços de corpos, assim como línguas, assim como rios, assim como guerras e crimes... a enumeração no poema revela a violência que o mar feito história ainda pode contar quando alcançam a superfície os testemunhos sepultados, como os corpos dos desaparecidos políticos lançados no Pacífico (nessa reorganização política da cartografia, o Atlântico e o Pacífico parecem estranhamente próximos ao Mediterrâneo que sepulta refugiados...).

A cena subsequente, com sua ponte feita de ossos, nos coloca diante dos abismos, talvez aqueles dos versos de Valéry (2020, p. 159) – "Quando por sobre o abismo um sol enfim repousa, / São puríssimas obras de uma eterna causa, / Em que o Tempo cintila e o Sonho é saber" – e aqueles que Édouard Glissant imaginou em sua *Poética da relação*. O ensaísta e poeta antilhano abre o ventre do navio negreiro para encontrar a noite do sequestro que esfacelou comunidades e das torturas e tormentos que se estenderam da travessia às plantações. A descrição dos padecimentos nos porões das embarcações é pautada pela repetição do verbo *imaginar*, que exige de nós, leitores, a tentativa de uma projeção empática que, em sua imperfeição, possa mobilizar algo no presente que desenhe pontes adormecidas entre passado e futuro. O terrível, porém, estaria mesmo no abismo, que, na perspectiva construída por Glissant, existe em aliança com o desconhecido assustador e aí se realiza em três circunstâncias.

O primeiro abismo surge como o ventre do barco, e, na elaboração de um discurso que assume a presença de um interlocutor concretizado pelo uso da segunda pessoa, somos jogados ali, onde o que nos espera é a dissolução: "El vientre de esta barca te disuelve, te precipita en un no-mundo donde gritas" [*O ventre deste barco te dissolve, te precipita em um não-mundo onde gritas*] (Glissant, 2017, p. 39). O navio é, assim, uma sepultura ("*fosa-matriz*") prenhe de mortos e de "vivientes en suspenso". No entanto, como o ensaísta revela, os abismos são afins e seus efeitos são percebidos ainda: "En el espacio del barco, el grito de los deportados es ahogado, como lo será en el universo de las plantaciones. Este enfrentamiento repercute todavía en nosotros" [*No espaço do barco, o grito dos deportados é afogado, como o será no universo das plantações. Esse enfrentamento repercute ainda em nós*] (Glissant, 2017, p. 39). O grito submerso no Atlântico ou nos "jardins do mundo" representa e se constitui como indício da corrupção das pretensas grandezas relacionadas às travessias marítimas ou aos vastos campos cultivados.

A imagem do ventre do navio no poema de Edimilson Pereira se reveste de ambiguidade, visto que incorpora a maternidade geradora num sentido que vai ao encontro das premissas do poeta, que, enquanto pesquisador, considera a fecundidade de processos de apropriação e encontro que se estabeleceram na vinda de populações negras para o Brasil. Ele não se limita, porém, a perspectivas puristas e nem cai no elogio simplista dos encontros culturais, daí assinalar que a transformação cultural derivada do contato não se confunde à dissolução promovida pela imposição violenta de modelos modernos. Assim, na terceira cena do poema, as cabeças que rolaram "continuam presas à orelha / dos livros". Já na Cena 4, a nave, enquanto ventre, se constitui como "presídio-liberdade" que costura "(...) os portos / da noite". A embarcação também é um corpo esquartejado, pois o ventre apresentado em si mesmo, apartado, é saudado pelas cabeças, quem sabe admiradas pela insistência com que veem o ventre-nave se erguer cada vez que submerge. Nessa anatomia particular, podemos enxergar a duplicidade dos movimentos de criação e destruição, que incluem a violência e a crueldade do extermínio tanto quanto o nascimento de vidas advindas da gestação dinâmica de novas organizações socioculturais.

Voltando a Glissant, o seu segundo abismo é o marinho, para onde são lançados os corpos daqueles dos quais é preciso se desfazer, os que podem ser descartados como dejetos, desembarcados peça por peça... O poeta caribenho nos coloca diante de camadas a serem escavadas na busca por sobreviventes: testemunhos, vozes e corpos não conformados às superfícies plácidas e aos silêncios sob os quais sujeitos são condenados a uma história única que põe em xeque a sua qualificação mesma como sujeitos. É preciso desconfiar dessas belezas plácidas... – "Así, toda navegación sobre el esplendor verde del océano – la melancolía de las travesías transatlánticas, la gloria de las regatas deportivas, la tradición de carreras en yola o gomones – sugiere, a través de la evidencia de algas, estos bajos fondos, estas profundidades, puntuadas de grilletes apenas oxidados" [*Assim, toda navegação sobre o esplendor do oceano – a melancolia das travessias transatlânticas, a glória das regatas esportivas, a tradição de competições de veleiros ou botes – sugere, por meio da evidência das algas, esses submundos, essas profundidades, pontuadas de grilhões não completamente oxidados*] (Glissant, 2017, p. 40). A escavação é, portanto, o inconformar-se, a não sujeição a aparências e narrativas que ocultam a violência e as mazelas inerentes a um projeto de poder que pautou (e continua pautando) a dominação e destruição de sujeitos. O abismo que engoliu os corpos fez-se sepultura onde jazem histórias. Os soterramentos por pesadas camadas de terra (algo que nos recorda não serem inéditas as tragédias ocasionadas pela mineração nas cidades de Mariana e Brumadinho, estado de Minas Gerais) e as inundações, literais ou simbólicas. Reconhecer a existência de desaparecidos desvela ocultamentos permanentes de corpos, vidas, histórias, línguas, culturas, existências. Não por acaso, o que se encontra na poesia de Edimilson de Almeida, o tratamento estético-político, como expõe com clareza Prisca Agustoni, se realiza numa "tensão barroca":

> (...) entre aquilo que é visível e aquilo que é sonegado, entre aquilo que é dito e aquilo que permanece não dito. Enquanto os mineradores eram vigiados, teciam a resistência através daquilo que silenciavam, os diamantes escondidos, os achados perdidos. O autor lança sua lente sobre essa sonegação, construindo sua fala a partir dela e do silêncio

(...). É importante ressaltar este aspecto porque ele compõe a moldura e a ancoragem cultural do livro *Sete selado*, onde as coisas aparecem "expostas" porém "seladas", cifradas e em permanente estado de tensão entre visibilidade e invisibilidade. (Agustoni, 2007, p. 209)

Em sua abordagem do livro de poemas, a autora conclui que o hermético e inapreensível do exercício poético do escritor mineiro – *opaco* à sua maneira – se associam a redes simbólicas. A dimensão do sagrado não se restringe apenas a *Sete selado*, afinal, em "Cemitério marinho", o mar, transformado em campo santo, se estende por sete cenas, sete mares, como sete foram os dias da criação. A linguagem é ritual e também memória, participa dos jogos de visibilização e invisibillização, dos movimentos de escavação e mergulho que trazem à tona os esquecidos sob entulhos de negligências, exploração econômica e conflitos:

...
sobre tal

cemitério
se atulharam
o descuido letras de câmbio
e tumultos

o que fazer, porém
dos espólios
recuperados no golpe
de uma pá?

As escavações, ainda que necessárias, não trarão respostas definitivas, pois o vivido não poderá ser recuperado enquanto tal e a precariedade dos escombros só significará por meio do filtro do presente. A recuperação do espólio dos que foram submetidos à "febre" e ao "assombro" do sequestro, do transporte de carga, bem como da desumanização brutal exigida pela comercialização, consequentemente leva a outro desafio: o que fazer com aquilo que é recuperado? O que fazer com "os mortos descalços"? Essa indagação move o poeta-pesquisador e aponta para a necessidade de desalojar convicções, de buscar outros modos de fazer história. Não é casual que o seu trabalho de investigação antropológica e os estudos acerca de manifestações populares se somem ao estudo de documentos e registros historiográficos como matéria poética. As Cenas 6 e 7 de "Cemitério marinho" ganham notas explicativas que vinculam as imagens dos versos a descrições do mercado do Valongo, no Rio de Janeiro do século XIX, ou ainda à "visita ao campo precário que, entre 1722 e 1830, acolheu os africanos escravizados e mortos antes de sua chegada ao Rio de Janeiro" (Pereira, 2019, p. 366), com a devida indicação das fontes consultadas. No entanto, os métodos e materiais envolvidos nessa pesquisa dialogam ainda com uma formação em estudos literários/linguísticos. Como resultado, nota-se que o documental não é situado fora da linguagem, pelo contrário, uma vez que a maneira como se lida com os registros está bem longe de confundir-se com transcrições diretas fundadas no valor em si dos objetos e documentos.

Sob esse prisma, a poesia de Guzmán conversa diretamente com a de Edimilson. A essa altura, vale recuperar a tarefa à qual Derek Walcott se propõe, como articulador da narrativa coletiva, poeta que constrói "estórias" do passado: o mar de Edimilson Pereira também é história, e linguagem errante.

De volta a Glissant, o terceiro abismo apontado por ele diz respeito à memória: "El tercer avatar del abismo proyecta así, paralelamente a la masa de agua, la imagen invertida de todo aquello que ha sido abandonado, que por generaciones no se encontrará más que en las azules superficies del recuerdo o del imaginario, cada vez más descolorido" [*O terceiro avatar do abismo projeta assim, paralelamente à massa de água, a imagem invertida de tudo aquilo que foi abandonado, que por gerações não se encontrará para além das superfícies azuis da lembrança ou do imaginário, cada vez mais descolorido*] (Glissant, 2017,

p. 40). Na imagem de um museu, Edimilson, em "Cemitério marinho", lida com a expropriação de narrativas, esta responsável por definir o tempo-espaço do mundo. A totalidade e universalidade pretendidas pelas práticas museológicas encontram seu desafio na linguagem que "espolia o museu / de história natural":

> a linguagem se joga
> no oceano – para desespero
> da memória
> que se quer museu de tudo

A ênfase nos limites do museu revela sua constituição insuficiente e parcial a despeito da pretensão à totalidade que caracteriza práticas museológicas tradicionais. A autoridade dessas instituições encontra oposição na criação poética que contesta seu controle sobre a memória e arrisca-se, ao lançar-se num oceano de profundidade desconhecida.

À Cena 5, que traz a memória à luz por meio da coleção de objetos e discursos, seguem trâmites comerciais indicados em anotações de números que oscilam entre simbolismos e registro matemático. Contudo, é a realidade numérica, material e simbólica que permite contar os óbitos e localizar a violenta ruptura de laços culturais e históricos das almas confinadas a "110 metros quadrados", enquanto:

> de óbito em óbito
> o horror assunta os vivos
>   corta-lhes
> herança e umbigo
>
> (...)
>
> de óbito em óbito
> se calcula a história como
> se ao apagá-la
> ela se fizesse nova

O efeito da contagem ritmada, à maneira da marcação do tempo dada por instrumentos de aferição como o relógio, decorre da repetição da expressão "de óbito em óbito". Nesse *modus operandi* linguístico e numérico, é calculada a história: pela produção continuada e regular de vítimas. O horror provocado nos que sobrevivem diante das contínuas baixas e a perda efetiva de vidas concorrem para a destruição de continuidades representadas pela herança e pela conexão umbilical, e assim se apaga a história que se quer instaurar a partir daí. A desconexão dos corpos desmembrados e das histórias suprimidas inclui necessariamente a perda do sagrado e da linguagem:

> a linguagem, corpo
> indefeso, cola-se à laje
> suas entranhas são
> um caniço
>
> e ainda que o silêncio
> a ancore   *suona*
> : os que morreram antes
> de se tornarem
>
> outros foram lançados
> a essa barca noturna
> sem nome
> tirados ao sangue
>
> não pertencem ao hades
> olimpo
> de nenhuma ordem
> são outros além-outros
>
> que engolem a língua
> para regressar

à primeira queda
do rio

que temem perder
a cabeça
e sem ela o rastro anterior
ao chão

A relação entre linguagem e sagrado (Feitiços!) ajuíza a importância da narrativa histórica na chave da preservação/transformação, que não se confunde à ruptura ou à suspensão brutal que silencia, apaga e elimina. Esvaziados da subjetividade que se constitui na corporalidade tanto da existência em carne e osso quanto da palavra e imagem com que se estruturam identidade e história, silenciamentos e ocultamentos consolidam-se como forma de invisibilização. Por isso, a linguagem que se joga no oceano submete o discurso eurocêntrico de viés colonial dos museus à desestabilização, pois questiona o discurso tornado oficial e institucionalizado a fim de abrir flancos em que se deem a ver e a ouvir outras narrativas. Nesse sentido, a materialidade de expressões linguísticas e formas de comunicação que se mantiveram enquanto se transformavam em práticas como o candombe, de alguma forma, assinala a força do poético e do sagrado nos pilares das histórias que, apesar de espoliadas, ainda se fazem sentir.

Por outro lado, as superfícies de corte não aparecem de uma única maneira nos versos de Edimilson Pereira. Às subtrações violentas responde uma lâmina criadora que exuma corpos, faz do mar-história um corpo cuja mutilação submete a uma ordem discursiva. De fato, vejo a fragmentação em "Cemitério marinho" como princípio criativo, sem por isso equivaler tal traço ao elogio moderno do fragmento ou da pulverização pós-moderna. O foco, no poema, está na ausência, no precário e parcial com que precisam lidar a poesia e a história. Nessas condições, a narrativa se realiza como linguagem em movimento e, portanto, não definitiva. O corte como princípio constitutivo da poesia, e expressão das ausências e parcialidades, subjaz à roteirização, à edição e à mobilidade dos ângulos que mimetizam uma câmera indócil. A matriz cinematográfica contamina tecnicamente a enunciação, enfatizando, por sua vez, o caráter heterogêneo e híbrido da produção poética enquanto resultado de encontros que tensionam as diferenças: a tradição e a mudança que aparecem por meio da estruturação fílmica entre os candombeiros; a cinematografia impregnada no olhar do poeta; as experiências modernistas na literatura e os desdobramentos contemporâneos de experiências multimídias e interculturais.

A afinidade com o cinema não está restrita ao cemitério marinho de *Homeless*, como deixam entrever estudos como o de Maria José Somerlate Barbosa, em livro dedicado à poesia de Edimilson. A autora analisa o uso de técnicas de filmagem pelo poeta como forma de exploração intencional de lacunas, pausas e silêncios. Daí, em sua leitura de *Caderno de retorno*, conjunto de poemas publicado originalmente em 2017, a pesquisadora entender haver, pela ótica da trajetória colonial brasileira, confluência entre autobiográfico e histórico, o que escoa na incorporação do cinema como linguagem. A visão documental e poética se articulariam em "uma lente poética ou uma câmera observadora" (Barbosa, 2009, p. 134). Documental e poesia.

Em entrevista reproduzida por Somerlate, é o próprio poeta quem declara: "Por saber-se viajante de processos históricos, sociais e estéticos que se exprimem através de mutações constantes, o eu poético assume a incerteza e fartura como os terrenos de fundação do seu discurso" (Pereira *apud* Barbosa, 2009, p. 148). O estilo derivado de movimentos de contenção e extravasamento supõe o caráter dinâmico e múltiplo da poesia de Edimilson. Uma vez que se assuma o valor político da sua linguagem, aquilo que não se deixa ler em meio a movimentos e instabilidades não resulta simplesmente do hermetismo associado à lírica moderna, para aludir ao trabalho do crítico alemão Hugo Friedrich, mas também do contato com os discursos de devotos e praticantes do candombe e do congado, nos quais a obscuridade é "um recurso estético que sobrevaloriza a informação a ser descoberta nos labirintos" (Pereira *apud* Barbosa, 2009, p. 149).

O trabalho etnográfico que gerou *Os tambores estão frios* possibilitou ao poeta-antropólogo compreender como a linguagem cifrada dos pretos[21] representava um nicho de sobrevivência, resistência e mesmo de prestígio para indivíduos de grupos sociais habitualmente desprezados. O conhecimento e a capacidade de comunicar-se pela língua não compartilhada assegurava-lhes distinção e os protegia de ações violentas de silenciamento. Edimilson, ao explorar o que considera como "linguagem simbólica" entre os candombeiros, potencializa a convergência do seu trabalho como pesquisador com sua atividade como poeta. A força da linguagem está na base desse convergir:

> Os devotos do Candombe o vivenciam entre pontos, narrativas e expressivas manifestações de silêncio. Assim se tornam importantes as coisas ditas e as não ditas, pois indicam o fundamento da rede comunicativa do ritual e a habilidade dos candombeiros para utilizá-la. As coisas ditas no Candombe inserem seus praticantes numa regra geral de uso da linguagem, segundo a qual o homem é na linguagem, ou seja, o homem se projeta na linguagem e se realiza como um criador de significados para si mesmo, para os outros e para o mundo. (Pereira, 2005, p. 350)

A linguagem do candombe, no que tem de herança cultural dos ancestrais vindos da África, seria, ao ver do poeta, uma ponte entre tempos e geografias, resultado de uma interpretação do mundo baseada no sagrado, linguagem "imantada do mito, portadora da força que inaugura as realidades materiais e imateriais. A raiz dessa linguagem

21. "Nesse momento, a linguagem simbólica recebe nomes que viabilizam a sua aparição pública e indicam o grupo social que a articula. Para os devotos do Congado e do Candombe essa linguagem é conhecida, dentre outros nomes, como língua de preto, língua de nego da costa, latim de preto, língua de jongo, língua de Angola, etc." (Pereira, 2005, p. 363).

é a metáfora" (Pereira, 2005, p. 351). Uma distinção entre metáfora simples e radical norteia a concepção defendida por Edimilson, a partir da formulação de Max Müller, numa afirmação do simbólico e do sagrado nas relações mesmas com o mundo:

> Por outro lado, o homem percebia o mundo, e especialmente a natureza, como um conjunto de coisas vivas. A natureza ressoava como um corpo em comunicação, falando e ouvindo. No vento que soprava nas folhas, a emoção do homem via a natureza e a projeção da voz divina chegando à terra. Eis aí a fundamentação da metáfora radical, ou seja, a palavra enunciada, por seu caráter divino, transmutava um objeto em outro novo, dotando-o de uma significação amplificada. (Pereira, 2005, p. 352)

O sagrado na linguagem e sua conexão com procedimentos racionais e estéticos ocidentais apontam para uma abordagem relacional de grande tensão. A poesia se apresenta, por esse viés, como um espaço privilegiado para a história e a política, pois realiza o movimento de uma realidade multimodal que aponta para a diversidade antiautoritária da enunciação em uma arena de disputa que insiste em confrontar modelos de dominação que perduram. O atravessamento de raça, gênero, classe social, geografia etc. exige um pensamento-linguagem que considere as implicações mútuas e conflitivas desses aspectos sem perder de vista o dinamismo das relações sociais e da história. Por isso, não pode haver decolonialidade sem passar pela interrogação aguda e difícil da linguagem e da construção do conhecimento.

Para ler o cemitério marinho de Edimilson Pereira, há de se atravessar oceanos: os da história contada e das que foram apagadas ou silenciadas; os da experiência artístico-literária caribenha, latino-americana e europeia; os do multilinguismo e da diversidade cultural; os das manifestações distribuídas no tempo e no espaço que foram relegadas à condição periférica. Talvez sintetize bem o que o próprio poeta propõe em versos de seu poema "Homeless" (2010a, p. 122):

a memória
coleciona lapsos
por isso
assaltá-la com

a linguagem
extraída a fórceps
do mar
(...)

Sem rendição

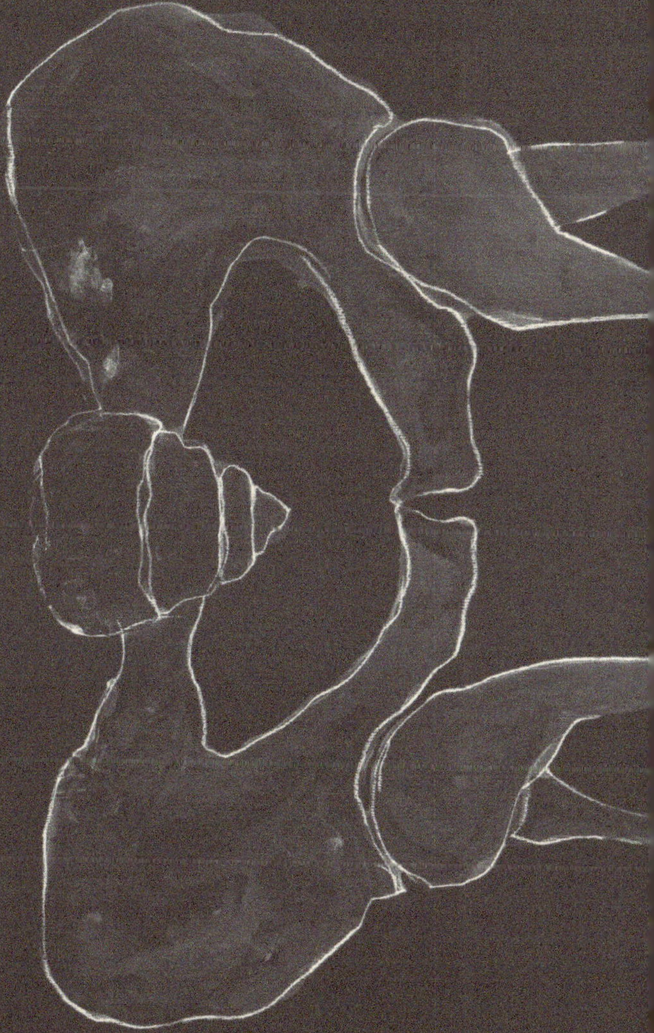

Tornou-se comum escutar, ao longo de 2019, que 2020 não poderia ser pior. O desmonte de direitos com ônus evidente para trabalhadores, o avanço da exploração predatória das riquezas naturais, a perseguição a grupos sociais e povos, a censura e a violenta marcha no poder político de setores representativos da face mais acachapante da dominação colonial: muitas foram as razões para fazer de 2019 um ano de grandes desilusões.

Quis o acaso (ou não) que eu estivesse escrevendo este livro em meio ao turbilhão de uma pandemia em que se escancarava uma política de extermínio há muito em curso. O mórbido encontro entre o vírus e os processos sistemáticos de destruição da vida me fez crer que um e outro não podiam ser, de fato, pensados em separado. No calor da hora, pensadores, filósofos, sociólogos e artistas ergueram suas vozes, escreveram textos, participaram de eventos online, publicaram lives... numa tentativa necessária e urgente de refletir, comunicar-se e agir sobre uma realidade na qual se ratifica o direito diferenciado à existência. Pedagogia e crueldade que, na perspectiva de Rita Segato, exigem de nós contrapedagogias, são também evocadas por Boaventura de Sousa Santos em e-book publicado pela editora Almedina em abril de 2020: *A cruel pedagogia do vírus*. Embora a "cruel pedagogia" não seja as "pedagogias da crueldade", entendo que aquela existe enquanto parte das práticas representadas por estas. Embora não estejam dizendo a mesma coisa, o sociólogo e a antropóloga apontam para a mesma direção e sentido.

Ao recorrer a alegorias e observações dispostas à maneira de notas, o sociólogo expõe as dificuldades inerentes de lidar com o imediato, em especial quando o fluxo de acontecimentos se dá numa velocidade imprópria a qualquer processamento. Diante desse tipo de desafio, talvez a nossa melhor opção seja a imaginação, como permite entrever Boaventura Santos. A essa altura, parece razoável indagar o que esse vírus é ou representa. A isso, o estudioso responde com a convergência entre patógeno, Deus e mercado: são forças invisíveis. Como Senhores do fim, exigem devoção a partir dos seus domínios: corpos, templos e bolsas de valores. O caráter invisível dessas três forças, enquanto "formulações do último reino, o mais invisível e imprevisível, o reino da glória celestial ou da perdição infernal", leva o autor a considerar a interrelação entre biologia, religião e capitalismo graças a um discurso que se constrói em termos de salvação ou perdição. Santos frisa o tom teológico, o que lhe permite acentuar a dimensão escatológica que se acerca desses poderes invisíveis. De fato, a questão da invisibilidade mostra-se central em sua reflexão, na medida em que é na capacidade de camuflar-se que reside a constância do poder em nossa sociedade. O colonialismo, o patriarcado e o capitalismo mantêm-se graças à sua dissimulação, e o mercado, enquanto poderosa abstração, passa a se constituir como espécie de "megacidadão informe e monstruoso que nunca ninguém viu nem tocou ou cheirou" (Santos, 2020, p. 10). Como se opor a ameaças invisíveis? Como confrontar aquilo de que não me apercebo e que parece ser capaz de assustadora onipresença?

Entendo que a invisibilidade se traduza, nesses casos, numa tremenda presença, mas também há o invisível das ausências cujos desdobramentos são outros. Em relação ao primeiro caso, quando o escritor inglês H. G. Wells abordou a invisibilidade como poder, construiu imagens, em sua ficção, que recuperavam aspectos interessantes. Seu *Invisible Man* [*O homem invisível*] era um monstro, e, não por acaso, na narrativa de 1897, o leitor se vê diante de situações que justificariam o subtítulo dado ao livro: "romance grotesco". A monstruosidade se deveria tanto à aparência bizarra do corpo não visível, com suas bandagens, roupas e adereços, quanto às motivações moralmente condenáveis que levam o protagonista a fazer da invisibilidade recurso para práticas hediondas. O cientista inebriado pelo alcance de sua descoberta, diante da possibilidade de agir sem se submeter a limites sociais, declara o quão poderoso é em sua situação invisível: "An invisible man is a man of power" [*Um homem invisível é um homem com poder*]. Essa declaração, por sua vez, expõe em que medida passar despercebido, estar presente sem ser detectado, representaria a possibilidade de estar acima das leis e a salvo das imputações da sociedade. Não se pode controlar o que não se pode ver.

Nesse sentido, a invisibilidade não seria em si o mais assustador, mas o poder que ela representaria e como o sujeito que a possuísse poderia usá-la a seu bel prazer, inclusive para fins mesquinhos e cruéis. Isso está especialmente vinculado ao fato de Griffin, o homem invisível, não ser um *invisibilizado*, ou seja, não ser vítima de um processo de apagamento; pelo contrário, ele é o agente de sua própria visibilidade. É claro que, na narrativa de Wells, isso está literalmente manifesto, posto que não se trata, afinal, de alguém a que se tenha submetido algum tipo de negação, mas de um cientista que descobre uma forma de não ser mais fisicamente perceptível à visão humana. De todo modo, essa presença que se reconhece, mas que não se pode controlar, parece ser, no caso, uma espécie de força, um poder de vida e morte que merece ser temido.

Apenas em parte se pode entender, a partir daí, o anônimo da sociedade de massas. Proponho dialogar com a reflexão de Vera Lúcia Follain de Figueiredo, quando diz:

> Os termos que compõem a dicotomia visibilidade/invisibilidade não são necessariamente contrários, nem tampouco definem lugares fixos. Ver sem ser visto é um atributo do poder, ao mesmo tempo que não ser visto pode significar a exclusão de toda e qualquer esfera de participação na vida da sociedade. Em certo sentido, a visibilidade do anônimo não lhe garante a voz; ao contrário, a exposição de sua imagem pode ser um modo de silenciá-lo. Portanto, falar de invisibilidade dos anônimos é falar também de sua visibilidade, ou melhor, da necessidade de torná-los visíveis pelas instâncias de controle e

vigilância, ou de torná-los visíveis como integrantes dos espetáculos que dão sustentação ao poder (...). (Figueiredo, 2020, p. 137)

O que a pesquisadora e crítica observa com pertinência, antes de mais nada, é a precariedade da relação autoexcludente, opositiva e fixa entre visível e invisível. Isso expõe não apenas que a discussão em torno do ver e ser visto implica uma série de questões, mas também que o homem invisível, em alguma medida, pode ser lido como alegoria do poder, exatamente por representar o controle de sua própria visibilidade. Bem diferente é a situação do anônimo cuja invisibilidade não é necessariamente emancipatória, na medida em que não decorre de sua escolha como sujeito, e sim de sua objetificação.

Gostaria, contudo, de considerar a situação do invisibilizado a partir de um ponto de vista de bastidores, ou seja, de sua condição imediata de existência, que não equivale nem ao modo como é exposto nem ao modo como é ocultado. Nesses termos, há uma longa distância entre o homem cruel da obra de H. G. Wells e Eve, a camareira do filme da cineasta mexicana Lila Avilés. Em *La camarista* (México, 2018), assim como no também mexicano *Roma* (México, 2018), de Alfonso Cuarón, a narrativa se constrói a partir das experiências de mulheres responsáveis por atividades domésticas de limpeza e cuidado. As duas obras, portanto, lançam luz sobre indivíduos e atividades desprestigiadas numa sociedade de profundas desigualdades, buscando tratar essa realidade a partir do cotidiano desses sujeitos. No entanto, em que pesem pontos de convergência, a forma de narrar e construir a situação dessas trabalhadoras se diferencia, principalmente, pelo olhar afetivo e o ambiente familiar no longa de Cuarón em contraste com a impessoalidade do ambiente e a linguagem corporativa de um hotel de luxo no México, onde se passa a história contada por Avilés.

A diretora de *A camareira* relata que sua motivação inicial para fazer o filme surge do contato com a obra da artista e fotógrafa francesa Sophie Calle, mais especificamente com o conjunto de narrativas e fotografias que produziu a partir de um período em que trabalhou como camareira em um hotel de Veneza na década de 1980. Calle fotografou objetos de hóspedes e quartos, a partir dos quais escreveu textos que foram publicados junto às imagens e que permitiam dar uma ideia da passagem do tempo, dos comportamentos e das histórias que a artista contava a partir do que ia encontrando. Assim, itens banais parecem funcionar como índices de ausências evocadas pelo conjunto formado pelas fotos e pela produção escrita. Lila Avilés desenvolve a partir daí uma peça de teatro que ocorre dentro do hotel, onde anos mais tarde rodará seu filme, o que lhe permitirá o contato necessário ao desenvolvimento de um projeto balizado por diversas entrevistas e pela aproximação com o cotidiano dos funcionários. Com estratégias próprias ao cinema documental, a diretora opta por um naturalismo bastante enxuto que enfatiza aspectos da subjetividade de Eve e o cotidiano de seu trabalho, os quais, no contexto da história, surtem indissociáveis. Esse entrelace está indicado no título do filme, uma vez que a função é nominada, e não a personagem; todavia, isso não se dá por um esvaziamento da protagonista como sujeito, pelo contrário. Seja no uso do feminino, seja na fotografia que serviu de cartaz para a obra, está em destaque essa mulher em seu uniforme precisamente para apresentá-la enquanto trabalhadora, sem que isso signifique apagar sua realidade psicológica.

A questão é que as longas horas e o ritmo intenso de trabalho reduzem a vida de Eve à atividade que desempenha, e isso fica claro para nós que estamos, enquanto espectadores, confinados no hotel. Não há cena fora dele, porque a personagem passa boa parte de sua vida em seu local de trabalho. Suas relações afetivas e pessoais aparecem como ausências, indicadas (talvez como em Sophie Calle) pelos telefonemas para o filho, que praticamente não vê, ou pelo vestido que a cliente esqueceu e Eve deseja para si. O discurso corporativo, por sua vez, tem papel importante na manutenção desse confinamento e na redução da mulher à função que exerce. Isso porque estimula o ritmo frenético das tarefas com promessas de recompensas, numa perspectiva evidentemente sustentada na ideia de que o sucesso financeiro depende do esforço de cada um. As metas são o chicote de uma escravidão que lembra de perto os entregadores de Ken

Loach, presos à crença em um falso modelo meritocrático em que tudo depende de você. Esse enredamento está permanentemente presente no ambiente corporativo representado pelo hotel, assim como as dificuldades imensas de alcançar as recompensas devidas deixam claro como as estratégias de incentivo à produção são, na verdade, formas de garantir a submissão dos que trabalham a um sistema fortemente injusto.

Acompanhar o dia a dia de uma camareira e nos afligir com as suas dificuldades cotidianas, sua rotina exaustiva, sua solidão e sua frustração confere visibilidade a mulheres e tarefas que normalmente passam despercebidas, porque, com seus uniformes cinza, devem permanecer camufladas, confundidas a móveis e paredes, para que sua ausência compulsória faça desaparecer todo o esforço do trabalho, invisibilizando-o também. Não vemos o trabalho, não vemos os trabalhadores, não vemos as pessoas, como se as coisas se fizessem sozinhas à maneira de mecanismos automáticos. Essa dessubjetivação do trabalho atinge ainda mais contundência quando se trata de atividades domésticas, associadas à manutenção e ao cuidado da vida, dos ambientes e das pessoas. Nesse caso, tornar invisível é forma de sujeição. Talvez por isso, acredito que a única cena em que podemos ver Eve despida da função de camareira é exatamente quando ela rompe com as relações corporativas de trabalho e sai do hotel. Podemos acompanhá-la até a saída, mas permanecemos presos à câmera dentro do prédio, como se o filme nos mantivesse atados ao ponto de vista em que se funda a razão de ser daquela narrativa. Enquanto isso, Eve escapa.

Por trás do monstro, há, normalmente, uma ideia de humano; daí, no caso do homem invisível de Wells, a humanidade aparecer associada a sentidos morais positivados e o desumano monstruoso ser aquele que encarna uma anomalia física e comportamentos condenáveis. A associação entre aspectos físicos e morais não surpreende e tem longa história (basta lembrar da discussão do psiquiatra e ativista antilhano Frantz Fanon sobre as representações de homens e mulheres negros) – monstruosidades da alma que se manifestam no corpo (como esquecer Dorian Gray, cujo retrato concentra a expressão física da sua perversidade?). Todavia, os invisibilizados como Eve expõem a violência expressa no indivíduo apagado como corpo e existência social, visto que, de fato, são indissociáveis. Se o caráter "não humano" do homem invisível de Wells está na conduta criminosa e imoral, o da jovem camareira está na sua instrumentalização e objetificação como uma função. A ideia de humanidade, nesses casos, não é coincidente, mas expõe como a ausência de visibilidade não é em si um valor, como Vera Lúcia Follain destacou.

Nesse sentido, a pandemia de covid-19, decorrente da difusão global do *SARS*-CoV-2, expõe formas de poder que se sustentam, de um lado, no temor ao mercado-Deus-vírus, e, de outro, na invisibilização de sujeitos cujas vidas são tratadas como meras peças de reposição. A desigualdade do sistema de saúde, em países como o Brasil, revela que há uma política vigente que define quem pode morrer ou não, e a agudização das demandas, como se dá em uma epidemia, torna ainda mais evidente esse estado de coisas. Todavia, nenhuma argumentação talvez seja mais contundente em relação a isso do que os diversos episódios registrados ao longo da expansão da doença pelo Brasil. Gostaria de destacar alguns.

Em 19 de março de 2020, foi registrada a primeira morte oficial por covid-19 no estado do Rio de Janeiro. Doméstica, 63 anos, contraiu a doença da patroa, que havia viajado para a Itália e tinha exame positivo para o vírus. Ao adoecer, a vítima foi enviada para sua casa, no município de Miguel Pereira, onde foi atendida em uma unidade de saúde da rede municipal e veio a falecer.

Em 5 de maio de 2020, foi publicado o decreto estadual n. 729 assinado pelo governador do estado do Pará, Hélder Barbalho (MDB), que regulamentava, em meio ao *lockdown* em implantação, os chamados serviços considerados essenciais. Consta, então, o trabalho doméstico como essencial. O prefeito da cidade de Belém, Zenaldo Coutinho (PSDB), justificou a decisão afirmando que há pessoas que precisam que haja alguém em casa e usou os médicos como exemplo.

Eve pode morrer.

Já em 14 de maio de 2020, na cidade do Rio de Janeiro, é publicada matéria jornalística que denuncia que enfermeiros e auxiliares de enfermagem que trabalhavam no hospital de campanha do Maracanã dormiam em colchonetes (em quantidade insuficiente para todos os profissionais) no chão de um alojamento com mofo e má iluminação. Já o espaço destinado aos médicos contava com camas, TVs e ar condicionado.

Para garantir o sono pacífico dos que estão autorizados a viver, seria o caso de substituir o vozerio dissonante por um silêncio pesado e duro, capaz de fazer esquecer um grito qualquer. *O silêncio embala o sono dos injustos*. Fazer com que presenças incômodas desapareçam na mobília, nos prédios e ruas é absolutamente necessário, do contrário, toda a paz do uníssono pode ser abalada por existências pardas, sujas, cuja rebeldia à beleza e à pureza é capaz de perturbar o descanso dos homens.

Mas, possivelmente, nada seria mais eficiente para assegurar um adormecer tranquilo aos humanos do que produzir fantasmas em relação aos quais, a depender, se responde com indiferença ou medo, visto que encarnariam a reciprocidade entre apagamento e monstrificação. Assim como se deu com os índios botocudos, cujo extermínio foi autorizado por D. João VI, ou com os seus descendentes, vitimizados pela tragédia do Rio Doce graças à ação irresponsável e criminosa de grandes mineradoras. Ou com as mulheres e os homens negros barbarizados na travessia funesta do Atlântico feito cemitério. Ou do Pacífico, sepulcro de povos patagônios dizimados e de perseguidos políticos assassinados. Ou o caso de Sandro, sobrevivente da chacina da Candelária, que, totalmente esquecido, é conduzido ao centro do picadeiro audiovisual da mídia brasileira como aberração, para se tornar, assim, o famoso protagonista do episódio do ônibus 174 no Rio de Janeiro, em que foram abatidos refém e assaltante. Exemplos que demonstram como a invisibilidade estratégica convive de forma irônica com a invisibilidade imposta, bem como expõem que a visibilidade ampliada pode ser apenas um modo tremendamente cruel de apagar o sujeito. E se visíveis e invisíveis são ou não monstruosos, o que significa a monstruosidade em cada caso é completamente diferente: ora violenta destruição de subjetividades, ora afirmação do poder pelo medo. O controle sobre sua própria exposição e as manobras fundadas na negação do que se é ou se faz podem ser especialmente eficientes para garantir a continuidade e o sucesso de mecanismos opressivos. Quando as formas de visibilidade dos sujeitos são controladas, temos Eve e Sandro.

As situações de invisibilidade são igualmente dramáticas no caso dos desaparecidos, sejam os prisioneiros políticos da ditadura, as Elizas (Samudio), os Amarildos, os três meninos de Belford Roxo, os que nunca poderemos saber. Não há forma mais eficiente e terrível de desumanizar do que pela dúvida. Se, no animal, quando se reconhece a sua existência, ainda se pode pleitear algum ínfimo traço de humanidade ou ainda exigir cuidados mínimos que nos façam sentir como "humanos", o mesmo não se pode fazer por aquele que não existe ou nunca existiu ou de que não se sabe ou que não se vê ou que não se percebe ou que não se quer ouvir... Talvez por isso, mulheres (irmãs, mães, companheiras...), no deserto do Atacama, norte do Chile, insistem na busca por restos mortais de seus entes queridos, se recusam a admitir que eles não existiram ou que são fantasmas... No filme *Nostalgia da luz*, de Patricio Guzmán, o depoimento de uma dessas mulheres incansáveis mostra bem os efeitos da imposição de uma invisibilidade que priva sujeitos de existência.

Mulheres não escrevem. Mulheres trabalhadoras não escrevem. Mulheres trabalhadoras latino-americanas não escrevem. Mulheres trabalhadoras latino-americanas de periferia não escrevem. Negras, indígenas, mães não escrevem... eu poderia continuar essa lista com um número incrível de nãos, mas quero apenas dizer que, se em meio a contextos tão adversos, pronunciar-se é responsabilizar-se, também é afirmar a própria existência, a sua visibilidade como sujeito. Escrevo: me responsabilizo; isto é, me coloco à mostra, em tempos nos quais, me perdoem o paradoxo, as invisibilidades se tornam especialmente notáveis.

Por vezes me pego imaginando que a velocidade e a intensidade dos acontecimentos talvez impeçam que eu termine este livro. A única saída é aceitar que, no fim das contas, um resultado é sempre algo *passado*. E isso não é diferente com o que escrevo. Para, no entanto, não deixar de fora aquilo que no meu entorno, no instante mesmo em que redijo este texto, me faz sentir e pensar ainda mais sobre muitas das questões e obras tratadas aqui, gostaria de repetir uma frase que andou pelas ruas nos protestos deflagrados pelo assassinato de George Floyd, em 25 de maio de 2020, por um policial branco. Vivemos o sofrimento de Floyd em vídeo que o mostra enquanto sufocava e dizia não conseguir respirar. Nós também não. São muitas as vítimas de ações insistentes contra a vida, frequentemente chanceladas ou impetradas por um Estado que se consolida como agente de destruição. Pessoas negras assassinadas, população pobre lançada à sorte do vírus e da fome, povos originários sistematicamente eliminados, mulheres violentadas em seu direito de existir, corpos desaparecidos, biomas em extinção.

Escrevo porque "*Silence is violence*" [*Silêncio é violência*].

Referências

ACHINTE, Adolfo Albán. Pedagogías de la re-existencia: artistas indígenas y afrocolombianos. In: WALSH, Catherine. *Pedagogías decoloniales*: prácticas insurgentes de resistir, (re)existir y (re)vivir. Quito: Ediciones Abya-Yala, 2013. p. 443-468.

AGUIRRE, Gustavo A. Gustav Edwall y sus orquídeas. *Orquideología*, Medellín, v. XXVI, n. 1, p. 108-114, 2009.

AGUSTONI, Prisca. Os sete selados na poética de Edimilson de Almeida Pereira. In: FARIA, Alexandre (org.). *Anos 70*: poesia e vida. Juiz de Fora: Editora UFJF, 2007. p. 217-232.

ALLENDE, Christian Báez. *Cautivos*: fueguinos y patagones en zoológicos humanos. Santiago: Pehuén, 2018.

ALMADA, Selva. *Chicas muertas*. Buenos Aires: Literatura Random House, 2014.

ANZALDÚA, Gloria. *Borderlands/La frontera*: The New Mestiza. San Francisco: Aunt Lute Books, 1987.

ARENDT, Hannah. *Eichmann em Jerusalém*: um relato sobre a banalidade do mal. Trad.: José Rubens Siqueira. São Paulo: Companhia das Letras, 2018.

ASSIS JR., Heitor de. Litografias e obras artísticas na *Flora Brasiliensis*. *Revista de História da Arte e Arqueologia*, Campinas, n. 15, p. 95-110, jan.-jun. 2011.

BARRETTO, Malena. Sydney Parkinson e a arte da ilustração botânica. In: LIMA, Haroldo Cavalcante de; KURY, Lorelai Brilhante; BARRETTO, Malena (orgs.). *Ilustrações botânicas de espécies brasileiras na expedição de James Cook – 1768-1769*. Rio de Janeiro: Andrea Jakobsson Estúdio, 2012. p. 32-43.

BARTRA, Roger. *El salvaje en el espejo*. México, D. F.: Universidad Nacional Autónoma de México; Ediciones Era, 1992.

BARTRA, Roger. El trágico viaje de una salvaje mexicana al mundo civilizado. *Hispanic Issues Online*, Minneapolis, v. 20, p. 16-34, 2018.

BARBOSA, João Alexandre. Leitura viva do cemitério. In: VALÉRY, Paul. *O cemitério marinho*. Trad.: Jorge Wanderley. São Paulo: Max Limonad, 1974. p. 51-65.

BARBOSA, Maria José Somerlate. 'Dançar o nome com o braço na palavra berço': a relação vida e obra poética de Edimilson de Almeida Pereira. *SCRIPTA*, Belo Horizonte, v. 15, n. 29, p. 235-262, 2011.

BARBOSA, Maria José Somerlate. *Recitação da passagem*: a obra poética de Edimilson de Almeida Pereira. Belo Horizonte: Mazza Edições, 2009.

BARRIENTOS, Mónica. Cuerpos anarcobarrocos en *Impuesto a la carne* de Diamela Eltit. *Hispamérica*, EUA, ano 42, n. 126, p. 11-17, 2013.

BELTRÁN, Elizabeth Peredo. Ecofeminismo. In: SOLÓN, Pablo (org.). *Alternativas sistêmicas*: Bem Viver, decrescimento, comuns, ecofeminismo, direitos da Mãe Terra e desglobalização. Trad. João Peres. São Paulo: Elefante, 2019. p. 113-144.

BEZERRA, Antony Cardoso. O homem e o mar: 'Ode marítima', de Álvaro de Campos, e 'O mar é História', de Derek Walcott. *SCRIPTA*, Belo Horizonte, v. 15, n. 29, p. 85-98, 2011.

BLANCKAERT, Claude. Lógicas da antropotecnia: mensuração do homem e bio-sociologia (1860-1920). *Revista Brasileira de História*, São Paulo, v. 21, n. 41, p. 145-156, 2001.

BRAUDEL, Fernand. História e Ciências Sociais: a longa duração. Trad.: Ana Maria de Almeida Camargo. *Revista de História*, São Paulo, v. 30, n. 62, p. 261-294, 1965.

BURNETT, Paula. *Derek Walcott*: Politics and Poetics. Gainesville: University Press of Florida, 2000.

CÉSAIRE, Aimé. *Discurso sobre o colonialismo*. Trad.: Claudio Willer. São Paulo: Veneta, 2020.

CHAPMAN, Anne. *Fin de un mundo*: los selknam de Tierra del Fuego. 2a. ed. Santiago: Taller Experimental Cuerpos Pintados, 2002.

CLIFFORD, James. *Returns*: becoming indigenous in the Twenty-First Century. Cambridge: Harvard University Press, 2013.

COLLINGWOOD, Robin George. *A ideia da natureza*. Trad.: Frederico Montenegro. Lisboa: Presença, 195?.

CORDEIRO, Janaína Martins. *Direitas em movimento*: a campanha da mulher pela democracia e a ditadura no Brasil. Rio de Janeiro: Editora FGV, 2009.

CORRIGAN, Timothy. *O filme-ensaio*: desde Montaigne e depois de Marker. Trad.: Luís Carlos Borges. Campinas: Papirus Editora, 2015.

CRARY, Jonathan. *24/7*: capitalismo tardio e os fins do sono. Trad.: Joaquim Toledo Jr. São Paulo: Ubu Editora, 2016.

CUSICANQUI, Silvia Rivera. *Ch'ixinakax utxiwa*: una reflexión sobre prácticas y discursos descolonizadores. Buenos Aires: Tinta Limón Ediciones, 2010.

DAFLON, Claudete. Narrar o deserto: experiências latino-americanas. *Cadernos de Letras da UFF*, Niterói, v. 31, n. 60, p. 205-226, 2020a.

DAFLON, Claudete. Poéticas do conhecimento: representações dos saberes amazônicos em narrativas contemporâneas. *Revista Brasileira de Literatura Comparada*, Niterói, v. 22, n. 39, p. 14-25, 2020b.

DAFLON, Claudete. Um ninho na escuridão do mundo: poesia, resistência e decolonialidade. *ALEA Estudos Neolatinos*, Rio de Janeiro, v. 23, n. 1, p. 154-169, 2021.

DASH, J. Michael. *Édouard Glissant*. Cambridge: Cambridge University Press, 1995. (Cambridge Studies in African and Caribbean Literature).

DE LA BARRA, Pablo León. *Bajo un mismo sol*: arte de América Latina hoy. México, D. F.: Fundación Jumex Arte Contemporáneo, 2015. (Catálogo de exposição).

DEMOS, T. J. *Decolonizing Nature*: Contemporary Art and the Politics of Ecology. Berlim: Sternberg Press, 2016.

DESCOLA, Philippe. *Más allá de naturaleza y cultura*. Trad.: Horacio Pons. Buenos Aires; Madri: Amorrortu Editores, 2012.

DOUGLAS, Mary. *Pureza e perigo*. Trad.: Mônica Siqueira Leite de Barros e Zilda Zakia Pinto. São Paulo: Perspectiva, 2014. (Debates).

EDWARDS, Roberto. Prólogo. In: CHAPMAN, Anne. *Fin de un mundo*: los selknam de Tierra del Fuego. 2a. ed. Santiago: Taller Experimental Cuerpos Pintados, 2002. p. 11-12.

ELTIT, Diamela. *Impuesto a la carne*. 3a. ed. Santiago: Editorial Planeta, 2011.

ELTIT, Diamela. *Jamais o fogo nunca*. Trad.: Julián Fuks. Belo Horizonte: Relicário, 2017.

ELTIT, Diamela. *Jamás el fuego nunca*. Cáceres: Periférica, 2012.

ELTIT, Diamela. *Réplicas*: escritos sobre literatura, arte y política. Santiago: Seix Barral, 2016. (Biblioteca Breve).

ERRÁZURIZ, Paz; ELTIT, Diamela. *O infarto da alma*. Trad.: Livia Deorsola. São Paulo; Rio de Janeiro; Poços de Caldas: Instituto Moreira Salles, 2020.

FANON, Frantz. *Os condenados da terra*. Trad.: Enilce Albergaria Rocha e Lucy Magalhães. Juiz de Fora: Ed. UFJF, 2005.

FANON, Frantz. *Pele negra, máscaras brancas*. Trad.: Renato da Silveira. Salvador: EDUFBA, 2008.

FEDERICI, Silvia. *Calibã e a bruxa*: mulheres, corpo e acumulação primitiva. Trad.: Coletivo Sycorax. São Paulo: Elefante, 2017.

FIGUEIREDO, Vera Lúcia Follain de. Fábulas da vida obscura: imagens técnicas e anonimato. In: ______. *A ficção equilibrista*: narrativa, cotidiano e política. Rio de Janeiro: Ed. PUC-Rio; Belo Horizonte: Relicário, 2020. p. 137-154.

FOUCAULT, Michel. *As palavras e as coisas*: uma arqueologia das ciências humanas. Trad.: Salma Tannus Muchail. 8a. ed. São Paulo: Martins Fontes, 2007.

GILMAN, Charlotte Perkins. *O papel de parede amarelo*. Trad.: Flávia Yacubian. São Paulo: Balão Editorial, 2015.

GILROY, Paul. *O Atlântico negro*: modernidade e dupla consciência. Trad.: Cid Knipel Moreira. 2a. ed. São Paulo: Editora 34; Rio de Janeiro: UCAM Universidade Candido Mendes, 2012.

GLISSANT, Édouard. *Introdução a uma poética da diversidade*. Trad.: Enilce Albergaria Rocha. Juiz de Fora: Ed. UFJF, 2005.

GLISSANT, Édouard. *Poética de la relación*. Trad.: Senda Inés Sferco e Ana Paula Penchaszadeh. Bernal: Universidad Nacional de Quilmes Editorial, 2017. (Comunicación y cultura).

GOETHE, Johann Wolfgang von. *As afinidades eletivas*. Trad.: Erlon José Paschoal. São Paulo: Nova Alexandria, 2008.

GÓMEZ. Pedro Pablo. *HD: Haceres decoloniales*: prácticas liberadoras del estar, el sentir y el pensar. Bogotá: Universidad Distrital Francisco José de Caldas; Facultad de Artes-ASAB, 2016.

GREEN, Mary. *Diamela Eltit*: reading the mother. Woodbridge: Tamesis Books, 2007.

GROS, Frédéric. *Desobedecer*. Trad.: Célia Euvaldo. São Paulo: Ubu Editora, 2018.

GUSINDE, Martin. *Hombres primitivos en la Tierra del Fuego*: de investigador a compañero de tribu. Trad.: Diego Bermúdez Camacho. Sevilla: Escuela de Estudios Hispano-Americanos de Sevilla, 1951.

GUZMÁN, Patricio. *Filmar lo que no se ve*: una manera de hacer documentales. Madri: DOCMA Asociación de Cine Documental, 2016.

HERVÉ, Francisco. *Soy Jemmy Button*: el salvaje. Santiago: Editorial Zig-Zag, 2013.

HICKS, Dan. *'The Garden of the World'*: an historical archaeology of sugar landscapes in the eastern Caribbean. British Archaeological Reports International Series 1632, 2007.

KOPENAWA, Davi; ALBERT, Bruce. *A queda do céu*: palavras de um xamã yanomami. Trad.: Beatriz Perrone-Moisés. São Paulo: Companhia das Letras, 2015.

KOUTSOUKOS, Sandra S. Machado. *Negros no estúdio do fotógrafo*: Brasil, segunda metade do século XIX. Campinas: Editora da Unicamp, 2010.

KRENAK, Ailton. *Ideias para adiar o fim do mundo*. São Paulo: Companhia das Letras, 2019.

KUBO, Marcelo Tome; MONTSERRAT, Laura. Ilustração botânica. In: PEÑA, Miguel et al. (orgs.). *VI Botânica no Inverno 2016*. São Paulo: Instituto de Biociências da Universidade de São Paulo; Departamento de Botânica, 2016. p. 212-221.

LATOUR, Bruno. *Jamais fomos modernos*: ensaio de antropologia simétrica. Trad.: Carlos Irineu da Costa. Rio de Janeiro: Editora 34, 1994. (Coleção TRANS).

MASON, Peter. En el jardín. In: ALLENDE, Christian Báez. *Cautivos*: fueguinos y patagones en zoológicos humanos. Santiago: Pehuén, 2018. p. 7-8.

MELLOR, Anne K. *Frankenstein*: A Feminist Critique of Science. In: LEVINE, George; RAUCH, Alan (eds.). *One Culture*: Essays in Science and Literature. Madison: University of Wisconsin Press, 1987. p. 287-312.

MELLOR, Anne K. Possessing Nature: The Female in Frankenstein. In: MELLOR, Anne K. (ed.). *Romanticism and feminism*. Bloomington: Indiana University Press, 1988. p. 220-233.

MIGNOLO, Walter. The invention of the Human and the Three Pillars of the Colonial Matrix of Power: racism, sexism and nature. In: MIGNOLO, Walter; WALSH, Catherine. *On Decoloniality*: Concepts, Analytics, Praxis. Durham: Duke University Press, 2018. p. 153-176.

MONTEIRO, John Manuel. As 'raças' indígenas no pensamento brasileiro do império. In: MAIO, Marcos Chor; SANTOS, Ricardo Ventura (orgs.). *Raça, ciência e sociedade*. Rio de Janeiro: Fiocruz; CCBB, 1996. p. 14-22.

ORMINDO, Paulo. Imagens para a ciência. In: ORMINDO, Paulo; HEIZER, Alda (orgs.). *Natureza, ciência e arte na viagem pelo Brasil de Spix e Martius, 1817-1820*. Rio de Janeiro: Andrea Jakobsson Estúdio, 2018. p. 67-75.

PANSARIN, Emerson R. Taxonomic Notes on Vanilleae (Orchidaceae: Vanilloideae): *Vanilla Diestschiana*, a Rare South American Taxon Transferred from *Dictyophyllaria*. *Selbyana*, EUA, v. 30, n. 2, p. 203-207, jul. 2010.

PASTÉN, José Agustín. Radiografía de un pueblo enfermo: la narrativa de Diamela Eltit. *A Contracorriente*, Raleigh, v. 10, n. 1, p. 88-123, 2012.

PEREIRA, Edimilson de Almeida. *A saliva da fala*. Rio de Janeiro: Azougue, 2017.

PEREIRA, Edimilson de Almeida. *Homeless*. Belo Horizonte: Mazza Edições, 2010a.

PEREIRA, Edimilson de Almeida. *Os tambores estão frios*: herança cultural e sincretismo religioso no ritual de Candombe. Juiz de Fora: Funalfa Edições; Belo Horizonte: Mazza Edições, 2005.

PEREIRA, Edimilson de Almeida. *Poesia* + [antologia 1985-2019). São Paulo: Editora 34, 2019.

PEREIRA, Edimilson de Almeida (org.). *Um tigre na floresta de signos*: estudos sobre poesia e demandas sociais no Brasil. Belo Horizonte: Mazza Edições, 2010b.

PICCOLI, Valéria; NERY, Pedro (orgs.). *Rosana Paulino*: a costura da memória. São Paulo: Pinacoteca de São Paulo, 2018. (Catálogo de exposição).

PIMENTA, Pedro Paulo. *A trama da natureza*: organismo e finalidade na época da Ilustração. São Paulo: Editora Unesp, 2018.

PRATT, Mary Louise. *Os olhos do império*: relatos de viagem e transculturação. Trad.: Jézio Hernani Bonfim Gutierre. Bauru: EDUSC, 1999.

PUPULIN, Franco. Endrés as an Illustrator. In: OSSENBACH, Carlos; PUPULIN, Franco; JENNY, Rudolf (eds.). *Orchids in the life and work of Auguste R. Endrés – 2 volumes*. Viena: Verlag des Naturhistorisches Museum, 2013. p. 182-218.

QUIJANO, Aníbal. Colonialidad del poder y clasificación social (2000). In: ______. *Cuestiones y horizontes*: de la dependencia histórico-estructural a la colonialidad/descolonialidad del poder. Seleção e prólogo: Danilo Assis Clímaco. Ciudad Autónoma de Buenos Aires: CLACSO, 2014a. (Antologías). p. 285-330.

QUIJANO, Aníbal. Colonialidade do poder e classificação social. In: SANTOS, Boaventura de Sousa; MENESES, Maria Paula (orgs.). *Epistemologias do Sul*. São Paulo: Editora Cortez, 2010. p. 84-130.

QUIJANO, Aníbal. Colonialidade do poder, eurocentrismo e América Latina. In: LANDER, Edgardo (org.). *A colonialidade do saber*: eurocentrismo e ciências sociais – Perspectivas latino-americanas. Ciudad Autónoma de Buenos Aires: CLACSO, 2005. p. 107-142.

QUIJANO, Aníbal. Estado-nación, ciudadanía y democracia: cuestiones abiertas (1997). In: ______. *Cuestiones y horizontes*: de la dependencia histórico-estructural a la colonialidad/descolonialidad del poder. Seleção e prólogo: Danilo Assis Clímaco. Ciudad Autónoma de Buenos Aires: CLACSO, 2014b. (Antologías). p. 605-624.

QUIJANO, Aníbal. 'Raza', 'Etnia' y 'Nación' en Mariátegui: cuestiones abiertas (1992). In: ______. *Cuestiones y horizontes*: de la dependencia histórico-estructural a la colonialidad/descolonialidad del poder. Seleção e prólogo: Danilo Assis Clímaco. Ciudad Autónoma de Buenos Aires: CLACSO, 2014c. (Antologías). p. 757-776.

QUINTANA, María Jesús. Los nueve monstruos de César Vallejo. *Revista de Filología de la Universidad de La Laguna*, San Cristóbal de La Laguna, n. 3, p. 83-92, 1984.

ROSENFIELD, Kathrin H. Prefácio. In: GOETHE, Johann Wolfgang von. *As afinidades eletivas*. Trad.: Erlon José Paschoal. São Paulo: Nova Alexandria, 2008. p. 11-18.

RUFFINELLI, Jorge. *El cine de Patricio Guzmán*: en busca de las imágenes verdaderas. Santiago: Uqbar Editores, 2008. (Colección Cine Chile).

SANTANA, Tiganá. Ressonâncias feiticeiras. In: VALÉRY, Paul. *Feitiços* [*Charmes*]. Trad.: Roberto Zular e Álvaro Faleiros. São Paulo: Iluminuras, 2020. p. 231-238.

SANTOS, Boaventura de Sousa. *A cruel pedagogia do vírus*. Coimbra: Almedina, 2020.

SANTOS, Boaventura de Sousa. *O fim do império cognitivo*: a afirmação das epistemologias do Sul. Belo Horizonte: Autêntica, 2019.

SANTOS, Boaventura de Sousa; MENESES, Maria Paula (orgs.). *Epistemologias do Sul*. São Paulo: Editora Cortez, 2010.

SCHWARCZ, Lilia. *O espetáculo das raças*. São Paulo: Companhia das Letras, 1993.

SEGATO, Rita Laura. *Contra-pedagogías de la crueldad*. Buenos Aires: Prometeo Libros, 2018.

SEGATO, Rita Laura. Gênero e colonialidade: em busca de chaves de leitura e de um vocabulário estratégico descolonial. Trad.: Rose Barboza. *E-cadernos Centro de Estudos Sociais*, Coimbra, v. 18, p. 106-131, 2012.

SELA, Eneida Maria Mercadante. *Modos de ser, modos de ver*. Campinas: Editora da Unicamp, 2008.

SERRES, Michel. *Júlio Verne*: a ciência e o homem contemporâneo. Trad.: Mônica Cristina Corrêa. Rio de Janeiro: Bertrand Brasil, 2007.

SHIVA, Vandana. Science, Nature and Gender. In: GARRY, Ann; PEARSALL, Marilyn (eds.). *Women, Knowledge and Reality*: Explorations in Feminist Philosophy. 2a. ed. Nova Iorque: Routledge, 1996. p. 264-285.

SVAMPA, Maristella. Feminismos del Sur y ecofeminismo. *Nueva Sociedad*, Buenos Aires, n. 256, p. 127-131, 2015.

TAUNAY, Visconde de. *Inocência*. 29a. ed. São Paulo: Ática, 2002.

THOMAS, Keith. *O homem e o mundo natural*: mudanças de atitude em relação às plantas e aos animais (1500-1800). Trad.: João Roberto Martins Filho. São Paulo: Companhia da Letras, 2010.

TOSO, Sergio Grez. Bicentenario en Chile: la celebración de una laboriosa construcción política. *Historia y Comunicación Social*, Madri, v. 16, p. 69-86, 2011.

VALÉRY, Paul. *Feitiços* [*Charmes*]. Trad.: Roberto Zular e Álvaro Faleiros. São Paulo: Iluminuras, 2020.

VICUÑA, María Ester Grebe. *Culturas indígenas de Chile*: un estudio preliminar. Santiago: Pehuén, 1998.
VIEIRA, João Luiz. Anatomias do visível: cinema, corpo e máquina de ficção científica. In: NOVAES, Adauto (org.). *O homem-máquina*: a ciência manipula o corpo. São Paulo: Companhia das Letras, 2003. p. 317-345.
VIEIRA, Marina Cavalcante. A Exposição Antropológica Brasileira de 1882 e a exibição de índios botocudos: performances de primeiro contato em um caso de zoológico humano brasileiro. *Horizontes Antropológicos*, Porto Alegre, ano 25, n. 53, p. 317-357, jan.-abr., 2019.
VIVEIROS DE CASTRO, Eduardo. *Metafísicas canibais*: elementos para uma antropologia pós-estrutural. São Paulo: Ubu Editora; N-1 Edições, 2018.
WALCOTT, Derek. The Sea is History. In: ______. *Collected Poems*: 1948-1984. Londres: Faber and Faber; Farrar, Straus & Giroux, 1992. p. 364-367.
WALLAU, Wilhelm Martin. Química na poesia e poesia na química. *Química Nova*, São Paulo, v. 37, n. 10, p. 1721-1731, 2014.
WALLERSTEIN, Immanuel. *World-Systems Analysis*: An Introduction. Durham: Duke University Press, 2004.
WELLS, H. G. *The Invisible Man*. Seattle: Signet Classics, 2010.
WILDE, Oscar. *O retrato de Dorian Gray*. Trad.: João do Rio. Rio de Janeiro: Imago, 1993.
ZULAR, Roberto; FALEIROS, Álvaro. Situação de Valéry no Brasil. In: VALÉRY, Paul. *Feitiços* [*Charmes*]. Trad.: Roberto Zular e Álvaro Faleiros. São Paulo: Iluminuras, 2020a. p. 191-230.
ZULAR, Roberto; FALEIROS, Álvaro. Visita guiada aos feitiços de Paul Valéry. In: VALÉRY, Paul. *Feitiços* [*Charmes*]. Trad.: Roberto Zular e Álvaro Faleiros. São Paulo: Iluminuras, 2020b. p. 13-21.
ZULAR, Roberto. Prefácio. In: PEREIRA, Edimilson de Almeida. *Poesia +* [antologia 1985-2019). São Paulo: Editora 34, 2019. p. 7-24.

Filmografia

AQUARIUS. Direção: Kleber Mendonça Filho. Brasil, 2016.
BACURAU. Direção: Kleber Mendonça Filho. Brasil, 2019.
CHILE, LA MEMORIA OBSTINADA [Chile, a memória obstinada]. Direção: Patricio Guzmán. Chile, 1997.

DIVINO AMOR. Direção: Gabriel Mascaro. Brasil, 2017.
EL BOTÓN DE NÁCAR [O botão de pérola]. Direção: Patricio Guzmán. Chile, 2015.
I, DANIEL BLAKE [Eu, Daniel Blake]. Direção: Ken Loach. Reino Unido, 2016.
LA BATALLA DE CHILE I, II e III [A batalha do Chile]. Direção: Patricio Guzmán. Chile, 1975, 1976, 1979.
LA CAMARISTA [A camareira]. Direção: Lila Avilés. México, 2018.
LA CRUZ DEL SUR [A cruz do sul]. Direção: Patricio Guzmán. Espanha, 1991.
LOS ONAS: VIDA Y MUERTE EN TIERRA DEL FUEGO [Os Ona: vida e morte na Terra do Fogo]. Direção: Anne Chapman e Ana Montes de González. Chile, 1977.
LOS PERROS [Cachorros]. Direção: Marcela Said. Chile, 2017.
METRÓPOLIS. Direção: Fritz Lang. Alemanha, 1926.
NOSTALGIA DE LA LUZ [Nostalgia da luz]. Direção: Patricio Guzmán. Chile, 2010.
ROMA. Direção: Alfonso Cuarón. México, 2018.
SORRY WE MISSED YOU [Você não estava aqui]. Direção: Ken Loach. Reino Unido, 2019.

Sobre a autora

Nascida e criada na Baixada Fluminense, no estado do Rio de Janeiro, Claudete Daflon construiu sua história profissional como professora e atualmente ensina e pesquisa no curso de Letras da Universidade Federal Fluminense. Formada pela e na educação pública, das escolas da rede estadual de ensino à universidade pública, teve a oportunidade de encontrar o fio de uma perspectiva artístico-cultural e interdisciplinar que orienta seu olhar sobre o mundo.

1ª EDIÇÃO [2022]

Esta obra foi composta em Freight Text e Neue Haas Grotesk
sobre papel Pólen Soft 80 g/m² para a Relicário Edições.